JN006548

井上義和・牧野智和 編著
Yoshikazu Inoue & Tomokazu Makino

中野民夫・中原 淳・中村和彦・
田村哲樹・小針 誠・元濱奈穂子 著

ファシリテーションとは何か

● コミュニケーション幻想を超えて

ナカニシヤ出版

目　次

第Ⅰ部　ファシリテーションの時代はいつ始まったか

01 もう一つの道を求めるなかで
ワークショップとの出会い（中野民夫）

02 さまざまな分野へのファシリテーションの展開
（中野民夫）

03 「野生の学び」としてのワークショップ
（中原 淳）

はじめに

三つの仮説とアンビバレンス

井上義和

◉社会に浸透するファシリテーション

　ファシリテーション（facilitation）は，「促進する・容易にする」を意味する動詞ファシリテートの名詞形である。一般には，その本来の意味より「グループワークなどが円滑に進むように中立の立場から支援すること」（現代用語の基礎知識2021）といったほうが通じやすい。そして，その担い手をファシリテーターと呼ぶ。参加型・体験型のワークショップの進行役がしばしばこう呼ばれてきたので，それでご存じの方も多いことだろう。

　ファシリテーションは，狭い意味では「ワークショップの進行役の働きかけ」であるが，今ではもっと広い意味で使われている。さしあたり次のように定義してみよう。

> 人びとが集まって，やり取りをしながら共同で何かを行うときに，コミュニケーションの場を保持し，そのプロセスに働きかけること

　「促進する・容易にする」対象は，集団内のコミュニケーションだ。何のためか。あるときはチームとしてのパフォーマンスを上げるため，またあるときは個々人の学習を促すため。さまざまな目的に寄与しうるのがファシリテーションである（詳しくは第5章）。

　教師は教室の生徒たちに対して，監督はチームの選手たちに対して，上司は会社の部下たちに対して，このような関わり方を求められてはいないだろうか。「良きリーダーは良きファシリテーターたれ」と言われてこなかっただろうか。指導的地位にいなくても，現代社会で多様な人びととともに活動する大人なら，これを望ましい関わり方の一つとして理解しているはずだ。

＊＊＊

だから，「そのファシリテーションを上手くやるノウハウを知りたいのだ！」という切実な思いをもって，本書を手に取ってくれた方もおられるかもしれない。残念ながら，本書は，ファシリテーションの意義を説いたり技術を伝えたりするための解説書ではない。解説書なら良いものがいくつも出ているので，「上手くやるノウハウ」を知りたい方はそちらを参照していただきたい。

　私たちの関心は，むしろ，そうした解説書がさまざまな現場で求められる社会のほうにある。ファシリテーションの重要性が社会のいたるところで認識される時代，といってもいい。

　この「ファシリテーションの時代」が日本社会に到来したのは，すぐ後に述べるように，2000 年代（ゼロ年代）だと考えられる。それはファシリテーションが流行語として派手に注目を集めるようになった，ということではない。ただの流行語なら一過性の社会現象として時間が経てば廃れていく。そうではなくて，ファシリテーションの考え方や機能が社会のなかに浸透してきて，私たちの「あたりまえ」を静かに変えつつある，ということである。

　そこで，ファシリテーションの定義をさらに拡張してみる。

> 人びとが集まって，やり取りをしながら共同で何かを行うときに，コミュニケーションの場を保持し，そのプロセスに働きかける取り組み・仕組み・仕掛け

　ヒトだけでなく，コトやモノも含めることで，ファシリテーションを，コミュニケーション環境の設計思想として捉えることが可能になる。本書が「ワークショップの進行役」や「リーダーたるものの心構え」だけでなく，企業の組織開発（第 5 章）や熟議民主主義（第 6 章）など，経営学や政治学の最前線にまで手を広げているのは，設計思想としてのファシリテーションがどこまで浸透しているのかを見極めるためである。ここから，コミュニティ・デザイン（山崎 2012）や学校やオフィスの空間デザイン（牧野 2018, 2019），さらに選択アーキテクチャとしてのナッジ（那須・橋本 2020）なども共通の文脈のうえで相互の関係を論ずることができるだろう。

　この汎ファシリテーション社会とも呼べる状況はいったいどこから来て，どこに向かっているのか。本書では，さまざまな角度からの検討を通して，ファシリテー

ションの時代を立体的に再構成してみたい。「上手くやるノウハウ」は伝授できないけれど，状況を反省的・俯瞰的に捉え直すことで，ファシリテーションに「上手に向き合う姿勢」は体得してもらえるのではないかと思う。

　ファシリテーションの概念やそれをめぐる言説の歴史的な変遷についての詳細な検討は，第4章と第5章に譲り，ここでは言葉の社会的な認知という観点から大まかな見取り図を描いておこう。以下に示す三つの命題は，編者（井上）が本書のプロジェクトを構想する基となったアイデアであり，また本書を通じて検証されるべき仮説である。

◉ ［仮説1］ワークショップの発展がファシリテーションを洗練させた

　さきに，ファシリテーターはワークショップの進行役として認知されていると述べた。だとすれば，ワークショップが社会に浸透するのにともなって，ファシリテーターやファシリテーションという言葉も認知されてきたのではないか，とまずは考えられる。

　試みに，新聞記事データベースを用いて，「ワークショップ」と「ファシリテーション／ファシリテーター」の言葉が含まれる記事件数を年別に集計してみよう[1]。新聞記事は価値規範の鏡でもあるから，記事件数は出来事の客観的な頻度というより，社会的関心の強度を反映しているとみるべきである。朝日新聞の折れ線グラフ（実線）をみると，「ワークショップ」は1990年代後半から2000年代前半にかけて増加している（図0-1）。他方，「ファシリテーション／ファシリテーター」は「ワークショップ」より5年遅れの2000年代前半から後半にかけて増加している（図0-2）。

　つぎに，比較対象として日本経済新聞の折れ線グラフ（点線）を重ねてみると，「ワークショップ」は1990年代前半までは朝日と同水準であるが，1990年代後半以降は漸増傾向にとどまるのに対して，「ファシリテーション／ファシリテーター」は朝日より5年遅れのタイミング（2000年代後半）で同水準まで増加している。

　ファシリテーションの時代とは，まずはこうした「ファシリテーション」という言葉の量的な増殖として記述できる。それが2000年代の日本社会に到来した，と

1）朝日新聞は聞蔵IIを利用，検索対象には朝日新聞朝刊・夕刊のほか，朝日新聞デジタル，アエラ，週刊朝日を含む。日本経済新聞は日経テレコン21を利用，検索対象には日本経済新聞朝刊・夕刊のほか，日経産業新聞，日経MJ（流通新聞），日経金融新聞，日経地方経済面，日経プラスワン，日経マガジンを含む。

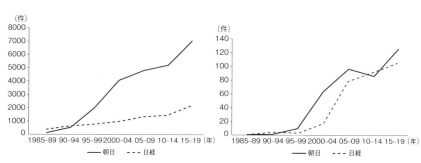

図 0-1 「ワークショップ」を含む記事件数　　図 0-2 「ファシリテーション／ファシリテーター」を含む記事件数

いう仮説もその量的な特徴に依拠している。もしも一過性の流行現象なら，このような高止まりの形にはならない。

　ただ，それだけなら，図 0-2 の実線グラフだけで済む話である。わざわざ 4 本の折れ線グラフを並べてみたのは，ファシリテーションの時代について，より質的な特徴に踏み込んだ仮説を考えてみたいからだ。着目するのは，ファシリテーションが二重の意味で遅れてきたことである。

　第 1 に，ファシリテーションは，ワークショップの発展より遅れて注目された（図 0-1 と図 0-2 の朝日）。これは，ワークショップというイベント形式だけでなく，進行役にも目が向けられ，そのユニークな技能が「再発見」されて，担い手の養成にも需要が出てきた，ということである。どういうことか。もう少し敷衍してみよう。

　『広辞苑』（岩波書店）の第 2 版から第 7 版まで調べてみると，「ワークショップ」の言葉の意味内容や適用範囲が拡大してきたことがわかる（傍線引用者）[2]。

　第 2 版（1969）～第 4 版（1991）：「<u>教職員の研修</u>のために行われる集会。研究集会。」

　第 5 版（1998），第 6 版（2008）：「①仕事場。作業場。②所定の課題についての事前研究の結果を持ち寄って，討議を重ねる形の研修会。<u>教員・社会教育指導者</u>の研修や<u>企業教育</u>に採用されることが多い。」

2)　『広辞苑』第 7 版（2018）にはまだ「ファシリテーション」も「ファシリテーター」も項目にないが，次の第 8 版（2028 年頃か）には採録されてもおかしくない。

第 7 版（2018）：「①仕事場。作業場。②所定の課題についての事前研究の結果
を持ち寄って，討議を重ねる形の研修会。教員・社会教育指導者の研修や企業
教育に採用されることが多い。③進行役や講師を迎えて行う美術・音楽・演
劇・舞踏などの体験型講座。」

　これを図 0-1 のグラフと重ね合わせて解釈するなら，ワークショップという言葉
は，1980 年代までは主に「教職員の研修」という限られた文脈で使われてきたが，
1990 年代以降，社会教育の指導者研修や企業教育，アート系の体験型講座などにも
広がる（量的な拡大）にしたがって，特定の文脈から離れた——さまざまな現場に応
用可能な——形式を意味するようになった（質的な転化）。こうしたワークショップ
の量的・質的な展開のなかで，進行役が行うファシリテーションも，特定の文脈か
ら離れた——さまざまな現場に応用可能な——機能を意味するようになったのでは
ないだろうか。

　第 2 に，ファシリテーションは，ビジネス分野では市民活動より遅れて注目され
た（図 0-2 の朝日と日経）。しかもビジネス分野におけるファシリテーションへの注
目は，ワークショップの文脈ではない（図 0-1 の日経の漸増傾向）。これは，ファシリ
テーションが，もとの文脈を離れてビジネス分野にも応用されはじめた，というこ
とではないか。

　つまりこういうことだ。ファシリテーションはもともとワークショップの現場
に埋め込まれた機能だった。ワークショップが多様な現場で実践されるにしたがい，
汎用的な形式を意味するようになると，ファシリテーションも「ワークショップの
進行役の働き」から離れて，汎用的な機能として「再発見」された。そして社会の
さまざまな現場や場面に応用可能になり，ワークショップという形式からも離れて，
会議やチームビルディングや組織開発など，企業内のあらゆる目的をもったコミュ
ニケーションをカヴァーするようになった。それにともない，ファシリテーション
は「特定の現場で発揮される属人的な熟練技」から離れて，脱属人的な技法として
誰でもトレーニング可能になった。

　すなわち，ファシリテーションの時代とは，具体的な現場・文脈・人に埋め込ま
れていたものを取り出して，訓練すれば誰でもどこででも使えるユニバーサルな技
法として洗練させていく時代なのだ。「ファシリテーションの意義を説いたり技術
を伝えたりするための解説書」が待ち望まれ，多くの類書が出版される所以である。

◉ [仮説 2] コミュニケーションの時代だからこそファシリテーションが要請された

　以上の，ワークショップの発展から直線的にファシリテーションが生まれたかのような物語に，「話がうますぎるのでは」と違和感を抱いた人もいるかもしれない。ファシリテーションがワークショップの現場に埋め込まれていたものを洗練させた技法であるとしても，それだけでは社会のさまざまな現場に取り入れられたりはしない。前者（供給側）がプッシュ要因だとすれば，後者（需要側）のプル要因に相当する事情もあるはずなのだ。

　じつは，ファシリテーションよりも先に「再発見」されたものがあった。それはコミュニケーションである。

　コミュニケーションが，たんなる情報伝達や意思疎通とは異なるニュアンスをもつ言葉として日常的に使われるようになったのが，1990 年代から 2000 年代にかけてである（長谷・奥村 2009: 17）。家族や友人など身の回りの人びととの関係だけでない。仕事の世界でもコミュニケーションが新しい意味をもち始めた。

　企業ではバブル経済崩壊後に組織再編や業界再編を迫られ，異なる利害や背景を背負った人同士がコミュニケーションをとらねばならない場面が増加した。新入社員にはコミュニケーション能力を求める一方で，幹部社員にもコーチングやリーダーシップの資質が求められるようになった。自治体が管轄する公共事業や住民参加型のまちづくり・まちおこし事業でも，異なる利害や背景を背負った市民の声に耳を傾けつつ調整・統合するという高度なプロセス管理が求められるようになった。

　これらに共通するのは，多様な人が一つの場に集い話し合う機会の増加である。そこでは，権威に服従する上下関係ではなく，自由でフラットな関係のコミュニケーションこそが，知的活性化を促し，問題を解決に導くと期待された。逆にいえば，さまざまな問題が「コミュニケーション不全」「コミュニケーション不足」に原因帰属された。

　コミュニケーションの重要性が社会のいたるところで認識される時代，つまり「コミュニケーションの時代」の到来である。当時「飲みニケーション」が奨励されたのも，腹を割って，心の壁を取り払って話し合えば自ずと上手くいく，という性善説的な人間への信頼があったからである。そして，このようなコミュニケーションの時代だからこそファシリテーションが要請された，というのが私の仮説である。

　哲学者の國分功一郎（2013: 173）は，住民参加や住民自治の現場に関わってきた経験をふまえて，対話や議論とファシリテーションの関係について，次のように述べている（傍点原文）。

> おそらく最初に認めなければならない事実とは，対話や議論は自然に生まれた
> りはしないということである。（略）近代は何につけても「自由な主体」という
> ものを想定する。だから自由な主体が集まって自由に議論すれば，それなりに
> よい結果が生まれると考えてしまう。（略）それに対しファシリテーターは「自
> 由な主体」を前提にしない。むしろ皆が議論において不自由であるという前提
> に立ち，議論を容易にし，促進するための様式を用意し，場を企画・運営して
> いく。

　コミュニケーションの自明性を疑うところから出発する哲学にとっては，ごくあ
たりまえの主張といえるのかもしれない。國分が述べている命題は，時代や社会に
かかわらず普遍的に成り立つものだ。問題は，なぜその普遍的な命題が 2000 年代
に再認識されねばならなかったのか，である。その背景には次のような事情があっ
たはずだ。

　多様な立場や考え方の人を集めて自由に議論させたり，組織がメンバー個々人
のコミュニケーション能力を高めたりしても，彼らの「自然な」コミュニケーショ
ンに任せておくだけでは，よい結果は生まれなかった。なぜか。試行錯誤のなかで，
人びとは気づいた。よい結果を生むためには，自由放任ではなく，議論の場をデザ
インし，プロセスに働きかける必要がある——と。

　したがって，「コミュニケーションの時代だからこそファシリテーションが要請
された」というのは，たんにコミュニケーションを「促進する・容易にする」ため
にファシリテーションが利用された，という意味ではない。自然な——あるいは腹
を割った，心の壁を取り払った——コミュニケーションに委ねれば自ずと上手くい
くはずという幻想の挫折の痛みとともに，ファシリテーションは召喚されたのであ
る。

◉［仮説 3］ファシリテーションはコミュニケーションを自由にする

　コミュニケーションの時代に，人びとが気づいたことがもう一つあった。それは，
自由放任のコミュニケーションは，むしろ人を不自由にする，という逆説である。

　コミュニケーションは，当初は問題解決の最終手段として，救世主のように期
待されていた。しかし次第に，人びとを苦しめるものにもなった。それはコミュニ
ケーションが問題を解決してくれない，という幻滅のほかに，コミュニケーション

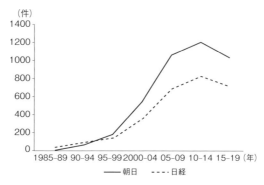

図 0-3 「コミュニケーション能力／コミュニケーション力」を含む記事件数

能力という概念が発明されたことにも起因する（図 0-3）。

　コミュニケーションは二人以上の間で行われる相互行為であり，本来，お互いの関係性や場や文脈に埋め込まれているものである。人前で話すことの得手不得手は昔からあったが，それで人物の評価が決まることはなかった。コミュニケーション能力とは，コミュニケーションの成否の原因を，個人の能力や主体性に帰属させる語法である。「能力」とみなされるや，測定と評価の対象となり，序列化が行われ，能力向上の努力が課され，効果的な方法が開発される。コミュニケーションの時代とは，コミュニケーション能力が受験や就職の選抜において重要な評価項目に挙げられ，その多寡に基づいて序列化され，能力向上への努力義務が課される「ハイパー・メリトクラシー」の時代にほかならない（本田 2005）。

　現代の若者はそれを「コミュ力」とカジュアルに呼んでいるが，友達関係や学校生活，就職活動まで，この「正体のないもの」に圧迫され，振り回されている（工藤 2016）。コミュニケーションへの社会的圧力に対する反作用として，2010 年代には「コミュ障（コミュニケーション障害）」が対人不安のために社会と上手くつながれない若者の自称／他称としてカジュアルに使われるようになった（貴戸 2018）。コミュニケーションは，いまや生きづらさの根本原因にまでなっている[3]。

　対人関係に不安をもつ若者にとって，自らのコミュ力を試されることはときに恐怖感すら覚えるほどだ。大学の授業ではしばしば「適当に近くの人とグループを作って，自由に話し合ってみよう」という場面がある。「適当に」「自由に」という

3）『現代思想』2017 年 8 月号の特集「「コミュ障」の時代」も参照のこと。

指示ほど彼らにとって残酷なものはない。たとえば「ぼっち＿グループワーク」とか「コミュ障＿グループワーク」とか「陰キャ＿グループワーク」などでウェブ検索してみると，大学生活で最も緊張と不安を強いられる場面として，アカの他人と組まされるグループワークが取り上げられ，自身の体験談や後輩への助言などがたくさん出てくる。コミュ力強者にはみえない世界だ。

　自由放任のコミュニケーションは，コミュ力の弱肉強食の世界なのである。自由に振舞えるのは一握りのコミュ力強者だけだ。

　だからこそ，ファシリテーションが要請される。中野民夫（2003: 45）によれば，ファシリテーターの本来の役割は次のようなものである。

> 基本的な心構えとしては，ワークショップの場を支配したりコントロールするのではなく，その場全体を「ホールドする」（保つ，支える，保持する）という視点ではないだろうか。いつも張りつめているわけではなく，むしろ緩めていることが多いが，「手綱」は決して手放さずにしっかり持っている感覚。「誰がその場をホールドしているのか（Who holds the space?）」がハッキリしていないと，場が落ち着かないし，人々は不安になる。要は，参加する人々が，存分に可能性を発揮しあえる「安心」（精神的）で「安全」（物理的）な器づくりを担い，進行促進していく役回りだ。

　ファシリテーターは，全体を特定方向に誘導する「場の支配」ではなく，各人の可能性を存分に発揮させる「場のホールド」に努める。メンバーからみると，特定の存在（ファシリテーター）に権限を委譲するかわりに，コミュ力の格差は最小化され，自由と創造のコミュニケーション環境が保障される。これは「万人の万人に対する闘争」の自然状態から脱するために，各人がやりたい放題の自然権を放棄して国家を作り，その庇護の下で安心して暮らすことにした──という社会契約説の，いわばコミュニケーション版である。

　リベラルな社会を望む者であれば，コミュニケーションの自由度を高めるファシリテーターの介入を歓迎するのではないだろうか[4]。

4）そのように考えていたときに，政治学で田村哲樹が『熟議民主主義の困難』（2017）という魅力的なタイトルの本を出していることを知り，自分の仮説をぶつけて話をしてみたいと声をかけたのだった。

● 〈妖しい力〉へのアンビバレンス

　以上に述べたことは，社会学的な現状分析であり，私自身がそれを望ましいと思うかどうかはまた別の問題である。しかし，あらかじめ編者（井上）の立場を明らかにしておくほうが読者には親切だろうから，少し補足しておく[5]。

　私のファシリテーションに対する感情はアンビバレント（両価的）である。しかし賛成／反対のような対立感情ともちょっと違う。それはファシリテーションのもつ〈妖しい力〉に関わっている[6]。

　私はファシリテーションという言葉を，大学における初年次教育のプログラムのなかで知った。新入生の大学生活への適応は，最初の学期に人間関係が構築できるかどうかに左右される。これは仲の良い友達を作るということではなく，友達でない他者と協働できる，ということである。他者と協力しながら共通の課題に取り組む経験を積ませるためには，双方向型とか参加型といった授業形式以上に，「場をホールド」（中野）するファシリテーターとしての教師の役割がとても重要になることを学んだ。

　試行錯誤しながら実践するうちに，「コミュニケーションの場を保持し，そのプロセスに働きかける」ファシリテーションの考え方と技術は，一般的な講義系科目でも使えることがわかってくる。学生個々の心理と振舞いを集団として掌握し，教室空間にある種の秩序がもたらされる。バラバラだったものがまとまり，こちらの意図どおりに動いてくれる。「集団を制御できている＝授業が上手くいっている」という感覚は，教師としての自信につながり，まるで魔法の杖を手にしたかのようだった。

　その一方で，この「制御できている」状態には居心地の悪さも感じてしまう。目の前の学生たちは確かに生き生きと能動的に動いているようにみえるが，これは魔法の杖に操られた「ニセの能動性」なのではないか。魔法の杖がなければ，こうは動いてくれまい。自分が学生であれば魔法の杖を駆使する教師をきっと胡散臭くみるだろう。この感覚はおそらく私だけのものではない。FD 研修などで参加型の

5）ここで述べるような問題関心から，ファシリテーションの時代における学生自治や学生の自由についても考察してきた。井上（2017, 2021）も参照のこと。

6）中原淳・中村和彦（2018）の第 9 章「日本における組織開発」と第 10 章「組織開発と「似て非なるもの」の暴走」も参照のこと。ファシリテーション界の先頭集団にいながら〈妖しい力〉の暴走の歴史と危険性をきちんと受け止めていることを知り，中原と中村に声をかけたのだった。

ワークショップに戸惑い「自分は魔法をかけられてたまるか」と抵抗した大学教員
も少なくないのではないだろうか。

　ちなみに，私はかなり最近まで，ファシリテーションの英語の綴り（facilitation）
を「fascilitation」だと勘違いしていた。イタリア語の「ファッシ」（fasci＝結束），そ
してファシズムからの連想である。たしかにファシリテーションも，強力な指導者
のもとで見事に統制された集団行動にみえなくもないが[7]，ラテン語の語源に遡っ
ても両者は別物である。今となっては笑い話であるが，ファシリテーションの〈妖
しい力〉に対する警戒心が，私に勘違いさせたのだ。

　だから，「ファシリテーションがコミュニケーションを自由にする」（仮説3）と述
べてはみたものの，本音の部分では，「周到に設計され，お膳立てされた自由なんて
"本当の自由"とは違うのではないか」などと――「本当の自由」なんてどこにもな
いことを頭ではわかりつつも――どこかで疑っている自分がいる。もちろん，ここ
には旧世代が過渡期に抱く寂しさと焦りが含まれている。「ファシリテーション・
ネイティブ」の若者たちにとって，コミュニケーションの自由は設計と配慮のなか
でこそ実現されるものなのかもしれない。

●コロナ禍とファシリテーションについての補足

　さて，ここまで新型コロナウイルス感染症（COVID-19）の話題に一切触れずにき
たことを奇異に思った読者もおられるかもしれない。「ソーシャルディスタンスが
叫ばれ，オンライン会議があたりまえになった社会でファシリテーションはどうす
ればいいのか？」と。各章のもとになるインタビューや学会報告は 2019 年に行わ
れているから，原稿化する際にコロナの時代をふまえて補足・加筆された章もある。
具体的にはそちらを参照してほしいが，本書の基本的なスタンスはコロナの前後で
まったく変わらない。冒頭近くで述べた，ファシリテーションの拡張された定義を
思い起こしてほしい。

> 　人びとが集まって，やり取りをしながら共同で何かを行うときに，<u>コミュニケー
> ションの場を保持し，そのプロセスに働きかける</u>取り組み・仕組み・仕掛け

　もちろん，実際に取りうる方法にはこれまでとは違った工夫が必要になるだろ

---

7)「ファシズムの体験学習」というユニークな教育実践もある（田野 2020）。

うが，ファシリテーションの本質は変わらない。たとえインターネットや電話のような通信手段が使えない状況や，政治的な理由で集会が禁止される状況にあっても，人びとが集まって，やりとりをしながら共同で何かを行おうとするかぎり，「コミュニケーションの場を保持し，そのプロセスに働きかける」ファシリテーションは必要とされる。むしろ状況が困難であればあるほど，地下に潜り，手紙や暗号を駆使してでも，「やりとりをしながら共同で何かを行おうとしてきた」のが人間ではなかったか。

　対面でできないことを苦にするよりも，身の回りにツールやノウハウが満ち溢れていることに気づいてほしい。「リモート・ファシリテーション」の解説書などなくても，不慣れなオンライン会議で試行錯誤と創意工夫を重ねてきた経験に自信をもったほうがいい。

◉本書の構成

　ファシリテーションの時代を捉えるために，「先頭集団の視界をもつ」「ビジネスと市民社会の文脈に位置づける」「批判的・反省的な視点をもつ」という三つの柱を立てて，インタビューや論文，コラムを配置した。どの章から読んでもかまわないが，参考のために，それぞれの部と章の位置づけを紹介しておこう。

　第Ⅰ部「ファシリテーションの時代はいつ始まったか」ではワークショップの先頭集団を走り続けてきた中野民夫と中原淳にそれぞれこれまでの遍歴をふりかえってもらう。領域を横断しながらワークショップの可能性をとことんまで探究する彼らの姿勢が，仮説1を内側から検証するものになっている。ファシリテーションの時代が到来する「前夜」の雰囲気を味わってほしい。

　中野と中原は18歳違うが，どちらも東大入学直後に大学教育に絶望するところから試行錯誤を始め，別々の経路からワークショップ的な実践にたどり着いている。中野にとってワークショップは学校や会社の世界とは異なる「オルタナティブな世界」の扉を開く方法だった（第1章）。中野の経験からは，ワークショップが次第に「オルタナティブな世界」から学校や会社の世界へと浸透し，学校や会社の世界に「オルタナティブ」を呼び込む回路になっていく様子が見て取れる（第2章）。中原は中野とは違って，学習研究の内部で学習理論を探究する先でワークショップと出会う。ワークショップは教育実践のなかから編み出される「野生の学び」であり，理論的整理や学問的検証は後から遅れてやってくる。そして「野生の学び」こそが，学校や会社の世界を変革する「人」を育てる。ワークショップは「場」と「人」の

両方に関わるが，中野は「場」から，中原は「人」からその世界に入ってきたことがわかる。

　第Ⅱ部「**ファシリテーションを歴史と社会のなかに位置づける**」は歴史的ないし理論的な整理を行う三つの論文からなる。ファシリテーションの時代に対する解像度が上がり，多様な領域や実践のあいだをつなぐ線が――つながらない線やすれちがう線も――だんだんみえてくる。

　牧野智和（第4章）には国内の文献を中心に領域横断的に渉猟して，ワークショップやファシリテーションという言葉が使用されてきた領域とその意味の変遷を辿ってもらう。具体的な現場・文脈・人に埋め込まれていたものが，中野の『ワークショップ』（2001）の刊行やビジネス等への応用が始まる2000年代前半を画期として，汎用的な形式や技法になっていく。仮説1の言説面からの検証であり，第Ⅰ部のインタビューの解題にもなっている。

　中村和彦（第5章）には概念整理と歴史的変遷をコンパクトにまとめて，それをふまえて現代の課題に示唆を与えてもらう。ファシリテーションという補助線を引くことで，集団精神療法から人間関係トレーニング，ビジネスやコミュニティ開発など多様な領域がつながってくる。それら相互の関係を把握するのに役に立つのが，目的（ラーニング／タスク／リレーション）と水準（個人／グループ／組織／コミュニティ）を組み合わせた座標軸である。

　田村哲樹（第6章）には熟議民主主義論におけるファシリテーションの位置づけを議論してもらう。「話し合いを重視するなら当然ファシリテーションも重要ですよね？」という編者（井上）の素人質問を正面から受け止め，熟議民主主義の理論と実践の蓄積を総動員して応答する。コミュニケーションとファシリテーションの関係を問う仮説2と仮説3が，政治理論ではどのように議論可能なのかがわかる。

　また中村と田村には，章の後ろのコラムで自身の研究遍歴についても語ってもらう。ファシリテーションの時代が到来する「前夜」，彼らもまたそれぞれ現場の「先頭集団」にいた。中村は人間関係トレーニングから組織開発の道へ，田村は政治理論研究から熟議民主主義論の道へそれぞれ踏み出していく。第Ⅰ部のインタビューと合わせて読んでほしい。

　第Ⅲ部「**ファシリテーションを相対化し，実践と向き合う**」はファシリテーションの時代を批判的・反省的に捉え直す一つの対談と一つの論文，一つのコラムからなる。論者はいずれも教育社会学の研究者である。第7章とコラムで取り上げるアクティブラーニングは小学校から大学までのすべての教育段階で政策的に導入され

ており，そのため教育現場はファシリテーションの解説書がもっとも求められる現場の一つになっている。

小針誠（第7章）には自身の著作（2018）がどう「誤読」されたかを手がかりに，アクティブラーニングという方法論が国策化されることへの批判を語ってもらう。ある教育実践が優れた成果を上げたとしても，それが国策化され全国の現場に周知・徹底されていく過程で「意図せざる結果」がもたらされる。「善い実践」が普及の過程で形骸化や副作用を生み出すことへの問題意識は，本書のファシリテーション活用派とも共有可能なものだ。

元濱奈穂子（第7章の後ろのコラム）には，アクティブラーニングがたんなる教育方法ではなく「望ましい未来」を先取りする理念であるがゆえの功罪を論じてもらう。「善い実践」を普及させるのも，それを「良い政策」へと飛躍させるのも理念のなせる業である。小針の章と元濱のコラムはともに，理念・実践・政策の水準を区別したうえで相互の関係を論ずることの重要性を伝えている。

牧野智和（第8章）にはワークショップやファシリテーションを貫く本質的要素を見極め，ファシリテーションの時代のなかで現代社会を最深部で駆動させるものを考察してもらう。「ファシリテーションを社会学的に批判する」というミッションを自らに課したものの，関連文献を読み進めるほど「あらゆる批判が織り込み済み」であることに気づく。自己論に取り組んできた社会学者がその難所をどう突破するかに注目してほしい。

＊＊＊

執筆メンバーのファシリテーションへの態度は一様ではない。試みに，ファシリテーションに対する各章のトーン（調子）を活用—中立—抑制の軸のうえに並べてみると，表0-1のようになる（本人のファシリテーション観とは必ずしも一致しない）。

これは賛成意見と反対意見を「両論併記」してバランスを取るということではない。編者（井上）の意図は，ファシリテーションという〈妖しい力〉を社会のなかで適切に制御するすべを探ることにある。制御にはアクセル（加速）とブレーキ（減速）の両方が必要なのだ。中野と中村と中原は，アクセル役である。ファシリテーションを先頭集団で牽引する達人たちの話は具体的かつ実践的でおもしろく，ついつい引き込まれそうになる。そこで，ブレーキ役となるのが，田村と小針，それに編者の牧野である（元濱にコラム執筆で加わってもらったのは，アクセルが相当強力だか

表 0-1　ファシリテーションに対する各章のトーン

部	章	活用 アクセル	中立	抑制 ブレーキ
Ⅰ	1・2（中野）	●		
	3（中原）	●		
Ⅱ	4（牧野）		●	
	5（中村）	●		
	6（田村）			●
Ⅲ	7（小針）			●
	コラム（元濱）			●
	8（牧野）			●

らだ）。彼らにはファシリテーションを捉える水準や文脈や条件を丁寧に吟味してもらった。私自身は，このプロジェクトのファシリテーターとして，アンビバレンスを燃料として適宜投入しながら，アクセルとブレーキの加減を調整することに徹した。

　しかしアクセルとブレーキだけではドライブはできない。ハンドルを握るのは，読者のあなたである。あなたがファシリテーションの時代に自分の道を自分のペースで走るために本書を役立ててもらえれば，執筆者一同これに勝る喜びはない。

【付　記】
本書はJSPS 科研費 18K02403，19K02037 の助成による研究成果の一部である。

【引用・参考文献】
井上義和（2017）.「参加型パラダイムは民主化の夢を代替しうるか？──ポスト代表制の学生自治」藤本夕衣・古川雄嗣・渡邉浩一［編］『反「大学改革」論──若手からの問題提起』ナカニシヤ出版, pp.97–116.
井上義和（2021 近刊）.「参加型パラダイムは学生の自由を促進するか？」崎山直樹・二宮祐・渡邉浩一［編］『反「大学改革」論 2（仮）』ナカニシヤ出版
貫戸理恵（2018）.『「コミュ障」の社会学』青土社
工藤保則（2016）.「コミュ力──正体のない能力」井上　俊・永井良和［編］『今どきコトバ事情──現代社会学単語帳』ミネルヴァ書房, pp.154–157.
國分功一郎（2013）.『来るべき民主主義──小平市都道 328 号線と近代政治哲学の諸問

題』幻冬舎

小針　誠（2018）．『アクティブラーニング──学校教育の理想と現実』講談社

田野大輔（2020）．『ファシズムの教室──なぜ集団は暴走するのか』大月書店

田村哲樹（2017）．『熟議民主主義の困難──その乗り越え方の政治理論的考察』ナカニ
　　シヤ出版

長谷正人・奥村　隆［編］（2009）．『コミュニケーションの社会学』有斐閣

本田由紀（2005）．『多元化する「能力」と日本社会──ハイパー・メリトクラシー化の
　　なかで 日本の〈現代〉13』NTT 出版

中野民夫（2001）．『ワークショップ──新しい学びと創造の場』岩波書店

中野民夫（2003）．『ファシリテーション革命──参加型の場づくりの技法』岩波書店

中原　淳・中村和彦（2018）．『組織開発の探究──理論に学び，実践に活かす』ダイヤ
　　モンド社

那須耕介・橋本　努［編著］（2020）．『ナッジ⁉──自由でおせっかいなリバタリアン・
　　パターナリズム』勁草書房

牧野智和（2018）．「オフィスデザインにおける人間・非人間の配置──「クリエイティ
　　ブなオフィス」の組み立てとその系譜」『ソシオロゴス』42, 56–83.

牧野智和（2019）．「現代学校建築における主体化のモード──「ポスト規律訓練」的学
　　校空間の組み立てとその系譜」『ソシオロゴス』43, 105–139.

山崎　亮（2012）．『コミュニティデザインの時代──自分たちで「まち」をつくる』中
　　央公論新社

第Ⅰ部

ファシリテーションの
時代はいつ始まったか

01 もう一つの道を求めるなかで

ワークショップとの出会い

中野民夫

ワークショップやファシリテーションの日本での展開について，教育社会学の立場からふりかえり考察する貴重な仕事を始めた井上義和先生と牧野智和先生から，2019 年春，私（中野）はインタビューを受けた。20 年前の 2001 年に『ワークショップ──新しい学びと創造の場』（中野 2001），2003 年に『ファシリテーション革命──参加型場づくりの技法』（中野 2003）を出版した第一世代の中野の背景を知りたいとのことだった。

人びとが対話する場をファシリテートする際には，昔話や自慢話を延々と語りがちなオヤジたちに，「50 代以上の男性，話し過ぎ注意！」とよく促している。一生懸命長く生きてくれば，語りたいことはたくさんある。私もそんな危険な年代の一人である。対話の場での長話は慎むべきだが，せっかくインタビューしてくださるなら喜んでお応えするしかない（笑）。

問われるままに，日本にワークショップやファシリテーションが入ってきた時代背景を探るために，私の生い立ちから関連しそうなことを語らせていただいた。1957（昭和 32）年生まれで，戦後の復興から高度成長期に入ってどんどん豊かになる時代に育った。しかし次第にさまざまな課題も出てきた。そんななかで，主流の世界とは違うもう一つの道，オルタナティブな世界を模索するなかで，さまざまなワークショップに出会っていった。第 3 章で中原淳さんが書いている通り，ワークショップはオルタナティブ，カウンターカルチャー的なところから広がった「野生の学び」である。効率性や経済成長が至上とされた時代であるとともに，一方で公害などが問題にもなってきた 1970 年代末に 20 歳前後だった私は，さまざまな形での問い直しが進む動きのなかでワークショップにも出会っていたと，今ではふりかえることができる。

経済至上から持続可能な社会への大きな転換点のなかでの一個人の探究の話として，多少は意義があるのかもしれない。井上先生のご厚意とご要望にお応えして，そのインタビュー原稿を元に加筆しまとめた。第 1 章は，もう一つの道を求めてオルタナティブな世界でワークショップに出会っていった経緯，いわばファシリテーション前史になる。第 2 章は，そういう野生の学びを企業や教育に応用しようと奮闘し始めた時期を扱う。

1 生い立ち：高度成長期の都心育ち

　子どもの頃は都心の港区赤坂で育ちました。1950 年代，鉄筋コンクリートの団地のような 5 階建のアパートが建ち始めた頃です。二棟の間に小さな「山」があって，そこにタイサンボク（泰山木）のとても大きな木がありました。タイサンボクに登ると 3 ～ 4 階に近づく高さの大木で，子どもにとってはジャングルのような存在でした。2001 年の『ワークショップ』のあとがきで，「ワークショップは，子どもの遊び場のようなものだ」と書きましたが，その原点がこの赤坂アパートのタイサンボクの周りです（中野 2001: 220）。アパートには同級生が五人くらい住んでいて，外で本当によく遊び，とても楽しかった。

　小学校に入学したのが東京オリンピックの年（1964 年，昭和 39 年）で，その頃急速に道路がきれいになり，高速道路もできて，東海道新幹線も開通しました。戦後から高度成長に差し掛かる頃で，未来は常に輝いていました。大きな期待のなかで迎えたオリンピックの開会式の日，ブルーインパルスの飛行隊が青山の上空に五輪の輪を見事に描いたのを，アパートの中庭で「うわー」と歓声を上げて見上げたのをはっきり覚えています。その頃は，外で遅くまで遊んでいると，それぞれの家の窓から「アトムですよ～（テレビ番組が始まる，の意）」「ご飯ですよ～」と母親たちが呼ぶ声が聞こえてきて，走って階段を昇ってそれぞれの家に帰る。都心の赤坂でも，そこはまだ長屋のように人と人の距離が近くて，映画『ALWAYS 三丁目の夕日』のようなほのぼのとした昭和の世界が残っていました。

　父親の転勤で，小学 5 年（1968 年）から中学 2 年（1971 年）までは山口県の下関にいました。壇ノ浦の山の上で，目の前には流れの速い関門海峡が流れ，向こう側は九州，という絶景の場所でした。目の前にだんだんと大きな関門大橋が架かっていく大工事を見ていました。海を見て，行き交う船を見て，世界に思いを馳せるようになりました。

　中学 1 年の時が 1970 年の大阪万博です。全国からなんと 6400 万人もの来場者があった国を挙げての大きなお祭りです。この東京オリンピック 1964 年から大阪万博 1970 年までは，戦後の復興から日本が世界に追いつけ追い越せと，猛烈に経済成長に邁進し物質的にどんどん豊かになった時代です。

　でも地方の中学はまだ男子は丸刈り，坊主頭でした。全員強制ですよ。外出は黒い学生服でなければならず，しかも胸には名札がバッチリ貼り付けられている。まだ封建的な気風が残っていました。水泳部で若いきびしい先生に鍛えられ，いつの

まにか長距離走も強くなり文武両道を心がけていました。中学2年の終わりに東京に戻り，中野区の第八中学校に転入しました。

　高校から麻布学園に入りました（1973年）。1969年頃の世界中の学生運動の影響を受け，麻布も学園紛争があり，大きく荒れた後で，学生が強くなって自由勝手な雰囲気が残っていました。教師の言うことは聞かないし，屋上でタバコを吸ったり，学園祭はとても派手でした。そして真面目に勉強している姿は人には見せない，という屈折した雰囲気がありました。

　高校2年のとき，**氷上信廣さん**[1]が倫理社会の教師として麻布学園に着任されました。先生は麻布OBで早稲田大学で哲学を研究し，28歳ぐらいで初めて母校の教壇に立ちました。僕らは一回り下の16歳。倫社なんて受験に関係ないから，みんな最初は内職しまくっていました。先生も恥ずかしそうに天井を見て話すようなシャイな人でした。1学期の終わり，カントか何かの話をしている頃から，僕はふと哲学の話に惹き込まれるようになりました。夏休みの宿題はマルクスの『共産党宣言』やサリンジャーの『ライ麦畑でつかまえて』などで，さまざまな刺激を受けました。秋の体育祭の後には，今では信じられませんが，先生と生徒で一緒に飲みにいって熱く語ったりしていました。

　高校3年になったとき氷上さんの周りに集まる生徒たちで自主ゼミが始まりました。受験とは無縁だし授業の単位にもなりません。土曜の午後に集まり，明治以降の日本の思想家を交替で調べて発表し，議論しあうということをやりました。僕は北村透谷を担当しました。そこで「先生から教わる，というよりも，自分たちで学び合い，話し合う」という喜びを知ってしまったわけです。後から振り返ると，僕にとって，ともに学び合う場としてのワークショップの原点はここにあります。

　その仲間とは，夏休みに氷上先生と数学の秋山先生と合宿をしたり，ついこの間まで正月に家族で集まったり，本当にお世話になりました。氷上さんはなかなか魅力的な人物で，その後，校長を長く務められました。人格者・哲学者が校長っていいですよね。私たちが出会った頃は，先生も迷い悩んでいたので，その姿に「先生だって求め続けている，大人になっても探し，学び続けるんだ！」と驚きながら，自分自身の探究に向けて大いにそそのかされたわけです。そのおかげでいろんなことを考えるようになったと思います。

1）ドイツ文学者の氷上英廣の息子。1963年麻布高校卒業。2003年から2013年まで麻布学園校長。2014年から麻布学園理事。

2 遍歴と探究：旅と出会いと精神世界

●大学への幻滅から旅へ

　高校卒業後，一浪して東京大学文科三類に入学しました（1977年）。浪人時代は，受験体制に疑問をもちつつも頑張らなければならない，という矛盾のなかで煮詰まりました。でもここで降りたら負け犬だから入ってから文句言うぞ，東大を中から解体するぞ，と踏ん張った。

　ところが，ようやく入った大学の授業は数百人の大教室での一方的な講義。同級生も同じような社会的な問題意識があるようには思えず，こっちは一浪して結構いろいろと考えていたから浮いてしまった。もっと人生や哲学や魂の話をしたい，と思ってわざわざ駒場寮に入りました。そこにはまだ学生運動の残り火があって，新左翼の革マルの人がよくオルグ（勧誘）に来ていました。でもその人が内ゲバで殺されたり，セクトの部屋が焼き討ちにあったりで，もう新左翼には未来がないな，と幻滅しました。

　入学して1ヶ月で，このままこんな大学にいてはダメだ，と思い立ち，上野で50ccの中古バイクを買って，一人旅に出ました。それまでの「受身的な人生に決別を告げ，もっと主体的に生きなければならない！」という熱い文章を，北大に進学した親友と当時作ったミニコミ『試転』に書いています。わずか1ヶ月で大学に見切りをつけ，飛び出してしまったわけです。「五月病」の典型かもしれませんが，自分としてはとても真剣な決意で，それまで走ってきたレールから降りはしたものの，何を求めているのかうまく説明もできず，もう一つの道を求めての旅が，ここから始まりました。

　お金もないので，佐渡で田植えを手伝って農家に泊めてもらったり，テトラポッドの陰で寝たりしながら，北へ北へと走りました。下北半島から北海道に渡り，かつてバイトしていたニセコの山小屋に寄り，最後は札幌までたどり着き，北大に進んでいた友人宅に転がり込みました。国内の旅もいいけれど，海外に出たいなあ，との思いを強くして戻ってきます。

　大学に幻滅するなか，駒場の教養学部には社会学者の**見田宗介**さん（1937-）がいて，「見田ゼミは面白いよ」と最初のクラスオリエンテーションのときに先輩から勧められ，登録だけはしていました。ちょうどその7月，見田さんが真木悠介の名前で『気流の鳴る音——交響するコミューン』（筑摩書房，1977年）という刺激的な本を出すのです。この本を読んで，ぶっ飛ばされました。

　すでに 70 年前後の学生運動が熱かった季節は終わり，セクト間の内ゲバがくすぶっている時代で，我々の世代は「遅れてきた世代」とも言われていました。でも大学に入ってもっと深い話をしたいとかこの社会を何とかしたいとか思ったときの受け皿は，どうしてもマルクスとか共産主義とか左翼的なものだった時代です。ところが見田さんは公の場で「ぼくは左翼が嫌いで」というのでびっくりしました。「もう右や左の時代ではないでしょう」といって「上か下か」という問題の立て方をするのです。「上」は近代合理精神，「下」はそれぞれの文化を掘っていくと地下で通底するような何かで，「井戸の奥の普遍性を取り戻したい」と話すのを，いたく感心しながら聞きました。

　『気流の鳴る音』は，ヤキ・インディオのドンファンに弟子入りした人類学者カルロス・カスタネダの一連の著作から触発された著作で，「社会の仕組みを変えるだけではダメで，人間自身が解放されていなければ別の抑圧の体系を繰り返すだけだ」と「人間解放」「自己解放」をめざす，とても魅力的な世界が展開します。悶々としていた僕はそのそそのかしに見事にハマり，「やっぱり大学よりも異世界への旅だ！」と思い立ちました。見田先生にも「大学と旅とどっちがいいでしょう？」と相談したら「もちろん旅でしょ」と言われ，親にもそう伝えて（笑），夏には正式に休学願いを出しました。背中を押してくれる一言，大事ですね。

　まずは「人民の中へ，労働者の中へ」とホンダの浜松工場で期間工として働き，夜勤などをやって 50 〜 60 万円稼いで，秋から自分を解放する旅に出ました。それまで受験体制の中などで培われた狭い世界観から自分自身を大きく解き放ちたかった。志は高かったけれど，出費を切り詰めた底辺のバックパッカーの旅です。まだ『地球の歩きかた』など安旅のガイドは出ておらず，もちろんインターネットもありませんから，全てが未知への冒険でした。

　台湾，香港，タイ，マレーシア，シンガポール，インドネシアと南に向かって旅を始めました。その頃作家の島尾敏雄さん（1917-1986）が『ヤポネシア序説』（創樹社，1977 年）という編著で「ヤポネシア」という視点を提唱していて，日本は中国大陸や朝鮮半島との関係で語られるけれども，ミクロネシアやポリネシアや琉球列島などの南の島々に連なる歴史もあるはずだと。そのヤポネシアを辿って琉球弧を下りていくような旅から始め，いつか折り返してインドに行き，最後はヨーロッパまで行って，いつの日かシベリア鉄道で帰りたいと夢見ていました。

　台湾での初日，ドミトリー式の安宿で世界を旅するバックパッカーの世界に出会い，そこからは口コミでどんどん情報が入ってきました。東南アジアをタイ，マ

レーシア，インドネシアと，主にバスや鉄道の陸路で南下し，バリ島までたどり着きました。すでにリゾートになりかけていて，その頃の求道の旅人としてはあまりなじめなかった。そこから一気に，ミャンマーに飛びましたが，そこで身体を激しく壊します。マンダレーという奥の街で，吐いたり下痢したりでウンウン苦しみました。ちょうど20歳の1月15日で，日本では成人式の日です。粗末なベッドの上で苦しみながら「これが俺の成人式なんだな」と複雑な感慨をもちました。

　ミャンマーはビザの条件が1週間だったので，這うようにしてインドに出ました。しかしカルカッタ（現コルカタ）は実に混沌としたとてもハードな世界で，いろんな物売りがガンガン詰め寄ってきます。安宿でしばらく療養しましたが，病はまったく良くならず，初めて日本のことが懐かしくなり，残念ながらそこで最初の旅は断念して日本に戻りました。ある晩，急に帰ってきた息子に親もびっくり。空港で体調不調を告げたので，翌日から保健所が来て消毒されたりたいへんでした。

　「自己解放」を目指しながら「自己解体」して突き返された。それが1978年2月頃です。

●ほびっと村で「もう一つの世界」と出会う

　世界をもう少しきちんとみられる視点がほしいと思い，1978年4月に大学に復学し，2年目の1年生に。今度はあまり気負わず，クラスの仲間たちと映画を作ったり，見田ゼミにもちゃんと出席し，ワンダーフォーゲル部で毎週のように山登りをしたり，大学生らしいことをやり直しました。

　その頃，西荻窪に「ほびっと村」というとても興味深い場が始まっていました。日本で最初の有機無農薬の八百屋「ナモ商会」（長本兄弟商会）や自然食レストラン，ユニークなプラサード書店や学びのスペースほびっと村学校がありました。

　ほびっと村のことは，休学を考えていた頃に，新聞に『やさしいかくめい』という雑誌を編集している若者たちの紹介記事が載っていたのを読んで知りました。イデオロギーや暴力的な「革命」ではなく，一人ひとりの生き方や暮らし方の「かくめい」，今でいう「オルタナティブな（もう一つの）生き方」を目指す「やさしいかくめい」という言葉には惹かれました。星川淳さん（1952-）など，その後活躍された方々が関わっていたようです。ただ新聞を見てすぐ「ほびっと村」を訪ねてみると，なんだか怪しげな雰囲気で，まだ硬かった学生の私には敷居が高くてすぐには出入りしなかったのです。でも最初の一人旅から戻ってみると，その世界の感じがよくわかってきました。それで1978年からそこの講座にいろいろ行き始めました。

たとえば「光・ONE・アートマン」という講座は，山尾三省（やまおさんせい），おおえまさのり，吉福伸逸（よしふくしんいち），という三人がやっていました。今思えば，新しい時代を拓いた重要な三人なので，少し解説します。

山尾三省（1938-2001）さんは，東京神田生まれの詩人で，日本のヒッピームーブメントのなかでも精神的な支柱のような存在で，アメリカの詩人ゲーリー・スナイダーやアレン・ギンズバーグに呼応する詩人でした。60 年安保を早稲田大学で闘い，1960 年代後半から「部族」というコミューン運動を各地で展開し，東京の武蔵五日市で田舎暮らしを始め，その後家族でインドを巡礼してから，1970 年代末に屋久島に落ち着き，百姓・詩人として大地に根ざした生き方を貫きました。2001 年に 62 歳で亡くなりました。

屋久島は，1993 年に世界自然遺産になるまでは一般には知られていませんでしたが，三省さんを慕って，1980 年前後から多くの人びとが屋久島に移住しました。世界遺産になって世界中からの観光客も増えた屋久島ですが，今も多くの若者が移住し，自然を大事にした持続可能な生き方・暮らし方を探求し，「イマジン屋久島」というプロジェクトなど新しいうねりがさまざまに展開しています。その新住民のまさに「走り」が三省さんだったわけです。

僕がほびっと村に行き始めた頃にはすでに屋久島に移住していたので，彼がたまに東京に来たときに顔を出すぐらいでした。1980 年に僕が 3 度目のインドを旅して 8 ミリ映画『めぐりめぐって――インドの向こう側』を作っていたのをちょうど上映する日に来てくれて，喜んでくれました。

戦後の経済成長中心の社会のなかで，ひたすら「合理性」が追及されたことを，彼は問題視していました。何を求めて旅しているのか，僕は自分でも言葉ではうまく説明できなかったのですが，あるとき三省さんが自分が求めているのは「より納得できる自分自身と，より納得できる社会」だと話していて，まさにオレが求めているのもこれだ！　と思いました。納得できる自分と社会，いわば，精神世界と社会変革，そしてその統合。その後今につながる問題意識です。

就職した翌年の 1983 年に彼を訪ねて屋久島に初めて行き，椎茸のタネを打つのを手伝ったりして，そこから僕と屋久島との縁が始まり，やがて家を建てるまでになりました。彼の詩や本は今も多くの人びとに読まれ，『火を焚きなさい』（発行：野草社，2018 年）『びろう葉帽子の下で』（発行：野草社，2020 年）など復刊が続いています。亡くなって 20 年近く経つ今も，8 月の命日には屋久島の白川山に多様な人びとが集います。京大総長が来ていたり，多くの人びとに今も尊敬されています。講演録『アニ

ミズムという希望』(発行：野草社, 2021 年) は，万物に霊性を見る三省さんの晩年の集大成的な素敵な本です。彼の影響で，屋久島の小中高生は年に一度は詩を書き，優秀作が表彰されて冊子にまとめられるなど，地元にも貴重な影響を残しています。

　吉福伸逸 (1943-2013) さんは，1980 年代に日本に「ニューサイエンス」や「トランスパーソナル心理学」などの世界を精力的に紹介した中心人物です。ジャズを志して 1963 年にボストンのバークリー音楽院に留学，数年間音楽家として活動した末に挫折し，南米を経てカリフォルニアに渡ります。どん底だった頃，日本のことを見直し，大乗仏典に救われたそうです。1972 年から UC バークレイでサンスクリットや東洋思想を学び，70 年前後のアメリカのさまざまなワークショップやセラピーの最前線をたっぷり体験して 1974 年に帰国。

　僕が出会った頃は，新宿の新大久保に「C+F（シー・アンド・エフ）コミュニケーションズ」という自分の場を立ち上げ，編集者や学者やアーティストなど，おもしろいというか不思議な人びとが集い始めていました。

　今思えば，僕が最初に「ワークショップ」と銘打ったワークショップを体験したのも，この C+F でです。「Are You?」という名称で，自分自身を深く問い直すワークショップを，参加費 500 円でやっていて，貴重な経験をさせてもらいました。ある週は，毎日食べているものをメモする，という宿題が出ます。メモってみると，実にいろいろなものを食べているのがわかってくる。その次の週は，さらにどこから来ているか探ってみる，という宿題が続きます。すると，ニンジンの先に，大地があり，光や水や微生物のおかげでニンジンはできている！　という深い気づきに誘われたりしました。果物って本当に地球丸ごとの果実ですよね。この体験は僕のエコロジー感覚の原点となっています。

　吉福さんは，「個を超えた＝トランスパーソナル」の流れを日本に伝えるべく，英語に堪能な仲間たちと，本当に精力的に翻訳・出版活動に集中するようになり，日本の書店に「精神世界」という新しいコーナーができるのに大きな影響を与えました。ハーバードの心理学教授からスピリチュアルな道に転身したラム・ダスの『ビー・ヒア・ナウ』(平河出版社, 1987 年)，現代物理学と東洋神秘思想の関連を説くフリッチョフ・カプラの『タオ自然学』(工作舎, 1979 年) や『ターニング・ポイント』(カプラ 1984, ☞本書 18 頁)，トランスパーソナルの論客ケン・ウィルバーがさまざまなセラピーを見事に整理した『意識のスペクトル』(春秋社, 1985 年) や『無境界』(平河出版社, 1986 年) など，彼が紹介した本に，私たち多くの若者が影響を受けました。

　1989 年に，彼はすべてを置いて，ハワイに移住します。家族との時間を大事にし，自分もサーフィンを始め，地元の人たちが協力してサーフィンの大会を開くのにも貢献したりしたそうです。その後，日本にも呼ばれて，スタニスラフ・グロフのホロトロピック・ブリージングという激しい呼吸のワークショップや，次第に吉福さん独自の人の本質的な変容を促すワークを展開しました。70 年前後のアメリカと日本をつないだ彼の激動の人生は，日本の精神史を語る上で極めて重要です。最近になって編集者の稲葉小太郎さんが，吉福さんに縁のあった人びとを訪ねてインタビューを重ね，彼の数奇な人生を浮き彫りにする評伝『仏に逢うては仏を殺せ──吉福伸逸とニューエイジの魂の旅』（工作舎, 2021 年）という本にまとめています。吉福さんの晩年の講演は『世界の中にありながら世界に属さない』（サンガ, 2015 年）にまとめられています。

　おおえまさのり（1942-）さんは，日本で最初に『チベット死者の書』（講談社, 1974 年）を 1970 年代初頭に英語から訳して紹介した人です。徳島県の鳴門の出身で，お父さんは文楽の人形製作者（大江巳之助）です。本人も彫刻やアートの道に進むのですが，1965 年にニューヨーク留学したその日から，当時勃興していたサイケデリックの世界をど真ん中で経験して，もう普通ではいられなくなります。

　60 年代後半の激動のアメリカのなかで，1967 年のベトナム戦争反対のペンタゴン 10 万人デモをフィルムに収め，「NO GAME」という映像作品として残したり，社会派的な映画をいくつも撮ったりしています。当時はビートルズもインドを訪ねて瞑想したりしていますが，欧米から東方へ，東洋への流れに乗って 1971 年にインドに渡り，チベット仏教や『チベット死者の書』にも出会います。

　70 年代末，お会いした頃は，東京の八王子の山里のなかに住んで，翻訳や手作りの本作りなどやって，仙人のような雰囲気でした。おおえさんのお宅には，僕たちはよくおじゃまし，『じゃんぴんぐまうす』（いちえんそう, 1980 年）というネイティブ・アメリカンの絵本の製本など手伝ったりしました。そこで初めて奥さんに玄米を食べさせていただいたり，山菜を一緒に採って天ぷらにしたり，都市生活とは違う暮らし方を体験させてもらいました。

　おおえまさのりさんは，ほびっと村で「いちえんそう」というグループも主宰し，ゼミのように交替で調べて発表して話し合う，大人の学び場をずっと続けていました。いま活躍している文化人類学者で東工大リベラルアーツ研究教育院長の**上田紀行**（1958-, ☞本書 16 頁）さんは，見田ゼミの仲間なのですが，彼をはじめ見田ゼミ仲間は「いちえんそう」にもよく行っていました。

おおえさんは，その後，1988年に「88年8月8日八ヶ岳」で開かれた「No Nukes One Love いのちの祭り」（☞本書19頁）という大きなイベントの実行委員長も務められました。その縁で僕も実行委員になって参加し大きい影響を受けました。おおえさんはご健在なので，今のうちに，60年代からのカウンターカルチャーに関する話をもっと伺っておきたいものです。

山尾三省，吉福伸逸，おおえまさのり，の三氏を取り上げましたが，主流の社会の価値観とは違う「もう一つの世界」を探究していた先人たちが，ほびっと村にはたくさん出入りしていました。当時40歳前後の世代の人たちで，彼らがもつ学びの場のスタイルはみな，一方的に話をするだけではなく，さまざまな体験を大事にしていたし，交代で発表してみんなでよく話し合う参加体験型のスタイルでした。頭だけでなく身体も心も丸ごと総動員です。当時はまだ「ワークショップ」とはあまり呼んでいなくて，「講座」「セミナー」と呼んでいましたが，実質的な参加体験型の学びのスタイルは，この70年代後半から，公教育の外では展開していたのです。

このように僕は大学では見田ゼミ，外ではほびっと村やC＋Fなどで，オルタナティブな世界への道を，参加体験型の場を通して多様な人たちと模索していました。

この間に何度も旅を繰り返していて，少し話は戻りますが1979年3月にワンゲル（ワンダーフォーゲル）の仲間とインドから入ってネパールのヒマラヤ・トレッキングに行きました。それまで宗教的なものは胡散臭いと思って敬遠していたのですが，その旅で初めてチベット仏教とか東洋の宗教的な世界に「何か大事なものがあるんじゃないか」と気になり始めました。

インドではヴァラナシ（ベナレス）がヒンドゥー教の聖地として有名ですが，ものすごく雑多で混沌としていて，インド中からの巡礼者が集い，死を待つ人の宿があったり，ガンジス川の河原で薪を積んで死体が焼かれていたり，なんでもありの世界です。そのヴァラナシ郊外のサルナート——ブッダが最初に説法したといわれる鹿野苑——とかに行くと，なぜかすごくホッとしたのです。いまインドで仏教はあまり盛んではないので，史跡公園という静かな佇まいだったせいもあるでしょう。

またヒマラヤトレッキングで山のなかで会う人たちは敬虔なチベット仏教徒で，マニコロ（摩尼車）をずっと回していたり，経文の刻まれた石の周りを右繞してお参りしたりしていました。ときどき旅をしている日本人に会うと，彼らは禅寺で雲水（修行僧）をやっていた人とか，南無妙法蓮華経とお太鼓を叩きながら歩いている人だったり，みんな何か求めている人たちでした。

僕は体力には自信があったので，トレッキングでは先頭を切って歩き，シェルパ

やポーターを含む 6 人のパーティの仲間をせき立てるほうだったのです。ところが，標高 4,200 メートルの高地で高山病にかかり，意識を失いかけてしまいました。みんなに担いでもらってなんとか下山し，事なきを得ました。申し訳ない，ありがとう，ごめんなさい。もう穴があったら入りたかった。

　ただその体験のおかげで，それまでの高度成長期の受験とか長距離走とかで鍛えられた「よーいドン」で走り始めたらとにかく先へ先へと急ぐ習性が，抜けたというか，落ちたのです。ずっと負けず嫌いで，競争が始まったら絶対負けたくなかった。でも，悠久な大地と天空のなかで，「今ここ」という感じが少しわかってきた。こんなにお日様がきれいで，そよ風が気持ちよくて，川の水もさやさやと輝いて流れているのに，なんでそんなにせかせかと先を急ぐの？　どこ行くの？　それより今ここを少し味わったら？　と。

　1960 年代から言われてきた「Be Here Now」，今ここにあれ，の意味が，体感を通して理解できるようになる大きなシフトでした。

◉インド精神世界を巡って

　三度目の旅は 1980 年の夏，インドに行きました。

　そのきっかけは，バグワン・シュリ・ラジニーシ，最後は OSHO（和尚）と呼ばれるようになったインドのグルがいて，彼の講話録『存在の詩』（星川淳訳，めるくまーる，1977 年，最近復刊）が見田ゼミの文献リストに入っていたのです。最初は宗教に興味がなくむしろアヤシイと思っていたけれど，見田先生が薦めるならと買って読んでみたら，「ありのままの自分でいること」や「自由」ということを教えてくれるたいへん刺激的な本でした。

　インドのプーナという街に，ラジニーシのアシュラム（道場）があって，日本や欧米から人が集まり始めていました。いきなりそこに行くつもりはなかったのですが，たまたま飛行機で乗り合わせた日本人がそこに行くというので，一緒にそこに行きました。アシュラムには確か世界中から 1,500 人くらいの人が集まっていて，世界中の最先端の心理学的なワークショップから，スーフィー・ダンス，サマーディ・タンク（イルカと人間のコミュニケーションを研究していたジョン・C・リリーが開発した，体温と同じ温度の生理食塩水に浸された感覚遮断タンクで瞑想して胎内体験を追体験する）とか，精神世界を探究する多様な試みが行われていました。そこでエンカウンター・グループやアウェアネス・トレーニングなどのグループワークや，動きながら身体から解き放っていく瞑想など，実に多彩でした。60 年代の欧米からの人間性

心理学などさまざまな試みの最前線が，東洋の精神世界と大合流していたのですね。

　だいたい２カ月ぐらいアシュラムにいると，「サンニャーシン」と呼ばれる弟子になれる儀式があります。弟子になるには，弟子のしるしとして赤とかオレンジ色の服を着ることと，新しい名前をもらって使うこと，マラという先生の顔写真の入ったペンダントを下げること，という三つの条件を受け入れなければなりません。かなり「変人」にみえます。

　僕は正直嫌だったから，「なぜそれを身に着けなければならないのか？」という質問をオフィスに出したのです。そうしたら *I AM THE GATE* という本（邦訳＝和尚ラジニーシ『未知への扉』めるくまーる，1992 年）のある頁を読みなさいという返事が来た。言われたところを読むと，ラジニーシ先生は，"I am the gate, pass through me"（私はゲートだから，通り抜けていけ）と言っている。人は一瞬一瞬を生きようと思っても，習慣に弱い生き物だから，すぐまた古い習慣に戻ってしまう。だから，「一瞬一瞬を生きると決意したことの証」として，赤い服と名前とマラはあるんだ，と書いてあった。

　「そうか，それならわかるけれど，それでも俺はそれなしで挑戦したい」と思って，弟子になる申し込みをしにオフィスを訪ねて，そう伝えると「あなたはまだ受け入れる用意ができてない」などと言われ，オフィスで言い合いになった。その最中に，「そうか，これが最後の公案だ」「先生が "I am the gate, pass through me" と言っているのに，どうしてみんな弟子になってあんなにすがりついているのか。そうかわかった，ここをこそ通り過ぎなきゃ，抜けなきゃ！」と思い至り，「わかりました！　もういいです！」と，晴れ晴れとしてオフィスを出ました。

　街に出ると子どもたちとなぜかすごく気が通じ合って，一緒に河原で歌を歌ったり，彼らと歩いていて困っている人がいたら「バクシーシしてくれ」というのでバクシーシ（喜捨，施し）したり，ちょっと何かが開いてしまってとても楽しくなったのです。こうして，アシュラムから抜けました。堅苦しい日本で探索の旅を始めた若者に新鮮な刺激を与えてくれたのは事実ですが，その後，ラジニーシの教団はアメリカに移動して相当おかしな方向に進み，問題もたくさん起きました。あそこでうまく抜けられて本当に良かったです。

　西洋の 60 年代後半からのヒッピーや学生運動，公民権運動やベトナム反戦運動，そして人間性回復のヒューマンポテンシャル運動と東洋の神秘思想の融合は，さまざまなワークショップを生み出しながら，この 1980 年頃に一つのピークを迎えていたのだと思います。

3　次の旅は就職戦線だ：就職活動と卒業論文

◉あえて浮世のなかへ

　プーナでの2カ月ぐらいの滞在で，「すべてとつながる存在感覚」的なものを得て，探究も一段落したので「南の海にお祝いに行こう」と思って旅を再開しました。ところが，おしっこがだんだん濃くなってきて，見事に肝炎の目安とされていた紅茶色になったので，ポンディシェリという街で病院を探して，肝炎の検査をし，すぐ入院になりました。シュリ・オーロビンドという聖人・哲学者が作った「オーロヴィル」という未来都市にも行こうと思っていて，その入り口で倒れたのです。とにかくだるい肝炎の体を休めながら，満月が何度かめぐるなかで「まだお祝いは早かったか」と思い知りました。

　その頃，日本企業は高度成長期で世界に進出し，日本人はモーレツに頑張って，「エコノミック・アニマル」と言われたり，「カローシ（過労死）」が世界語になったりしていました。インドに行っても，良いエビは全部日本の商社が持っていってしまい，インド人はまともにエビを食べられない，と聞いたりしました。そういうのが嫌で，「一生ネクタイはしない」，つまり企業には入らない，と思って，インドでひたすら心ある世界を求めていました。

　ところが，病床で気だるく過ごしていたある日，突然「商社に入ろう，企業に入ろう」という逆転の発想がぽーんと浮かんできたのです。外で批判しているだけではダメだ，と。

　たとえばバッファローの群れが崖に向かって突き進んでいるときに，自分だけ安全な丘の上にいて，そこから「馬鹿だなあ，その先は崖だぞ，止まれよ」と言ったって，誰も聞きやしないだろうと。やはり群れのなかで一緒に走りながら「ねえねえ，俺たちどこに行くのだっけ？　何で急いでいるのだっけ？」と仲間に声をかけて，周りから少しずつ波を起こさないと，群れは止まらないのではないか，みたいなイメージをもちました。それが「敢えて企業に入ろう」という自分でも思いもよらなかった転換でした。それが1980年，大学3年生のとき。

　当時は就職活動が始まるのは大学4年の秋からでしたので，1981年は3月から9月まで半年間，アメリカから中南米へと旅しました。ほとんど陸路で下り，いろいろな経験を重ねながら，ペルーのインカ帝国のマチュ・ピチュ遺跡やチチカカ湖まで旅をして，ボリビアからニューヨークへと一気に飛びました。

　どの国に行っても，車はトヨタ，バイクはホンダ，電気製品はナショナルやサン

ヨー……というように日本企業の影が世界中でついて回ります。それを否定的にみていたヒッピー的なバックパッカーでしたが，インドの病床で思いついた「あえて企業の中へ」の思いを温め，最後のニューヨークではウォールストリートを歩いて，自分を鼓舞して「次の旅は就職戦線だ」と日本に帰ってきました。

　10月から商社など数社を回り，面接で言いたいことを言っていたら，広告会社の博報堂がおもしろがって採用してくれました。新しい価値を創っていく仕事なら，何か社会を動かすこともできるかもしれないと思い，1982 年 4 月に入社しました。怖いものみたさで大阪支社の営業職を志願し，本当に大阪の営業から社会人を始めることになりました。

●般若心経で旅をまとめる

　ワークショップ的なものとの出会いの話で少し戻りますが，1970 年代末，見田ゼミに出ていた頃，見田宗介さんは演劇レッスンに自ら通っていました。**竹内敏晴**（1925-2009）という『ことばが劈（ひら）かれるとき』（思想の科学社，1975 年）というすごい本を書いた演出家がやっている演劇レッスンです。見田ゼミの上級生でも通っている人がいました。ゼミの合宿でも演劇レッスンをやりました。「オレンジジュースください」という，ただこれだけのセリフを，どれだけリアルに言えるか何度も試みさせられたり（笑）。本当にどれだけ実存的にその場に「在る」ことができるのか，即興劇で問われたりしました。あと見田先生は野口整体とかヨガなどもやっていました。今も私が続けているヨガを最初に体験したのも，思い起こせば 40 年前の見田ゼミ合宿でした。

　僕は休学して駒場（教養学部）に 3 年いたので，一般教養の見田ゼミには 3 年間（1977 ～ 79 年度）関わりました。1 年目は休学したので前期しか行けていません。復学した 2 年目（1978 年度＝ 2 度目の 1 年生）のゼミは，週 1 回交替で発表する形式で，知的なかしこい人たちによる発表とかなり難しい議論が中心でした。

　お互い 2 年目の 1 年生だった上田紀行と親しくなり，「ゼミで，（知的な話だけでなく）もっと魂の話をしたいよな」と意気投合し，見田先生のご自宅に押しかけたことがあります。先生にそんな思いを伝えたら，「それはいい，君たちでやってくれたまえ」とゼミの進行を任せてくださったので，合宿を二人で盛り上げたりしました。今思えば，ファシリテーター的なことを始めていたといえます。

　そんなこともあり，見田ゼミはかなり深まりました。知的な議論から本音で話すことに力点を移して，ワークショップ的な世界になりましたから[2]。見田さんによ

ると，学生運動の頃は，突っかかってくる学生もいて，たいへんだけれどもやり甲斐はあったらしいのです。その後学生は静かになってしまったので，突然自宅に押しかけたとき「あの頃以来だ」と妙に喜んでくれました。

　また，先生もインドを旅していたこともあり，僕は「インドはおもしろいよ，世界観が変わるよ」とみんなを焚きつけて，見田ゼミ中心に「いちえんそう」の社会人も含めて，20人くらいをインドの旅へと送り出しました。上田紀行は，インドの旅で必死に生き抜くなかで世界が変わった，と自分の本でよく書いています。

　私は大学に入った頃は，本多勝一が活躍していた頃でジャーナリストになりたいとか思っていましたが，駒場時代にインドやネパールを旅して東洋思想に興味をもつようになったので，3年（1980年度）からは本郷の文学部宗教学科に進学しました。宗教学科に進むなんて，少し前にはまったく思っていなかった展開でした。ただ，アカデミックに文献を研究することにはまったく興味がもてず，さまざまな体験を求めて，旅やいろいろなワークショップに出たりしていたわけです。3年の夏は4ヶ月くらいインドで，4年のときも半年は中南米にいたから，大学にはあまり行っていません。

　大学での勉強よりも，前述のほびっと村（☞本書8頁）やC+F（☞本書10頁）に通い，また家の近所の禅寺に通い始めたらおもしろくなってきて，そこの禅僧とお茶を飲みながらいろいろ話したり，座禅会に参加したりし始めました。「若い人が増えるのは結構だが，般若心経ぐらい覚えないと」と在家の世役に言われて，親父の本棚にあった般若心経の解説本を読んでみると，それまでの仏教の諸説を「無，無，無」（絶対ではない，こだわるな！）とばったばったとなぎ倒していて，「解放の原点はここにあったのか！」と興奮したりしました。

　このような旅を重ねた僕の卒業論文は，般若心経の「般若」「空」「菩薩行」という三つのキーとなる概念に，自分の旅を振り返って結晶化させました。「般若心経私論──道の途上で，ささやかなわが探索の旅をふり返る」というエッセイ的なものです。宗教学科の**柳川啓一**先生にタイトルについて相談した時，「あなたの場合はやはり「シロン」でしょうね」と言われ，そうか「私論」でいいんだ，それなら書けると，一気に書き上げました。アカデミックな世界で「シロン」といえば「試論」だったのですが，知らなかった！　すっかり誤解して「私論」で体験をもとに突き進んでしまった。審査会で，先生は苦笑しながら「おもしろすぎます」とコメ

---

2)『現代思想』2016年1月臨時増刊号「総特集　見田宗介＝真木悠介──未来の社会学のために」，上田紀行の文章（上田2016）も参照。

ントしてくださいました。確かに，なかなかおもしろい読み物なんですよ（笑）。

4　現実世界との葛藤のなかで

●大阪の営業職で

　1982 年に就職して大阪で営業職として働いていた頃は，精神世界からはかなり離れて現実の世界に揉まれていました。

　その頃，吉福伸逸さん（☞本書 10 頁）たちが訳した**フリッチョフ・カプラ**の『ターニング・ポイント』という本が出ます（カプラ 1984）。「陰と陽」の「陽」のほうにいろいろなことが偏りすぎてバランスが悪いので，「陰」的な価値を見直すべく大きな転換点が来ている，という世界の新しい流れを見事に捉えた本でした。当時の関西には，東京のほびっと村のようなオルタナティブな学びの場はなかなか見つけられず，寂しく思っていました。

　ちょうど高野山で曼荼羅をテーマにして，『ターニング・ポイント』のカプラや『アウトサイダー』（紀伊國屋書店, 1957 年）の**コリン・ウィルソン**など，これまで読んでいた本の著者本人が集まるイベントがありました[3]。吉福さんも来ていた。それで，そういうことに興味のある人たちが来るのならぜひ友達になりたいと思い，当時ようやく出始めた「ワープロ」を使って一生懸命呼びかけのチラシを作りました。イベント会場前で恐るおそる配ったら 20 人ぐらいから反応があり，「ターニング・ポイント・ネットワーク」という，その本を中心とした勉強会を土曜日に始めました。

　1960 年代からアメリカの公民権運動，ベトナム反戦，ヒッピー，世界的な学生運動などがあり，また『成長の限界』（ダイヤモンド社, 1972 年）や *Small is beautiful*（Blond and Briggs, 1973 年）が出された直後にオイルショック（1973 年）が起こり，戦後の経済成長中心の社会への問い直しが一部でかなり進みました。この 1970 年代には，環境問題や開発，平和など，最近話題の SDGs（持続可能な開発目標）のサステナビリティや，マインドフルネスなどこころの問題，新しいコミュニティや働き方改革，など，今につながる思想や運動が，かなり出揃っていたといえると思います。

　ただ，それらはあくまでも学校や企業や行政など既成の主流社会の「外」にあって，二つの世界は完全に分かれていました。「オルタナティブ（もう一つの道）」という言葉もまだ使われておらず，既存の社会や暮らし方に違和感を抱く人たちが模

---

3) 1986 年の高野山大学百周年記念シンポジウム（松長ほか 1988）。

索していた世界は，まだとても小さかった。僕自身，会社の仕事と自分のやりたいことは，完全に分離してしまっていました。むしろ会社には隠していました。1990年前後に留学して以降，ディープ・エコロジーに影響を受けたり環境問題に関心があったりしたのですが，まだ1990年代初めの頃は，博報堂で環境への配慮を提案しようとしても「そんなことしていたら物が売れなくなる」とか「まさか反対運動の奴らとつながっているんじゃないだろうな」と言われて「いえいえいえ……！」と引かざるをえない感じでした。企業がこぞってSDGsに取り組もうとする今とは隔世の感があります。

　わざわざ博報堂に入ろうと思ったのは，「外から批判するよりも，なかに入って変革したい」と考えたからですが，自らを鼓舞するために「ネクタイ菩薩」という言葉を使っていました。今どきの菩薩はお寺や山のなかにいるのではなくて，ネクタイを締めて既成社会のただなかでこそ頑張らなければ，だからここで簡単に辞めたら負けだ，と思っていたので，会社の仕事と自分のやりたいことは分離しながらも，なんとか辞めずに粘っていました。

● 「No Nukes One Love いのちの祭り」

　1988年に「No Nukes One Love いのちの祭り」という日本のフェスの走りともいえる大きなイベントがありました。沖縄のアーティスト**喜納昌吉**さん（1948-）が呼びかけて，「88年8月8日の八ヶ岳」にオルタナティブな流れが──脱原発からアート，食べ物，生き方，暮らし方まで──ここに結集しました。おおえまさのりさん（☞本書11頁）が近くに住んでいて実行委員長になったので，僕も一肌脱ごうと実行委員になり，長いたいへんな準備を経て，八ヶ岳山麓に10日間泊まりこんで参加しました。実行委員は十数人，その他に協力してくれる人が100人以上。赤字のときは自分たちの出資金がパーになってもいいという決意で臨みました。

　その時の報告書に当たる書籍（ONE LOVE Jamming 1990）を見ると，開催された催しを分類した分野タイトルのなかに，まだ新しかった「ワークショップ」という言葉があり，僕はその「ワークショップ担当」をしていました。その後，ワークショップの世界に進んだ縁を感じます。

　脱原発のシンポジウムの裏方をやっていたとき，デンマークの風力発電をやっているゲストが話し終えたところに冷たい缶飲料を「お疲れさまです。どうぞ！」と持っていくと「私は缶飲料を飲みませんから」と断られ，「え，どういう意味！？」と戸惑いました。缶飲料は電力をたくさん使って作るからと気づいて，ショックを

受けました。そういうエコロジカルで平和的な生き方，暮らし方を体現している人たちがたくさんいて，もう「参った！」という感じでした。

「いのちの祭り」に関わった人たちには，大きくライフシフトする人が多かった。僕も「このままではいけない，仕切りなおさなければ」と思い，数年ぶりに吉福伸逸さんを訪ねました。「今もカリフォルニアはおもしろいですか」と尋ねると「昔ほどじゃないけどおもしろい学校がいくつかあるよ」と教えてくれた情報のなかに，サンフランシスコの CIIS（California Institute of Integral Studies カリフォルニア統合学研究所）という大学院がありました。

もともとシュリ・オーロビンド（☞本書 15 頁）の弟子のインド人哲学者が作った学校で，東洋と西洋の統合（Integration），精神性と現実性の統合を目指すところです。パンフレットをみただけでとても惹かれるものがありました。そのなかにOrganizational Development and Transformation（ODT）学科というのがあって，そのときは「Organizational」が「組織の」だとは理解しておらず，「オーガニック（有機的）な」と誤解して，「有機的な発展と変容って，なんだろう。でもなんだか魅力的だな」と思ってしまいました。

5 アメリカ CIIS への留学（1989–91）

学生時代の精神世界への旅と 7 年間の広告会社での営業職の現実とをこの CIISの ODT 学科で統合できるのではないかと期待して，1989 年のゴールデンウィークに現地視察に行きました。そのときの様子は『ワークショップ』（中野 2001）の序にも書きましたが，ODT 学科のあるクラスの見学に行ったら，みんなが丸く輪になって教室の床に座っていたのです。「これが大学院？！」と衝撃を受けました。教壇もなく，クッションとかでくつろいで輪になっているから誰が先生かもわからない。輪の外で見学するつもりでしたが，入れ入れと輪に迎え入れられて，僕は感動し，「ここに来よう」と思ったのです。

その中心にいたのが**ハワード・シェクター**という ODT 学科長の先生で，彼はネイティブ・アメリカンの影響を受けていて，輪になって座るとか，トーキング・スティックという木の棒を使う（輪の真ん中に置いて話したい人が手にとって話し，他の人は全身全霊で聞く）とかを応用していました。輪になって座り，彼が "What's going on in your life, Speak from your heart"（みんなの人生で何が起こっているかな？　心の底から話してみよう）とか言って棒を置くと，あのうるさいアメリカ人た

ちがシーンとなって。人の話をちゃんと最後まで聴くし，あいだで静かな沈黙の時が流れる……みたいに，輪のなかでお互いの深いところまで聴きあう場ができてくる。それに僕は感動したのです。

そこから留学が始まりました。

その学校の周辺で**ジョアンナ・メイシー**とか**ティク・ナット・ハン**とかにも出会うわけです。1991 年 1 月に湾岸戦争が起こります。イラクがクウェートに侵攻して，アメリカを中心とする多国籍軍がイラクに撤退を要求，当時アメリカではブッシュ大統領（父）が全権を握ったので本当に戦争が始まるという危機感が募っていました。精神性に基づく社会変革の講義をしていたジョアンナ・メイシーが，その時は本来の授業そっちのけで「この事態をどう思いますか？」(How do you feel?) と問いかけ，一人ひとりの思いを分かち合う熱いシェアリングの場になりました。最後に，「反戦を訴えるデモがあります」「私も行きます」というので，「先生が行くなら，俺も行こう！」と開戦直後のデモに初めて参加しました。

その日，連邦政府ビルや証券取引所の建物が，サンフランシスコ市民の非暴力のデモに取り囲まれたりする様子を必死でビデオ撮影しました。証券取引書の前の道の両側から警察が「今出て行かないと逮捕だ」と言っていたようでしたが，誰も動かなかったので僕も残って逮捕され，初めて後ろに手を回されて縛られ，海岸の倉庫に入れられました（1 日に 2,000 人くらい逮捕されたので留置所が足りなかった）。仲間もいたから怖くはなかったけれど，留学生だから強制送還されたら嫌だなあと不安な時間を過ごしました。

バークレイの日本人が集って，「KAI」というグループが生まれ，毎週思いを分かち合うなかで，さまざまな活動が生まれていきました。ジョアンナ・メイシーにビデオインタビューした際に，「戦争を止めるために何ができるでしょう？」と愚直な質問をぶつけた時，「孤立しないで，集い合い，問い合うことです」と返してくれました。バークレイの KAI の活動を通して，本当にそうだと実感しました。ただし，集まって話すにせよ，良い集い方や話し合い方があるよね，という思いが，僕のワークショップ探究の原点の一つでもあります。

みんながアメリカ政府に怒っていましたが，「外の平和と内の平和はつながっている」というティク・ナット・ハンの教えのことも聞こえてきて，彼の本を翻訳していた書道家で平和活動家の**棚橋一晃**さんもバークレイにいたので，一緒に彼の訳で読書会を始めました。その 1991 年の 6 月にティク・ナット・ハンがフランスからカリフォルニアに来たので，マインドフル・リトリート（retreat：日常生活から離

れて自分と向き合う集中合宿）に参加して，その心理学もふまえた明快な話や，歩く瞑想や食べる瞑想など実践的な瞑想法に，大きな衝撃を受け，仏教を見直しました。

修士論文（"Toward Our True Nature: Experiential resources for a more ecological and peaceful world"）は，これらのハワード，ジョアンナ，ティク・ナット・ハンの三人の先生からの学びを中心にまとめました。平和や環境の問題は，個々人では人を殺したいとか環境を壊そうとか思わなくても，全体では違うことになってしまっている。そこには根本原因があるのではないかと探究しました。

一つ目は，切り離された自己。自分たちを，他から切り離された，皮膚の内側という狭い自己概念で捉えていること（separated self）。本当は，僕らはお互いつながり合った（interconnected）大きな自己であり，関係性のなかで現象しているのに。

二つ目は，「先へ，先へ」と急ぎ「あることよりすること」（Doing more than Being）を優先して走ってきたこと。大事なのはいつも「いま，ここ」なのに。

三つ目は，自分が正直な気持ちを率直に話せる場が意外にないということ。みんなおかしいと思いながらも，黙っているうちに世界がどんどんおかしな方向に進んでいってしまう。だから，それぞれの本当の思いを聴き合える場が必要だ。

これらの三つの根本原因に対して，「つながり」「今ここ」「心から」を大切にすることを盛り込んだワークショップをやるのが，僕の平和運動であり環境活動だ，と。そういう修士論文を1991年の末に書きました。それから30年近くたった今も，ふりかえってみると，自分のワークショップの大事な拠り所になっています。

とはいえ，それがすぐに実践できたわけではなくて，会社に戻ってまた苦労するのですが……。

【付　記】
日時：2019年6月21日／場所：東京工業大学中野民夫研究室／聴き手：井上義和・牧野智和・米谷龍幸／構成：井上義和

【引用・参考文献】
上田紀行（2016）．「両極化し，越境する——見田宗介ゼミの記憶の断片から」『現代思想』43(19), 52-55.
カプラ, F. ／吉福伸逸ほか［訳］(1984)．『ターニング・ポイント——科学と経済・社会，心と身体，フェミニズムの将来』工作舎（Capra, F. (1982). *The turning point: Science, society, and the rising culture.* Simon and Schuster.）

中野民夫（2001）．『ワークショップ──新しい学びと創造の場』岩波書店

中野民夫（2003）．『ファシリテーション革命──参加型場づくりの技法』岩波書店

松長有慶ほか（1988）．『即身 密教パラダイム──高野山大学百周年記念シンポジウムより』河出書房新社

ONE LOVE Jamming（1990）．『NO NUKES ONE LOVE──いのちの祭り'88 Jamming book』プラサード書店

第
Ⅰ
部

第
Ⅱ
部

第
Ⅲ
部

02 さまざまな分野への
ファシリテーションの展開

中野民夫

インタビュー前半（第1章）では学校や会社の世界とは異なる「オルタナティブな世界」との出会いを求めた人生遍歴が語られました。中野氏にとってワークショップは「オルタナティブな世界」の扉を開く方法でもあったことがわかります。さて，インタビューの後半（第2章）では，ワークショップが次第に「オルタナティブな世界」から学校や会社の世界へと浸透していく様子が語られます。2001年に岩波新書から刊行した『ワークショップ』は，さまざまな現場で実践されていたワークショップを，汎用的な方法論として捉え直したことで社会的に注目されました。ファシリテーションもワークショップ論のなかに位置づけられ，命を吹き込まれました。こうして中野氏の活動領域は学校や会社の世界そのものをを「オルタナティブ」に変革していくファシリテーションへと広がっていきます。（井上）

1 日本での環境問題の展開

環境問題に対する一般社会の意識が「変わった」と感じたのは，1997年です。

その前に，1990年に経団連が「社会貢献推進委員会」を設置します。アメリカに進出していた企業に，社員も仕事だけでなく地元のお付き合いやPTAに関わるなど，地域に貢献しないとマズいという問題意識から，企業も社会貢献することが必要だという認識が出てきたと聞きました。

また1992年にリオデジャネイロで開催された国連地球サミット（環境と開発に関する国際連合会議）で，「持続可能な開発（Sustainable Development）」について初めて本格的に話し合われました。リオ宣言や行動計画である「アジェンダ21」が合意され，その後の世界に大きな影響を与えます。それから企業のなかに環境対応の部署ができ始めたり，社会貢献活動をはじめたりするのは，僕の印象では1994，95年ぐ

らいからでした。

そして 1997 年，地球温暖化防止京都会議：COP3（第 3 回気候変動枠組条約締約国会議）が京都で開かれた。またその時期にぶつけて，トヨタがハイブリッドカーの初代プリウスを新発売します。その頃，環境対応は「地球にやさしい」など曖昧なイメージ中心に語られがちでしたが，プリウスは「21 世紀に間に合いました」というキャッチコピーとともに，先進技術で化石燃料の消費を画期的に抑える具体的な製品として登場したわけです。ただ，当時他の一般車より 100 万円ぐらいは高かったので，手が届きにくかった。その後じわじわと売れて，最近では一番売れる車になりましたが，そんなことは誰も想像していませんでした。

1997 年，私は山梨県環境局の仕事で，「山梨環境フェスティバル」という大きな県民啓発イベントを担当しました。富士吉田に山梨県環境科学研究所（2014 年から山梨県富士山科学研究所に改編）というのができるので，この機会に県民の環境意識の啓発をやりたいということで，前年に競合プレゼンの話が博報堂に来たのです。

部長が「山梨県環境局からの仕事，やりたい奴いるか？」と部員みんなに向かって言うので，「環境？　やります！」と即座に手を挙げました。気合を入れて企画し，130 頁ぐらいの熱い企画書をプレゼンでぶつけて採択され，山梨県環境局の方々と 1 年間仕事をやらせていただきました。それまで自分が培ってきた環境関連から音楽や演劇まで多彩なつながりやノウハウを注ぎ込みました。博報堂のなかで初めて環境の仕事，地球に「良いこと」――NGO とか市民運動の専売特許で企業とは遠いと思われていたこと――がようやく仕事になって，嬉しくて一生懸命取り組みました。入社してから 14 年目でようやくです。ただ得意先は，民間企業ではなくて最初はまだ行政だったわけですね。

そのイベントには，いろいろな環境派の方が来られました。たとえば，**柳生博**さん（1937-）は「生きもの地球紀行」（NHK 総合テレビ，1992-2001）のナレーターをずっとされていて，八ヶ岳に暮らし，最近まで「日本野鳥の会」第 5 代会長（2004-19）を務められていました。宇宙物理学者の**佐治晴夫**さん（1935-）は「君たちは星のかけらだよ」という素敵な話をしてくれます（佐治 1994, 2007）。僕らを構成する炭素のなかには，星が生まれては死に生まれては死に，というときにばらまかれた炭素が確実に入っているらしくて，「みんな星のかけら」だと。それを科学的かつロマンティックに，わかりやすく話してくださる素敵な方です。

あとその頃 NHK の特別番組「生命：40 億年はるかな旅」という番組を元に，生命の 40 億年の歴史をジオラマや模型に展開されていて，山梨環境フェスティバル

でも，「大生命展」という展示を中心にしました。今の環境，生態系をルーツから理解しようというねらいです。またソーラー発電はすでに始まっていたので，そういう自然エネルギー実践者の全国ネットワークにも来てもらって，子どもたちがソーラー電池で走る模型をワークショップで作って遊んだりしました。

　1990年代前半から企業でも環境対応をしなければ，という動きがじわじわとありましたが，1997年には広告会社にいてもそういう仕事が来るようになったし，プリウスという環境対応の商品が出てきた。その意味で1997年は変化の大きな年だったと思うわけです。この時期，環境教育の流れも徐々に大きくなりました。特に自然体験を大事にした環境教育の実践者が集った日本環境教育フォーラム（現在は公益社団法人）の周辺には，参加体験型のプログラム，つまりワークショップ的な活動をしていた方がたくさんいました。今の理事長の川嶋直さんは，清里のキープ協会で環境教育のパイオニアで，ワークショップの先駆者です。毎年秋の環境教育清里フォーラムに集う200人以上の参加者と，いかに参加型で双方向のコミュニケーションができるか，25年以上工夫を積み重ねておられます。

　少し戻りますが，1997年の前の大きな変化の年というと，先にも述べた「No Nukes One Love いのちの祭り」（☞本書19頁）が行われた1988年だと思います。なぜかというと，その年の1月に四国電力の伊方原発（愛媛県）が出力調整実験を始めるという話がありました。原発というのはもともと一度動かしたら100％で走るという設計なのだから，四国では電力が余っているからといって出力を調整するというのは危険なのではないか，そもそもそんなに余るのなら不要ではないかと。そういう論議があって，1986年のチェルノブイリの原発事故以降，原発に関心をもっていた人びとが高松の四国電力の前にみんなで集まろうということになった。僕のつれあいも興味をもっていたので，子どもも連れて家族で行きました。

　こういう社会的な運動の場合，当時は社会党とか労働組合の人たちが街宣車の上で昔ながらの反対演説をする，というのがよくある風景だったのですが，この1988年1月は，そういう問題に関心をもつ普通の人たち──ほびっと村（☞本書8頁）などに連なるような人たち──が全国から集まりました。もう昔ながらの「反対」するだけの闘争ではダメなのだということがわかっていたので，警備員の人にも人間として丁寧に話しかけながらアピールするとか，決まりきった言葉を繰り返すより，歌ったり踊ったりして各自が自由にアピールするとか，新しい運動のスタイルが出現しました。

　「反」原発から「脱」原発へ，原発反対だけでなく原発に頼らない生き方へ，と

いう潮流が日本でもハッキリしてきた。アンチの闘いからオルタナティブな生き方へ，という大きな流れのなかに，1988年の「No Nukes One Love いのちの祭り」はあったと思います。

2　『ワークショップ』（2001）刊行までの経緯

　山梨県の仕事もやり切った頃，ある大企業の社会貢献の仕事もやっていたので，「中野さん，環境が得意なら，環境分野での社会貢献策を提案してみないか」と社内の担当営業から促され，1998，99年頃に環境教育の企画をいろいろ提案しました。担当部門の長は大いに賛同して採用してくれ，自然学校指導者養成とか親子でのキャンプとか，一つの川を物語にした教材を作るとか，五つぐらい同時に企画が動いていたのです。でもそれが得意先のトップの最終の会議でストップがかかり，企画は全部，発進直前に流れてしまいました。環境対応は本業の製品に絞れ，という方針からです。それは企業としてとても誠実な態度なのですが，残念でした。

　一生懸命企画していた身としては，かなりメゲました。ちょうどその1990年代末には，会社が個人の業績を重視する「成果主義」の新たな制度を導入し，それまでチームみんなで一丸となって成果を出してきたのに，一人ひとりを査定してボーナスで大きな差をつける，といった時代になってきました。その制度の導入時に自分のグレード（社内のランク）もいきなり下げられたこともあり，「もう辞めてやる〜」という気持ちになってきた。

　ただ，子どもが2人いたし，今辞めても「お前，何者？」と言われて食えないだろうから，どうしよう。そうだ，自分はこれまでワークショップをいろいろやってきたから，ワークショップの本を書くことと，納得のいく本格的なワークショップをやることと，その二つができるまでは辞めずに我慢するぞと決意しました。

　そこから「自分という自然に出会う」という6人の講師でやる半年がかりの本格的なワークショップを，ビーネイチャースクール（Be-Nature School）で1999年に始めることになりました（中野ほか2003）。海，森，身体，瞑想，自己受容，天職をテーマに半年がかりで取り組み，最後に屋久島に仕上げの旅をするもので，5年間続けました。

　もう一つは友人の縁を辿って，ワークショップの可能性を理解してくださる編集者と出会い[1]，何度も何度も企画書を書き直してようやく編集会議を通り，1年近く禁酒して頑張って書いて，2001年に岩波新書『ワークショップ──新しい学びと

創造の場』を出すことができました。当時はまだ「ワークショップ」といっても岩波書店内でも人によって理解がバラバラで，「学会の分科会のことだろ」とか，編集会議で揉めてなかなか企画が通らなかったのだけれど，「社内で揉めるというのは良い兆しです」と編集者の**山本慎一**さんがとても前向きに捉えて頑張ってくださったおかげで世に出ました。

　刊行された 2001 年 1 月は，21 世紀の幕開けです。新世紀最初の岩波新書は 5 冊出たのですけれど，河合隼雄，白川英樹，永六輔，大野晋というビッグネームと並んで，無名の私が幸運にも入れてもらいました[2]。そのおかげで，初刷り 2 万 4 千部も出て日本中の書店に積まれたから，多くの人の目につき，「ワークショップ」という言葉が知られるようになりました[3]。刊行されて 1，2 年で 6，7 刷りぐらいまでいって，ロングセラーになり，現在は 18 刷りです（累計 8 万部くらい？）。

　この本が売れたので，ワークショップを具体的に進行する技法をまとめた『ファシリテーション革命』（岩波アクティブ新書）を，2003 年に出すことができました。その年には，堀公俊さんの『問題解決ファシリテーター』（東洋経済新報社）が出ています。前年に翻訳書で『ファシリテーター型リーダーの時代』（フラン・リース著，黒田由貴子訳，プレジデント社）が出ています。その後，日本人によるファシリテーションに関する本がたくさん出始めて，社会にも広まったわけですが，振り返ってこの 2003 年が「日本のファシリテーション元年」といわれることになったわけです。

3　『ワークショップ』の影響

　新書『ワークショップ』は，多くの方々に取り上げられ，なかでもワークショップの分類の図（同書 18 頁，図 1-2「ワークショップの分類の試み 1」，☞本書 180 頁に引用）が相当引用されました[4]。

---

1) 中野「見田宗介先生の縁で『岩波講座現代社会学 7〈聖なるもの／呪われたもの〉の社会学』（岩波書店，1996 年）の一章を書かせてもらっていたこともあり，俎上に乗りやすかったのでしょう」。

2) 中野「僕なしのラインナップで進んでいたとき，岩波の上の人から「岩波は相変わらず大御所路線で 21 世紀も行けると思っているのか！」という話が出て「若手を入れろ」ということになり，僕が入ったらしいです。まだ第一稿を入れたぐらいだったけれど，急いで 1 月に間に合わせることになりました」。

3) 中野「執筆中は「ワークショップという学び方」というタイトルだったのですが，岩波は大きなタイトルが好きなので，躊躇しながらも押し切られました」。

　最近の話ですが，2019年の春から夏にかけて，**安斎勇樹**さん（東京大学大学院情報学環特任助教・株式会社ミミクリデザイン代表取締役）と，本書の共著者（☞第3章）でもある**中原淳**さん（立教大学経営学部教授）と，「ワークショップスピリット」[5]という企画をご一緒しました。定員12名で全6回。世代の異なる講師たちから，ワークショップスピリットを若手の実践家に伝授するという濃い企画です。

　安斎さんたちが以前出した『ワークショップデザイン論』（山内祐平・森玲奈・安斎勇樹著，慶應義塾大学出版会，2013）が出た時に，ワークショップの本だけど僕の本を参照してないようだし「ああちょっと違う世界なのね」と思っていました。ところが，今回一緒に仕事をして初めて聞いたのですが，じつは安斎さんたちの「仮想敵は中野（2001）のあの図で，あれを超えるものを作ろう」としていたそうです。中野の図の2軸では，学び（受容的）と創造（能動的）が対立しているようにみえるけれど，そうではない軸を考えたのだそうです（僕の本でも触れているつもりですが，実際には，学びと創造が裏では一つになっている。もう一つの軸，個人と社会の関係も同様です。図ではこういうふうにしか書けていないのだけれど）。安斎さんからそんな話を聞いて，かなり嬉しかったです。

　苅宿俊文さん（青山学院大学教授）たちの『ワークショップと学び』三巻本では，第一巻『まなびを学ぶ』（東京大学出版会，2012年）の冒頭の節が「中野民夫の試み」というタイトルで始まっているのでビックリしました。やはり，先の2軸でワークショップ全体の見取り図を作ったことを取り上げ，そこから話を始めてくださっています。

　少し戻りますが，2002-04年に「全国教育系ワークショップフォーラム」というのを，3回やりました。全国から200人近い参加者が「国立赤城青年の家」（現・国立赤城青年交流の家）に集まって3日間のワークショップをやる学びの場で，10人ぐらいのワークショップ実践者をお呼びして，ゲスト同士も学びあえるような仕組みも取り入れました。3年間積み重ねたので，日本のワークショップの普及にはかなり貢献したと思います。

　それを発案し主催したのは青年の家の所長だった**西田真哉**さんです。西田さんは人間関係に関する気づきを得る「Tグループ」（☞本書99頁）を日本に普及するのに

---

4) 牧野「日本におけるファシリテーション普及の中心人物になった堀公俊さんも，中野さんの見取り図を参照されていますよね」。

5) 詳細は以下のHPを参照〈https://note.com/yuki_anzai/n/nf6487915d220（最終確認日：2021年10月5日）〉。

貢献した方で，初めて民間から国立青年の家の所長になられました。僕の 2001 年の『ワークショップ』を読んで評価してくださり，「ほんまもんのワークショップを，ワークショップブームから守りたいんや」と声をかけてくださった。「ワークショップをワークショップする場」を作りたいと。

　もう一人彼が注目して声をかけたのが**西村佳哲**さんです。働き方研究家の西村さんは，その後『自分の仕事をつくる』（晶文社，2003 年）とか，名ファシリテーターたちのインタビューを元にした『かかわり方のまなび方』（筑摩書房，2011 年）など，素敵な本をたくさん出されましたね。その時は，西村さんがワークショップフォーラムの実行委員長，僕が総合監修という形で仲間を募って実行委員会を作り，西田さん他青年の家のスタッフの方々と取り組みました。

　西村さんは，当時ようやく広まり始めていたインターネットの世界に明るく，企画の打ち出し方も見事でした。160 人を申し込み順に 10 人ずつのメーリングリストのグループに分けて名前もつけて「あとの活用はお任せします」と言って参加者に委ねてみたり。それぞれの盛り上がり方が随分違うのも興味深かった。また本番で集まったときの最初のアイスブレイクが，「ではみなさん，今からメーリングリストの仲間を探してください。どうぞ！」と無茶振りして，お互いに探しながら初対面を楽しんでもらうとか工夫しました。

　またゲストが教えるだけでなくお互いに学び合える仕組みとか，子どもをじゃまにしないで本気で子ども企画を用意して西田所長が担当するなど，その当時のワークショップ的なみんなで創る場としての新しい工夫をたくさん試みました。

　第 1 回（2002）のテーマは，教え込む教育から引き出し促すファシリテーションへ，を意識し，「「教える」から「引き出す」へ」にしました。我々はとても良いテーマだと思っていたのですが，ゲストの徳島の自然スクールトエックの**伊勢達郎**さんが，いきなり「僕は「引き出す」というのは好きではないな。作為的な感じがするでしょ。僕らはいかに「あふれ出す」場を作れるか取り組んでいる」と冒頭から発言して，衝撃を受けたりしました。

　で，苅宿俊文さんもそのゲストの一人だったのです。苅宿さんはすでに教育現場で相当ワークショップをやっておられましたが，多様なゲストのワークショップのやり方に出会って，感じるところがあったのだと思います。その後，苅宿先生の青山学院大学と大阪大学が「ワークショップデザイナー育成プログラム（WSD）」を最初に作るときにも，僕とビーネイチャースクールの**森雅浩**さんに相談がありました。2003 年に『ファシリテーション革命』（岩波書店）を出した直後から，僕は森

さんとビーネイチャースクールで「ファシリテーション講座」を始めていましたので。その後 WSD は発展し，多様な人びとがワークショップについて学び実践する本格的な講座で，多くの人びとが受講し，今も続く名企画になっています。ビーネイチャースクールのファシリテーション講座も，分野を超えて多くのファシリテーターを輩出し，今もオンライン化に取り組みながら継続しています。今や本当にさまざまな分野の組織がファシリテーションの講座を展開するようになっていますね。

2018 年には，社会学者で慶應の先生の加藤文俊さんが『ワークショップをとらえなおす』（ひつじ書房，2018 年）という本を出されました。加藤さんは，僕より早い時期からワークショップを実践しておられた方で，今やそれなりに広がった日本でのワークショップについて一度捉え直そうと，本を書かれました。

ワークショップやファシリテーションに関する学術的な研究は，できる方々にどんどんやってほしいと思っています。僕はすぐ企業に就職し，研究者としてのトレーニングを若いときに受けておらず，ずっと実践ばかりやってきているいわば「叩き上げ」なので，研究の方法論がとても弱いのです。いわゆる科学的な検証は「後づけ」だと思ってしまうところもあり，正直なところ「僕はいくらでも素材になるから，誰か調査研究して検証して！」という気持ちです。

実践も研究もしている安斎勇樹さんから聞いて，研究者って本当にすごいなと思ったのは，彼の子ども対象のワークショップで，5 グループでいろいろな話が飛び交っているところに全部別のビデオを設置して，録画したものを，80 時間かけて何万文字も起こして，量的心理学の先生からコーディングを習って，各発言の因果関係を全部分析していったというのです。本当におそれいりました，研究ってそういうふうにやるのか！　と。「ワークショップの少人数グループは，あちこちで話が始まってしまうと，もう追っかけるのは無理だよね」と僕などはすっかり諦めていましたから。

4 会社のなかでもワークショップ・プロジェクト

企業への展開ですが，『ワークショップ』が刊行された 2001 年，博報堂の社内でもワークショップ・プロジェクトというのが始まりました。それは，社内のある人が，ヨーロッパからクリエイティブ・チームを呼んだ研修で，ワークショップスタイルの学びの場があって，とても斬新だ！と感動し，「ワークショップというのはこれから使えそうだ」と直観し，ワークショップ・プロジェクトというのを立ち上げ

てみた。そのタイミングで僕の本が刊行されたので，マーケティング局にいた後輩がある勉強会でワークショップについて話してと僕を呼んでくれて，プロジェクトとつながりました。博報堂オリジナル・ワークショップ「HOW」という名前のプロジェクトで展開しました。そこで若いファシリテーターを育てたり，サンフランシスコで活躍する**デビッド・シベット**さん（『ビジュアル・ミーティング』（朝日新聞出版，2013年）の著者）に来てもらうなど貢献しました。

　私の本は「ワークショップ」ブームの一つのきっかけになったかもしれないけれど，ワークショップがビジネスの領域で受け入れられていったのには理由があります。私のいた広告業界は，得意先からのオリエンテーションをもとに数社が競合プレゼンで提案しあって，一番良いと思われるものが採用されます。オリエンに対してのプレゼン，その後も，得意先と広告会社の関係は一方通行で，得意先からお題や注文を出されるたびに，うんうん徹夜して必死で考え形にしてどうだ！と返す。ところが得意先の担当者がこうだと言っていたからこう考えたのに，たまに出てきた上の部長がまったく違う要求を言い出したりする。「もー，いい加減にしてよ！」と思わざるをえないことも多いわけです。

　そういう一方通行の応酬の関係性にみんな消耗し疲れていたのです。新しいブランドのビジョンなどは，関係者に集まってもらって一緒に一気に創ったほうが，みんなにとって「自分ごと」になるからいいものが生まれるし，後々まで続いて浸透していく。一方通行の関係だと，いくら良い提案をしても，なかなか相手方に血肉化していかないことが多く，続かない。それはもう嫌なので，できるだけ関係者を巻き込んで一緒に創りたいよね，という思いが私たちのなかに強い願いとしてあったのです。

　こうした構造的な問題が，本が出るずっと前からありました。広告業界はつねに企画競合にさらされていて，なかなか「得意先と一緒に」と思っても実現しにくかった。どうしても「下」にみられていたから。だからこそ目指すのは会社の標語にもなっていた「グランドデザイン・パートナー」で，つまり俺たちは広告「代理」業ではない，という強い想いがありました。でも想いだけではなかなか実現は難しい。けれどもワークショップをやってみると，確かにみんなが「自分ごと」として関わるようになり，部門間や派閥の隔たりも溶けあったりして，相当関係性も良くなるし，確かな成果もある。だからワークショップが活用されていったのだと思います。

　ただ，個人的には当初は複雑な思いもありました。一企業の利益のためにワークショップという手法を使ってほしくない，と思っていたから。最近流行の「マイ

ンドフルネス」も，ストレス低減という点で注目されていますが，ストレス解消してまたもとのようにバリバリ働くだけでは根本的な解決にならない。ワークショップも，商品企画で良いアイデアを出して，たくさん売るとかにもちろん活用できるわけだけど，僕は環境とか平和という社会的な課題に取り組む方策としてワークショップに出会っているから，単なるビジネスの効率アップに使われることには複雑な思いがありました。でも人が本当に本音で話せる場を創り続けられたら，最終的には絶対に良い方向にいく，という確信もあり，協力していました。

博報堂以外でも，組織開発などでワークショップが活用され，外資系企業や海外とのやり取りの多い企業ではアメリカ発の手法をもってくるというのが，早い時期からあったと思います。GE（ゼネラル・エレクトリック社）に勤務されていた**森時彦**さんの『ザ・ファシリテーター』（ダイヤモンド社，2004年）はそういう世界を描いて，多くのビジネスマンに読まれました。森さんとは日本ファシリテーション協会（FAJ）のフェロー仲間ですが，一度対談させていただき，ファシリテーションといっても本当に人によってまったく違う出会いがあるのだなあと，お互い感心したことがあります。

その後の会社でのワークショップやファシリテーションの展開について簡単に触れます。

2005年の愛知万博で地球市民村というNGO／NPOが主役の博覧会協会主催事業を，博報堂の仕事として担当しました。「持続可能性への学び」をコンセプトに，世界の課題に取り組むたくさんのNGO／NPOが参加しました。ともに創っていく準備プロセスを大事に，1年かけてワークショップを重ねました。各団体の出展も，参加体験型の楽しい学びのプログラムを展開し，老若男女にとても好評な場になりました。

また2009年頃には，市民参加型の都市ブランティング事業として，横浜市の「イマジンヨコハマ」や，宇都宮市の「宇都宮プライド」などが，市民のワークショップを中心にして展開し始めました。

持続可能な社会に向けて，元々かなり毛色の違う企業と行政とNGOが協働していくことの重要性が増してきました。博報堂時代の晩年は，CSR（企業の社会的責任）の分野で異なるセクターの多様な人びとが協働するワークショップもやったりしていました。

その後は，2012年に同志社大学の教員になり，ワークショップを応用して大教室の大人数でも参加型の授業を試み始めました。そして2015年秋から東工大に移り，リ

ベラルアーツ教育改革の流れのなかで，学生同士の対話を大事にする場を創るファシリテーションを広めてきました。これらの試行錯誤を『学び合う場のつくり方——本当の学びへのファシリテーション』（岩波書店，2017 年）に一通りまとめました。

　こうしてふりかえってみると，元々，主流の世界とは違う「もう一つの世界」を希求するなかで出会ったワークショップやファシリテーションを，次第に企業や行政や大学教育など主流の世界のなかでも応用しようと奮闘してきたのだな，と自己理解することができました。インタビューしてくださって，ありがとうございます。

5 　日本でのファシリテーション小史に関する質疑応答

——（牧野）日本におけるファシリテーション関連書籍の出版動向をみると，2002 年 11 月にフラン・リース著，黒田由貴子＋ P.Y. インターナショナル訳『ファシリテーター型リーダーの時代』（プレジデント社），2003 年 2 月に堀公俊さんの『問題解決ファシリテーター』（東洋経済新報社），2003 年 4 月に中野民夫さんの『ファシリテーション革命』（岩波書店）とこのあたりの時期に刊行が相次いでなされました。とくに堀さんは 2003 年以降，怒涛のようにファシリテーションの本を出されていて，ビジネスの文脈でのファシリテーションのイメージの確立に寄与してきました。それに対して，中野さんの本は「ワークショップ」の延長線上にファシリテーションを位置づけているようにみえますが，中野さんのなかでワークショップとファシリテーションとの関係はどのようなものなのでしょうか。

　そうですね，僕はまずジョアンナ・メイシーの絶望と力づけの「ワークショップ」との出会いの衝撃（☞本書 21 頁）があり，次にそういう参加型の場をつくる技法としての「ファシリテーション」に関心をもち，日本でも通用するようにと試行錯誤してきた，という順番があります。

　堀公俊さんはもともと大阪で精密機器メーカーの経営企画会議とかをスタッフとして回す役などをされていたそうです。実際の経験のなかで，板書をすると参加者の注目が集まるとか，いろいろノウハウを蓄積していたそうですが，ある時「君がやっているのはファシリテーターだね」と言われて，初めてそう呼ぶのかと目覚めたそうです。だから堀さんのファシリテーションはビジネスの会議などの文脈から生まれたものだと思います。もともと理工系の方なので，論理的だし，概念の構造化とかすごく上手ですよね。堀さんが発起人になって始まった日本ファシリテー

ション協会（FAJ）には，どんどん人びとが集まり，全国各地で学び合いの場ができました。その組織の作り方も見事でした。ビジネスの現場でファシリテーションを使ってもっと有効な会議をやりたい，というニーズは大きいようで，忙しい方々が喜んでボランタリーに役割を担い，多様な仲間との出会いを楽しんでいます。

　僕はファシリテーションを，元々はワークショップという参加体験型の場を創り回す技法，として捉えていました。まずワークショップという素敵なやり方がありますよ。それを切り盛りするのがファシリテーターで，こういうことを意識してやるんですよ，と。ワークショップは人が集まる学びと創造の場，ファシリテーションは参加型の場づくりの技法，具体的な運営方法，という関係で捉えていました。

　本もその順番で出しました。次第に会議やプロジェクト，そして留学で学んでいた組織変革のファシリテーションとかも守備範囲に入ってきましたが，そもそも最初の大きな出会いがジョアンナ・メイシーの環境や平和をテーマにしたワークショップですから，ビジネスの効率性とはかなり遠い世界です。そういう経緯もあるので，「革命」という言葉はもう古いよなと思いながら，ピラミッド型の上から下への一方通行的な流れから，下からゆっくり静かに少しずつ起こる「やさしい革命」だという願いを込めて，『ファシリテーション革命』というタイトルにしたのです。

　堀公俊さんとは，2009 年に二人の対話風の共著『対話する力――ファシリテーター 23 の問い』（日本経済新聞出版社）を出しました。日本ファシリテーション協会の大会で，3 年以上ファシリテーターをやっている方々から，現場で直面する課題をたくさん挙げてもらい，それに堀さんと僕でどんどん答えていくという企画がありました。その時，ファシリテーションの捉え方，やり方も，一つの正解はなく，いろいろあっていい。堀さんは理系で関西，中野は文系で関東，という違いもあり，むしろあえて違う見方を提示しようと，かなり時間をかけてやりとりして協働しました。良い本だと思うのですが，絶版になってしまっているのが残念。

　――（牧野）ファシリテーション／ファシリテーターという言葉はそれ以前からも用いられていたと思いますが，関連書籍の刊行点数からみると，新書『ワークショップ』（中野 2001）が刊行されてから注目度が高まったようにみえます。これは，1980 年代から 1990 年代における各分野での実践の蓄積が，やがてファシリテーションという共通の言葉で書き直せるようになってきたという総体的動向として捉えられるのでしょうか。

　これは日本独自の事情がある話だと思うのです。アメリカでは歴史的にさまざま

な実践があちこちで多発的に行われてきたから，「ワークショップ」とか「ファシリテーション」という単独の言葉で，わざわざその現象を切り出すことはあまりないと思います。だからそれだけを切り出して，「ファシリテーション講座」になったり，話題になったりするのは，非常に日本的な独自の事情によるものだという気がします。日本では「ザ・ファシリテーション講座」みたいに，何にでも応用できるような感じでやることが多く，僕らも「分野を超えて」がおもしろいなと思ってやってきました。各分野で上から下への一方通行の行き詰まりから，新しい双方向のアプローチを求めていた時代が一気に来たからでしょうか。

──（牧野）同じころ，南山大学大学院修士課程に教育ファシリテーション専攻が設置され（2004年4月），南山短期大学人間関係科監修，津村俊充・山口真人編『人間関係トレーニング』（ナカニシヤ出版，2005年）が出ます（第5章コラムも参照）。この専攻の名づけはとても先進的で意欲的なものだったと思うのですが，ファシリテーションという言葉がフォーマルな組織の名称にも採用されるほどに，この言葉への関心が高まってきたとも言えるように思われます。このころのファシリテーションに対する雰囲気について，もう少し教えていただけますか。

Tグループ（トレーニング・グループ）では，トレーニングで学びを促す実践者を「トレーナー」と呼んでいたそうですが，やっていることはファシリテーター的な役割なのでしょう。それぞれの領域で，一方的に教えたりしないゆるやかなリーダーがファシリテーション的なことをやってきたけれど，一つの言葉には括られてはいなかったのではないでしょうか。「ファシリテーション」というものがあり大事なのだ，という認識を広めるのに，2003年から全国で多様な人びとを巻き込んだ日本ファシリテーション協会（FAJ）が果たした役割は大きいと思います。

2003年から始めたビーネイチャースクールの「ファシリテーション講座」に集まる人びとは，びっくりするぐらい多彩な異業種です。ビジネスマン，研修講師やコンサルタント，学校の先生，看護師や助産師，まちづくり関係者，子どものアートをやっている人……。日本ファシリテーション協会の盛り上がりも，多様な業種の人と出会えて世界が広がるから，夢中になって関わり貢献する。ワークショップデザイナー育成プログラム（WSD）もそういう異業種交流的なところが魅力の一つにあります。

大人になって職業人として一生懸命やればやるほど，世界が狭まってしまう。そ

うしてあちこちで窮屈さを感じた人びとが，「ファシリテーション」という共通の
キーワードで集まってみると，分野は違うけれど同じような問題意識をもった人た
ちがいることに気づいて，すごく活性化したのではないでしょうか。

　──（井上）FAJ のホームページの沿革から正会員数の推移をうかがい知ることができ
　ます。設立から 1 年後の正会員数は 212 人で，現在は 1,600 人近く。初期の 200 人ぐら
　いのときは，どんな方が集まっていたか覚えていらっしゃいますか。

　堀公俊さんが『問題解決ファシリテーター』（東洋経済新報社，2003 年）の奥付の
著者紹介の欄に「近くファシリテーション技術の普及と啓蒙を目的とした「（仮称）
日本ファシリテーション協会」の立ち上げを予定」と書きました。それに反応した
十数人から始まっているので，当初はビジネス系，企業人や企業を相手にさまざま
な研修やコンサルをする方々が多かったのではないでしょうか。事務局長の**池田隆
年**さんが一般社団法人日本経営協会にいて，事務所が代々木にあったから，よくそ
こで集まりをもっていました。ビジネス系から，次第にドラムサークルのファシリ
テーター，アート関係，教育者など，多様性が出てくるのは，発足から少し経って
からかと思います。

　FAJ では，2011 年の東日本大震災の時に災害復興支援室がすぐにできて，災害
復興において避難所や復興会議でのファシリテーションを担い，支援してきました。
地道な活動のおかげで，そういうニーズが顕在化してきて，以降も，熊本の地震や
広島の豪雨などに請われて出動するなど社会的な意義を重ねてきています。災害復
興支援室の徳田太郎さんや鈴木まり子さんを中心に，本当に頭の下がるボランティ
ア魂に溢れる熱心な人たちが東奔西走しておられます。

　この二人の共著『ソーシャル・ファシリテーション──「ともに社会をつくる関
係」を育む技法』（徳田太郎・鈴木まり子著，北樹出版）が 2021 年になって出版されま
した。災害や復興支援をはじめさまざまな社会課題に取り組む場でのファシリテー
ションについて，実践を元にまとめられています。対話と討議・討論・交渉の違い
なども探究されていて興味深いです。

　また自分の職場で行き詰まったときに，ファシリテーションや FAJ のことを知り，
そこでいろいろな仲間と出会って目から鱗が落ちる経験をする人もいます。北海道
から沖縄まで，現在七つの支部と 12 の地域サロンがあり，転勤しても，移った先の
地域に FAJ の仲間がいるので，異業種交流や大人の学び舎ができる居場所として

機能しています。

　もともと堀公俊さんがかなり戦略的に考えたようですが，FAJ は千数百人の組織ですが専従スタッフは一人もいません。関わることが負担ではなくて「得をする」という感覚を大事に，多くの人びとがボランタリーに自発的に貢献する組織を実現しているのです。自分の仕事にも活かせる，出会いがネットワークになる，貢献することが喜びになる……。だから，支部の委員や毎月の研究会の企画運営も引き受けてやっている。いわば，人びとのポジティブな，前向きな力を上手く引き出しているのです。各分野のプロが集まっているから，たとえばネット申し込みのフォームなども，すぐ見事なものができます。勉強会など集まりの後には必ず「泡の会」という飲み会があって，130 人来たらそのうち 120 人は参加する。地方でやるときは前日の「前泡」，終わった後の「後泡」まであります（笑）。

　── （井上）FAJ として学校教育の支援や教員の研修などをされることはありますか。

　日本の学校というのはとても入りにくいところで，先生個人が学びに来られることはあっても，自治体まるごととかは起こりにくい。教育委員会とかいろいろあって。逆に，ビーネイチャースクールに来ていた横浜市の先生がその後教育委員会に出向し，そこで先生たちの研修を担当するときに，教育のファシリテーションに詳しい**三田地真実**さんが手伝って，本にまでなるような取り組みをやってくれたりしました。

　名古屋の中学校の校長をしておられたFAJ の**上井靖**さんは，校長時代には権限を生かして，かなり教員にもファシリテーションの研修を実施されていたようです。また FAJ のなかで彼が中心になって教育プロジェクトをやろうとしましたが，小中高大で全然事情が違うので，そう簡単には進みませんでした。

　── （牧野）ワークショップの本などでは，「上から」やるようになってはダメで，やる意義が自分の中になければならないと書いてありますね。「この手法は主体的で深い学びだからやります」というのは望ましくない。そういう難しさもあるように思います。

　主体的な学びを促そうとしているのに，つい上から押しつけてしまう。それでは，大きな矛盾になりますよね。人は自分で発見し自分で苦労して身につけたものしか，結局あまり使えませんから，上から「グループディスカッション」だけさせても，主

体的で深い学びにはならないでしょう。先生方はよく「生徒に○○させる」という言葉を使いますが，「させる」という感覚だと，ちょっと違うよなあ，といつも違和感を覚えます。

　ただ教育の現場が大きく変わるには，「上から」の決定で組織的に取り組むことと，学生や生徒一人ひとりの「下から」の自発的な取り組みを促して待つことの両方が必要だと思います。東京工業大学では 1,100 人の新入生を 40 クラスに分けて 30 人以上の教員がファシリテーターとして，小グループの対話を 2 ヶ月重ねる立志プロジェクトというのをやっています。これは教育改革の目玉として，大教室の講義と少人数クラスのグループワークを行き来する授業として構想されました。ある意味，上からの方針で組織的に動けたわけです。難しいのは先生の間でも目的の理解やファシリテーションの「自分ごと化」に差があり，それが授業の運営にも影響しています。

　　——（井上）FAJ と中央省庁など公的機関との連携についてはいかがでしょうか。学校教育でのアクティブラーニング導入支援とか以外にも，働き方改革で社内のコミュニケーション促進支援など，社会的なニーズは高まっていると思うのですが。

　僕は FAJ の理事ではないのでよくわからないですが，中央省庁との連携はまだあまり聞かないですね……。FAJ は自律分散型の組織を作るということで，先ほどお話したように，本部にも専従スタッフを置きません。あちこちにいるメンバーが自発的にやっているので，役所にとっても相談しにくい相手なのかもしれません。そうそう，自治体の首長，市長や町長で会員になっている方がいて，ファシリテーションを活用されたことはあります。参加型の仕組みを行政に取り入れたりしていました。あと災害復興に関するさまざまな会議のファシリテーションなどで相談を受けるようになってきているようです。

　ファシリテーションは，人が集うときの基礎共通文法のようなものではないかな，と思っています。誰か一人が延々としゃべるのではなくて，みんなそれぞれ思いや経験があるのだから小グループに分かれて全員が参加できる形で話し合うとか，良い問いを順序立てて考えるとか，さまざまな意見をどうやって統合していくかとか。そういう基礎共通文法としてのファシリテーション，という認識は 1990 年代まではまったくありませんでしたし，まだまだ本当の一般化はこれからだと思います。

——（牧野）最近オフィスデザインの研究をやっているのですが，固定席ではなくて「フリーアドレス」にする組織が増えてきたといわれています。つまり物理的に自律分散的な働き方を促す配置になっている。そうしたオフィスではしばしば，くつろいだ雰囲気のなかで自由に話し合いができるスタイリッシュなスペースが設けられていたり，動線が工夫されていていろいろな人と知らずしらずのうちにコミュニケーションできるようになっていたりと，ワークショップやファシリテーションのスキルが用いられているときでなくとも，自由なコミュニケーションや協働を通した創造的活動が促されている向きがあります。そういうことも考えると，ファシリテーションが目指していることは，今日の企業や学校現場などに既に広く浸透しているのかもしれませんね。

そうだと思います。自然な出会いや自発性を引き出す工夫は，そういうオフィス環境など，さまざまなところで進んでいるのではないでしょうか。

ファシリテーションが広がってきたのはたいへん良いことなのですが，逆に心配なこともあります。教育現場で，「アクティブラーニングをやれ！」「まずはグループディスカッションだ！」と上から言われて，慣れない先生が「適当にその辺の5-6人でグループ作って，適当に話して」と乱暴な振り方をしてしまうと，安心安全な場ではないから，みんな下を向いて沈黙してしまうなど，決して良い場にはならない。本人たちも嫌だし，先生も「効果はない」と思ってやめてしまう。グループワーク嫌いをつくってしまうような，雑なファシリテーションは本当にやめてほしいと切に願っています。

——（牧野）非常勤で行ったとある大学で，受講者数にかかわらず必ず数回アクティブラーニングを実施し，それをシラバスに書き込むようにという指示を受けたことがあります。蓋をあけるとかなりの受講者数で，一般的な大講義室だったので，どうしたものかかなり困った経験があります。

僕も今週から160人とか170人の授業が三つ始まりました。大学院生向けの授業も160人で，これは結構毎年苦労しています。椅子と机が動かせない教室なので，5人掛けの真ん中を空けてもらい左2席と右2席だけにして，奇数列が振り返って後ろを向く。でも真後ろを向くのは無理なので，真ん中の空席のほうの人は自分の席は跳ね上げて，真ん中の席を両側からシェアするやり方で座ってください，と指示して，ぎりぎり4人組が向き合える形を工夫して作ります。いろいろシミュレー

ションしてこういう形になりました。

　首だけで振り向くのはおざなりでいい話になりにくい。向き合うにはみんなの協力が必要です，ときっちりお願いして，しっかり動いてもらう。まず自己紹介ラウンドを２ラウンドぐらい，「好きなこと」とか「今週ちょっと嬉しかったこと」とか話しやすい話題からいろいろ話してもらって，それから本題について話し合ってもらうと，すごく自然に入れます。「チェックイン」と呼んだりしますが，最初にみんなが近況や今の気分を語る。そのことでお互いのことを知り，参加意欲も高まる。そういう場づくりや，話し合う問いやその順番など周到な準備が必要なのです。円形段ボールの「えんたくん」を囲めるところなら自然に向き合っているので，なじむのは早いけれども，最初に「どこの誰」とか「好きなもの」とかで１ラウンド回して，次に「専門のテーマ」とか「今の夢」とか「期待」とかでもう１ラウンド，そうやって地ならしをしてから，ようやく本題のグループワークができると感じています。自己紹介やチェックインに時間は取られますが，急がば回れで，「関係性の質」を上げておかないと，参加者にとって居心地の良いグループワークは無理です。

　いきなり輪になって「はい自己紹介から」とだけ振ったら，「私こういうの苦手なんです」と最初の学生が言って，その後「私も」「私も」となって，場の雰囲気がすごく悪くなった……という報告とかも聞くのですよね（笑）。

　コーチングとファシリテーションは重なりながら，でも別物として広がってきたと思います。上から教え導くとか叱咤激励するよりも，本人の意欲を引き出す考え方のほうが組織の力になる，と。そうした考え方の流れに乗って，コーチングもファシリテーションも広がってきた。東アジアの儒教文化圏特有の，「目上の人を尊重する」とか「学のある人の話は黙って承る」とかの文化がありました。それ自体が悪いわけではないけれど，会社勤めの頃，行政組織などに打ち合わせに行くと，上の人が口をきかないかぎり下の人も口をきかない風土がありました。逆に企業などでは，それはよくないとなって，「まず若い者から意見を言え」と促され，下から順に話して最後に部長が発言するみたいなこともありました。なかなかみんなで対等にフランクに自由には話せない。

　だからこそ，小さなサイズのグループに分けて，２人や３，４人から始めるのが有効だったりするのです。文化によって有効なやり方は異なると思います。僕は，90年代はアメリカの先生たちから学んだけれど，2000年代以降は「いかに日本化するか」を心がけてきました。自分で本を出したり全国教育系ワークショップなどで日本の実践家たちと出会ったりして，自分がアメリカで学んだものを——パッケージ

として直輸入するのではなく――どうすれば日本的な文脈に活かしていけるかと考え工夫してきました。川嶋直さん発案の「えんたくん」とか「KP法」（紙芝居プレゼンテーション）とか，竹ノ内壮太郎さんが開発し，場とつながりのラボ HOME'S VI の嘉村賢州さんらが普及してきた「アクティブ・ブック・ダイアローグ（ABD）」とかたくさんの方法が日本で生まれました。ABD は，本を人数分にバラして参加者に渡し，手分けして読んでまとめてプレゼンし，それをふまえて対話する方法です。また僕が故・加藤哲夫さんから学んだ，「相互インタビューと他己紹介」（相互にインタビューを 10 分程しっかりして，メモを元に記事化までやり，4 〜 6 人組で相手を紹介する）も日本発です。いつかアメリカにも還したいなあと思っています。

6　コロナ時代のファシリテーション （以下，2020 年 7 月，2021 年 1 月に加筆）

　2020 年の春は，新型コロナウィルス感染防止の観点から，大学での授業はすべてオンラインに変わりました。実に大きな変化です。大学に入っても，学校に行けない，誰とも会えない。新入生など本当にかわいそうです。授業はオンラインでできても，友達はできないし，サークルもうまく入れず，キャンパスライフがまったくない状態です。

　東工大では，4 月からの第 1 クォーターを 1 ヶ月遅らせ，5 月 4 日からすべての授業をオンラインでやることにして，なんとか授業に関してはうまくいきました。その後 2021 年に入っても，基本はずっとオンラインです。

　膝を寄せ合って親密に語り合う「えんたくん」は 3 密の極みなので，当分使えなくなった。「あ〜，もう僕の時代は終わったかな」と思いましたが，オンラインの会議や授業でも，ファシリテーションの基礎スキル（場づくり，グループサイズ，問いなど）は大切だし，共通することも多いと徐々に確認しています。特に，zoom のブレイクアウト機能で，少人数グループでの対話がかなりのレベルでできることを確認し，人数も時間も設定でサッと分けることができるので活用しています。学生からも「久しぶりに人と話した！」と喜ばれています。

　ファシリテーションを対面での授業に活かす場合，全体ではなかなか話せないので，グループサイズを小さく分ける，というのが基本的なスキルになっていました。ただ，どう分けるか，親しい人同士が近くに座っているけど一緒で良いのか，4 人に分けたとしてどう座るのか，机はどう並べ替えるか，など配慮する要件はたくさんありました。だからこそグループをサッと上手に分けるところがファシリテーター

の腕の見せ所でもあったのですが，zoom のブレイクアウト機能で，部屋数だけ入力すれば，一瞬で自動に分かれる。これはファシリテーションの重要な機能を一気に代替してくれる驚くべき機能です。

　しかも，ギャラリービューで見れば，みんな同じ大きさで，対等な感じで正面から向き合えます。さらに普段は見ることができない自分の顔や姿も見えて，自分が周りの人にとっては大事な環境の一部であることもわかり，自然と笑顔を心がけたりするようになったりします。

　オンライン授業で主流になった講義を録画して配信する「オンデマンド」は，好きな時に好きな所でみられるという点でたいへん便利ですよね。ただいつでもいいと思うとなかなか見るきっかけが難しかったり，一人だと寂しかったりするかもしれません。でも，大教室の後ろの方で聞くより，先生がずっと間近で語ってくれるので集中しやすいし，わからないところがあったら止めてプレイバックして見直すこともできるなど利点も多い。ただこれだけだと一人っきりの作業で寂しい。

　オンラインでも同じ時間に集まる「ライブ」の授業なら，チャットで質問を書き込んだり，ブレイクアウトルームで顔を見せて少人数で話し合ったり，双方向型でできます。グーグルフォームなどを別に設定して，アンケートやフィードバックなども簡単に集めて共有できる。その他，さまざまな情報共有ツールが出ていますよね。

　正直なところ，オンラインでやれることはとても大きい。コロナで登校が制限され，教育の ICT 化や働き方改革において，一気に数年先の未来がやってきたわけです。生身のコミュニケーション，人が実際に集って学び合うワークショップを大切にしてきた私でも，オンラインでの教育やワークショップに大きな可能性を感じています。通勤・通学から解放され，どこにいても，海外からでもすぐ参加できる。オンラインの授業や会議やワークショップは，必要に迫られて一気に広がり，コロナウィルスと生きるこれからの時代に，ますます広がっていくでしょう。

　ただ，授業や会議のあいだの雑談とか，周りに人がいることから感じていた熱量や気配とか，余白というか無駄が一気に省かれてしまい，失っているものも多いと思います。生き物，生命体である私たちが，リアルな場を共有していたからこそ起こる同調とか共鳴など，非言語のコミュニケーション，響き合いが極端に乏しくなってしまっています。

　オンライン授業に慣れると，もうこれでいいじゃんと思ってしまう向きもありますが，人と人が生身で会う対面ならではの意義もきちんと確認して，両方を活かし

ていかないと。これからの時代は，対面ができるようになった時に，「こんなことならオンラインでもできますよ」と言われないように，対面のライブならではのファシリテーションをより進化させる必要があると思います。そして，オンラインを活かしつつ，人が集まるリアルな場ならではの意義や価値を改めて考え，コロナ時代のハイブリッド，ハイフレックスなファシリテーションを深めていく重要な機会になっているのだと感じています。

【付　記】
日時：2019 年 6 月 21 日／場所：東京工業大学中野民夫研究室／聴き手：井上義和・牧野智和・米谷龍幸／構成：井上義和

【引用・参考文献】
佐治晴夫（1994）．『宇宙の風に聴く――君たちは星のかけらだよ』カタツムリ社
佐治晴夫（2007）．『からだは星からできている』春秋社
中野民夫（2001）．『ワークショップ――新しい学びと創造の場』岩波書店
中野民夫・井上ウィマラ・小野三津子・志村季世恵・松元　恵・松田恵美子（2003）．
　　『自分という自然に出会う』講談社

03 「野生の学び」としての ワークショップ

中原　淳

1 初期インターネットと出会う

◉大学入学後の絶望

―― （井上）中原さんは，東京大学を受験するときに文科Ⅲ類を志望されていますよね（1994年入学）。そして進学振り分け（進振り）では当初，心理学を学べるコースを志望していたと伺っていますが，学生の頃から，人間とか，人の心といったものに興味があったということですか。それは高校時代から考えていたことなのですか。

　心理学的なものは，高校時代から，すごく興味がありました。口にするのも恥ずかしいのですが，高校生当時，テレビ番組の「それいけ!!ココロジー」[1] のような心理テストが流行っていたのです。学問的な視野からすると，相当怪しい「ポップ心理学」なのですが，「ひとの心」って研究対象なんだ，そんな学問分野があるんだと思った（笑）。だって，それまでの高校時代の勉強は，無味乾燥な「国数理社英の5教科」じゃないですか。これらには「勉強」じゃなくて「修行」だと割り切って，取り組んでいました。僕ははやく大学にいって「国数理社英」という枠にとらわれず，「外に出て」自由に「もの」を考えたかった。そのなかで，「心理っておもしろいな」とか，「人間ってわかんないな」とか思っていました。自分自身のことも，さっぱり，よくわからなかったこともあって，自分を知りたいと思っていたのかもしれません。典型的な「心理学を100%誤解している，イケてない学生」です（笑）。でも，文Ⅱの経済や文Ⅰの法律には，1ミリも興味がないので，文Ⅲかな，みたいに思いました。

---

1) 1991年4月〜1992年3月に日本テレビ系列で放送されたバラエティ番組。

　ただ正直にいうと（笑），東大受験の最大の目的は，北海道から東京に出てくることだった。僕は「外に出たかった」。北海道って，冬になると，天気がよくない日も多く，あんまり外に出られないんです。冬に子どもが外に出ようとすると，親から「なんで，吹雪の日に，外にいくべか」と叱られる。また北海道は「道産子信仰」が強いですよね。「東京の大学に出たい」というと親は「大学なら，北大でいいべさ」「なんも，東京まで出なくても，札幌でいいべさ。北海道にも，何でもあるっしょ」となる。唯一例外があるんです。そう，東大だと思った（笑）。「東京に出る最強の印籠」は東大だ，と（笑）。絶対に，親は，文句は言えないだろうと思いました。あと，当時つき合っていた女の子が上智大学に進学を希望していました。「俺は東大に入って，彼女と一緒に北海道を出る」ということを夢見ていました。人間の選択なんて，たいがいは，ヨコシマなんです。そこで，一念発起して，毎日15時間とか修行（勉強）をして，東大を受けました。何とか，小指でひっかかった，という感じです。

　──（井上）しかし，合格して，大学入学後にさっそく絶望している（笑）。

　そうなんです，僕は，当時の東大の教育にただちに絶望しました（笑）。ここで「当時の」と書いてあるところは外さないでくださいね，今の東大の教育は違うかもしれません。**中野民夫**さんのインタビュー（☞本書6頁）を読んで笑ってしまったのは，中野さんも入学直後に，東大の教育環境に，絶望しているんですね。今，ワークショップなんかをやっている人は，たいてい大学教育に絶望した経験のある人ではないでしょうか。だからこそ，オルタナティブの学びの場であるワークショップを探究している。

　僕も1日15時間とか16時間とか，死ぬ思いで受験勉強してやっと合格したのに，喜び勇んで入学したら，夏には摂氏38度の教室に400人が詰め込まれるような教育環境でした。まず，学びのための衛生要因から，なっていない。当時は，教室にエアコンがなかったから，試験を受けるときは手が汗で真っ黒でぐちゃぐちゃになって「もうこんなテストいいわ」とバーンと答案を置いて帰ってきたこともありました。成績は悪かったです。

　また，やっている授業のいくつかは「詩吟」か「朗読」でした。つまり，先生が教科書やノートを，そのまま「読む」のです。「読む」じゃなくて「詠む」です。進度は，しかも3ページ。1回の授業で，教科書3ページしか進まないんですよ。今では，絶対にそんなことはないとは思います。が，1990年代の教養課程ではそういう

授業が少なくなかったと思います。アクティブラーニングの「ア」の字もない（笑）。

　唯一の例外らしき授業は「基礎演習」でした。これは東大教養学部のカリキュラム改革で 1993 年度から始まったゼミ形式の授業です。僕が入学した 1994 年には「東京大学教養学部「基礎演習」テキスト」を謳った『知の技法』（東京大学出版会，1994 年）が刊行されてベストセラーになりました。基礎演習はクラスサイズが 25 人ぐらいの「少人数授業」でした。担当の文献についてひとりが発表して，一応，学生同士のディスカッションらしきものがなされ，でも，それもあまり続かず，先生がしゃべる，みたいな感じでした。でも，唯一，「授業が詩吟」だったこと以外は，その授業だけが記憶に残っています。僕の担当は，社会学者の**見田宗介**先生でした。

　──（牧野）中野民夫さんのインタビューにも見田宗介さんは出てきました。真木悠介名義で刊行した『気流の鳴る音』（筑摩書房，1977 年）を象徴として，専門領域である社会学にとどまらず大きな影響を与え続けた方ですが，中野さんの頃から 20 年近くたった中原さんの学生時代には，見田宗介さんという存在はどういうふうに映ったのでしょうか。

　見田先生は，当時，もう本当に著名な大先生でした。だから教室に行っても，受講者が 300–400 人も詰めかける。だいたい，教室に入れないのです。僕ももちろん授業には出ていたのですけれども，正直，大教室は苦手で，途中でギブアップすることも多かったです。授業は『時間の比較社会学』（真木悠介名義；岩波書店，1981 年）をベースにした比較文化論だったと思いますが，僕は，大人数は苦手でした。だから，先生の著作は，自分で読みました。『気流の鳴る音』とか『宮沢賢治──存在の祭りの中へ』（岩波書店，1984 年）を読んでおもしろかったので，やはりひとりで読書していました。

　問題は，見田先生の授業がおもしろいかどうかよりも，とにかくひとが多くて，暑くて，学ぶ環境ではなかったことです。これは見田先生が悪いわけではないのですが，「学びのための衛生要因」が，当時の大学には，成立していないのです。安心・安全に学べない。

　人数が多いといえば，**蓮實重彦**さんの授業もやはり 300 人ぐらい来ていました。それで蓮實先生は最初に授業の人数を減らすために，学生のなかに，サクラの大学院生を出席させておいて，映画の質問を，彼らにするわけですよ。当然，院生がスラスラ答えますよね。他のやつはわからないわけですよ，白目をむいてポカンとしている。「学期中に 100 本映画を観ないやつは，ここにいなくてよろしい」なんて

言っちゃう。それでも，残っているやつにしか教えないみたいな（笑）。学生を追っ払っていたんです。当時，**船曳建夫**さんとか**宮台真司**さんのようなユニークな先生の授業もあったのに，僕は最後まできちんと受けられなかった。先生が悪いんじゃないんです。どうしても，数百人が集められる場所で，一斉講義を聞き続けるということに慣れませんでした。

　当時，東大の外からは，駒場の教養学部がすごく変化しているようにみえたのかもしれません。『知の技法』はベストセラーですから。でも，研究の方法論をしっかり少人数授業で伝えられていたか，というと疑問です。基礎演習の教科書に『知の技法』が指定されていたことの意味は，最後までわかりませんでした。あと，「先生の当たり外れ」が大きかったと聞いています。ひとによっては，アクティブラーニング風の授業とか，ディベートなどがありました。でも，先生によっては，基礎演習という名の「独演会」が催されたようです。隣のクラスの基礎演習では，全然違うことをやっていたりもした，と聞きます。つまり，みなに同じカリキュラム（学習経験）を付与できていなかったと思います。

　とにかく当時の僕が思ったのは，あの苦しくて，死にたくなるような受験勉強の果てに到達するものが「これか」という感じです。もちろん，今から考えれば，もっと主体的に学べる努力は，僕にもできたかもしれません。しかし，当時は「絶望」でした。まぁ，ヨコシマな思いで進学しているので，そんなものなのかもしれません。次第に教室からは足が遠のいていきましたし，友達もあまりできませんでした。今の言葉で言えば「学校への不適応」ですね（笑）。

　いや，本当に1回で3ページぐらいしか進まない授業があったんです。読書をすれば10ページや20ページなんて30分で終わりますよね。その非効率さというのに耐えられなかったというのもあるかもしれない。

●インターネットとの出会い

　かくして，僕は「教室から逃走」しました。しかし，幸いなことに「大学そのもの」からは逃走しなかったのです。実は，僕が逃げ込んだのは「インターネットの世界」なんです。僕が入学した当初（94年–95年頃）は，インターネットやパーソナルコンピュータが躍進する時代でした。モデムの通信速度や，CPUのスピードが，あれよ，あれよという間に，倍々になっていき，ネットの世界が，急速に広がっていく，まさにその流れのなかで，多感な学生時代を送ることができたのは，幸せなことでした。

　駒場キャンパスに情報教育南棟という場所があって，学生がフリーでインターネットをジャブジャブ使えました。当時の僕は，そこの「住民」でした。本当に暇さえあれば，授業に出ずに，インターネット。今でいえば「ネット廃人」です。朝から晩までいたように思います。当時はワールドワイドウェブ（WWW）という言葉も今より人口に膾炙していて，わざわざ米国のホワイトハウスのホームページにアクセスしてみたりするだけでも，ネットを通じて世界中につながっていける感覚があった。でも（今だと感覚的にわからないかもしれないけど）端末の性能が追いつかなくて，クリックしてもなかなか反応してくれない。そのかわりスピードやスペックも月単位で更新されるので，とにかく変化が早い。だから授業に出るよりも，ウェブページを作ったりするほうが楽しくなったのです。情報教育南棟にこもって独学でプログラミングなどを勉強していました。東大には絶望していましたが，自分から世界に発信できるインターネットには希望を感じました。あの時の興奮は二度と現れない気がしています。

　のちに進学する大阪大学の大学院のことを知ったのも，インターネットがきっかけでした。大学生協の『アクセス』という雑誌があって，そのなかに大阪大学人間科学部では，「インターネットを用いた教育」のことを研究しています，助手は**山内祐平**さん（現・東京大学大学院教授，のちに同僚になりました）と書いてあるのを読んで，「へえー，阪大にはこういうことをやっているひとがいるんだ。おもしろそうだな」と思った。研究室には「ひょうたん型のテーブル」があって，わいわいディスカッションします，みたいな写真も載っていたんです。今でいえば，「アクティブラーニング型教室」ですよね。それで，将来，こんなところで学べるといいな，と思っていました。

　のちに，僕は，1996 年に本郷の教育学部に進学します。そこで，当時助手だった**杉本卓**さん（現・青山学院大学教授）が，中京大学（当時）の**三宅なほみ**先生（のちに東京大学教授，同僚になりました）の勉強会に僕を連れていってくれました。ティモシー・コシュマンというひとの書いた「コンピュータ上の協調学習」の最新文献を読む研究会でした。杉本さんからは「東大から行くんだから，しょぼい発表で，恥さらさないでね。しっかり準備して，レジュメつくってね」と言われたことを覚えています。学部生ではありましたが三宅なほみ先生のところで，研究報告して，みんなでディスカッションをしました。学部 3 年生のときです。その三宅先生の勉強会には，阪大の山内祐平さんもいらっしゃっていて，「インターネットと教育」の世界を引っ張っていくひとたちが参加していました。

2 「創り出す」研究への歩み

◉「暴き出す」研究と「創り出す」研究

── (井上) 中原さんがそこに引きつけられていくのは，インターネットが教育に応用できる。これによって教育が変わっていくのではないか，という思いがあったからですか。

そうです。インターネットはまだ「得体のしれないもの」でした。しかし，だからこそ，これは活用のしがいがあると思いました。その後，僕は，紆余曲折あって教育学部の授業をたくさんとります。20歳までの僕の人生は「学ぶこと」や「教育」に翻弄されていました。15時間勉強しても，なぜか，絶望している。それは，そもそも，なぜなんだろう。「学ぶこと」ってなんなんだろう。僕は，教育に関心を持ち始めました。できれば，それに心理学的なアプローチをしたかった。ただ，「3,000人の点取り虫たち」が集まって壮大な点取りゲームをやる，東大独自の進路振り分けシステム（進振り）では，僕の頭では，とれる点数に限界がありました。最初に志望していた心理学が学べるコースは進振りで落選しました。そこで，学校教育学という学際系の「知のごった煮」のようなコースに進みます。結果としては，これはすごくいい選択だったと思っています。僕の性格や研究は「ピュアなディシプリン」より，「知のごった煮」に相性がいいんです。

ただ，教育学部で勉強するうちに，また「希望」が見出せなくなりました。むしろ「怒り」のようなものがふつふつと湧いてきたんです。当時は，ポストモダンという思想的潮流が流行っていて，東大の教育学部の授業のなかにも「ポストモダンかぶれ」みたいな言説が腐るほどありました。つまり，それまでブラックボックスとされてきた「教育という営みの背後に蠢く権力」や「暗部」を，ポストモダン風の，切れ味最強な概念をもって暴き出すといった研究です。実践者が教育現場で「良かれ」と思ってやっていることが，実は，いろいろなひとたちを排除していることに加担していることを明らかにします。それを，実践者たちに，スコーン，パカーンと指摘する。そういう研究が，たいそう流行していたような気がします。フーコーとかブルデューなどのポストモダンの道具を使いながら暴き出される，それらの知見は鋭く，小気味よく，かっこよい。たいてい，そういう研究は「まずはブラックボックスを暴いて，それらを直視し，そこから新たな教育を作り出さなければならない」とロジックを張るのですが，たいてい，そういう研究の最後に書いてある実践的示唆は半ページにも満たないのです。いまだに「新たな教育が提案されたこ

と」なんか，みたことがありません。「それは実践者の仕事だよ」といわんばかりです。東大教育学部には，たくさんの実践者の先生方も内地留学で来られていました。僕は，そういう先生方と仲がよかったです。で，そういう先生方は，そういう研究をみてしまうと，ドンヨリとしてしまっていました。ゲンナリして，元気を失うのです。「学者は，切れ味よく，切るだけでいいよな。僕らは，それでも現場に立たなければならないんだよ」とおっしゃっていました。一方，バッタバッタと現場の暗部を暴き出した研究者の側には「自己陶酔」みたいなものを感じました。

　学部生も，そうでした。教育学部の学生は，わりとピュアに，教育を考えたい，教育をよくしたい，という思いで，教育学部を選んでいたような気がします。でも，しょっぱなから，そういう教育の「暗黒面」をみせられてショックを受ける。教育を学ぶために進学したのに，「教育って駄目なことばっかりじゃん」みたいな。僕も最初のうちはショックを受けたひとりでした。でも，僕は，当時，小学校にフィールドワークに出かけていた。これが良かったのだと思います。というのは，教育現場に「暗黒面」があろうが「権力が駆動」していようが，日々，実践は，続いているんです。子どもたちは笑い，先生方は，子どもたちに寄り添っている。もちろん，「暗黒面に蓋をせよ」と言いたいわけじゃないんです。それはわかった，でも，話はそこからだろう，と。大事なのは So What？（批判するのはいいけど，で，どうするの？）の問いなんです。「暗黒面」があるからといって，教育を止めてはならない。学びを止めてはならない。教育や学びが止まれば，社会からこぼれ落ちてしまう子どもや家庭が増えるだけなのです。むしろ，さらによきものを創り出していかなければならない。僕は，そういう研究をしたいと思いました。その方が，結局は，よい教育を創り出せるのではないかと思います。

　研究には「暴き出す」研究と「創り出す」研究があるとすれば，俺は「創り出す」研究をやると，心に誓いました。教育学部時代の同じ学年には，**岡邊健**（京都大学）や**仁平典宏**（東京大学），**朴澤泰男**（国立教育政策研究所），**高尾隆**（東京学芸大学）がいます。当時の僕は，彼らとウダウダ議論しながら，そんな教育研究を夢見ていました。今となっては「黒歴史」ですが，彼らとは「僕らはネットで教育学の論文誌を作るんだ」と意識を高くもって一緒に「オンライン雑誌」を作っていたのです。オンライン雑誌といっても，月に1回それぞれがおもしろい記事を書いてアップする。ただそれだけです。が，僕は，インターネットが学問を引っ張っていく時代になると本気で思っていたのです。お節介な大学院生から「学部生の分際で，モノをわかってねえのに，ひとまえで文章を書くのは100万年早いわ」みたいに言われたことも

ありました。「こいつ，アホか」と，思っていました。「自分の将来」が食っていけるかどうかは，わからなかった。将来に曙光すら，みえない。でも，僕には「これからの時代は，インターネットが世界を変えていく」という確信があったのです。

　——（牧野）教育学の分野で，「暴き出す」ポストモダン的といえる研究が多く提出されたのは確かにその頃だと思いますが，その反動からか教育社会学では2000年代以後，手堅い経験的な研究への志向が強くなったように思います。ところで，岡邊さん，仁平さん，朴澤さんはのちに教育社会学の研究者になる方々ですが，当時の東大の教育社会学の教員とは何かしら関係があったのでしょうか。

　岡邊さんや仁平さんは，教育社会学コースの学生。朴澤さんは教育行政が専門で，やはり僕と同じように，教育社会学のゼミに「もぐって」いました。そこで僕らに演習授業をしてくださっていたのが，**苅谷剛彦先生**（当時・東大教授，現・オックスフォード大学教授）。苅谷先生は，僕に最も影響を与えた先生のおひとりでした。先生は，当時，1年間かけて社会調査を教える授業をされていたのですが，僕は，コースの学生でもないのに，外のコースから，この授業を飛び入りで受講させてもらっていました。**菊池英治先生**には，統計を学びました。菊池先生は，統計の基礎を教える一方で，自分が読んだおもしろい本を紹介なさっていました。そこで紹介された本の一つが，見田ゼミご出身で，中野さんとのちに同僚になる，上田紀行さんの『覚醒のネットワーク』（カタツムリ社，1989年）です。この本には強く影響を受けました。この本では，一般に「本人の心の問題」とされているものが，ソーシャルなものに影響を与えられているという視座を学んだ気がします。

　また，**志水宏吉先生**は，僕が3年生のときに大阪教育大学から来られたのだと思います。当時，僕たちは学部3年生でしたが，自分たちで自主ゼミを企画して，自分たちで学んでいました。志水先生には，その際に，何度か来ていただきました。

●教育工学の世界へ

　「創り出す」研究の方向性へと僕を誘ってくれたのは，学部時代の指導教員だった**佐伯胖先生**です。佐伯先生からこう言われました。「世界を変えうるものは，"最後に希望のあるもの"だけだ。世界の実像を暴いて，それで，知らんというのでは，学習の研究者は困る。おぬしがやるべきことは，最後に"希望のあるもの"を書くことだ」と。この通りの言葉ではなかったかもしれません。いつだって，過去の思

い出は，甘美に描かれるものです。でも確かに「希望を書け」というのは言われた記憶があります。僕はそれを真に受けて「そっか」と思ったのです。

「希望を書く」というのは，それを読んだひとが，教育や学びに対してポジティブになれること。暴き出すだけではなくて，どうやればいいかを，僕も現場のひとも考えること。気持ちをどんよりさせるのではなくて，彼らを元気にすること。だから「どうやればいいか」の具体的な手段として何か道具（インストルメンタル）を提案することも，希望になりえるのだと思います。

──（井上）たしかに教育工学には，役に立つことを重視する，実用的な学問という印象があります。

その後，僕は，紆余曲折あって，山内祐平先生が助手をつとめられていた大阪大学大学院に進学し，教育工学を学びます。教育工学は，「教育現場の課題解決の学」だと僕は思っています。ですので，「インストルメンタルな研究の権化」みたいなものなものですよね。しかし，道具的な学問というのは，あまりに行き過ぎると，「お上の手先」みたいな学問になってしまうので，注意も必要です。

考えるべきは二つのポイントなのです。まず大事なのは「何が社会においてイシューたりえるのか（What：何が課題か）」という問いです。そのうえで，このイシューに対して，「どのように解決するべきか（How：解決策は何か）」を考えなくてはならないですね。つまり What があって How なのだと思うけれども，行きすぎた「インストルメンタルな研究」は，「What への問い」がなかなかない。というよりも What は「文部科学省が与えてくれる」となっている場合は多いですね。教育工学には憧れましたが，そこはどうしても，好きにはなれませんでした。今でも，What と How のバランスをとるのは難しいです。

──（牧野）中野民夫先生の場合，ワークショップの世界に入っていく出発点には，モダン（近代）が行き着いた閉塞状況を超えるにはどうすればいいか，という尖った問題意識がありました。それから 20 年後の中原さんの世代では状況が一回りして，ポストモダン的な感覚が無批判にだらしなく広がっていたことへのいらだちがあるように感じました。時代は大きく変わっていますが，いまだ実現されていないもの・希望となるものを「創り出す」実践や研究を目指したという点において，お二人の共通点を見出せるのかもしれませんね。

ところで，中原さんが目指した「創り出す」研究は，学問分野でいうとどこに位置づけられるものなのでしょうか。これまでの所属研究室の専門分野からみて，認知科学や教育工学と言ってよいものでしょうか。

　僕にとって「学問名」はどうでもいいのです。はっきり言って，「何学者」でもいいです。僕の研究をどのように読んでもらってもけっこうですし，どこにカテゴライズしていただいても，それはお好きにしてください。僕は僕の仕事をするだけです。

　とはいえ，学部時代は，佐伯先生が認知科学を専攻されていたので，自分の専攻は「認知科学」なのかなと思っていました。「現場の知に根ざした賢さみたいなものを描きだすことが大事なんだ」と考えていたので，認知科学×エスノグラフィーみたいな感じで自分の研究を捉えていたのです。

　阪大の大学院時代は，教育工学の研究室所属でした。**前迫孝憲**先生という工学の先生が指導教員で，当時，社会構成主義の観点から学習を考えていた**菅井勝雄**先生にもお世話になりました。おふたりは，ともに教育工学研究室を主宰されていました。だから，大学院時代の専攻はと問われれば，教育工学だと思うんです。

　今現在の僕は，何なんでしょう。一応，経営学部に所属しているので，経営学と思われるかもしれませんが，どうもそれも違うなと思います。また教育学も座りがわるいですね。結局，僕の人生，どこもかしこも「アウェイ」なのです。僕に「ホーム」はなくていい。僕は，学問の「際（キワ）」を走ります。だから，研究領域の名前はどうでもいいです。自分は，自分の学問をやって，それを社会に問うだけです。僕の研究を必要としてくれるひとに，僕は自分の研究を「お届け」するだけです。

　――（井上）当時の佐伯胖先生は中原さんからみてどんな先生でしたか？

　自分の学問分野とは別に，佐伯先生から受けた影響は非常に強くあります。僕がいた1996-98年の頃の佐伯先生の大学院ゼミや先生が主宰していた研究会は，本当におもしろかったです。東大の外からの「もぐりのひと」しかいないのです。僕は学部生でしたが，先生に，こうした場に「もぐらせて」もらっていました。もぐりのひとのなかには，NECや富士ゼロックスの研究者や，ほかの大学の先生や，現場の先生方がいました。研究会では本当にたくさんの方々に出会いました。**須永剛**

司先生（元・多摩美術大学，東京芸術大学）らの研究グループ，**下條信輔**先生（現・カリフォルニア工科大学），三宅なほみ先生，**加藤浩**先生（放送大学），**久保田晃弘**先生（多摩美術大学），**美馬のゆり**先生（はこだて未来大学）とか，本当に異領域のひとたちが，いろいろ出入りをしていました。大学院ゼミは，学部生は僕がひとりいただけで，正規の学生は何人いたんでしょうか。

　佐伯先生は研究会や授業のさなか，腕を組んで，目をつぶっておられ，聴いているんだか，寝ているんだか，ちょっとわからないときもあるのですけれども（笑），みなさんからの信頼はとても厚いものがありました。急にガバチョと起きて，鋭い指摘をなさるのです。僕は，先生にあこがれをもっておりました。

　当時は，先生のゼミでは，ヴィゴツキーの本を読んだり，ルーシー・サッチマンとかジーン・レイヴやエティエンヌ・ウェンガーなどの状況的認知の本を読んだりしていました。先生は，質的研究にも凝っておられたので，ハロルド・ガーフィンケルなどのエスノメソドロジーの本も，ずいぶん読んだ記憶があります。ハロルド・ガーフィンケルといえば，UCLA の教授で，見田先生がお書きになられた『気流の鳴る音』の主人公のひとり，カルロス・カスタネダの大学院での指導をなさった方ですよね。

　そのなかで，僕が，深く興味をもったのは，当時佐伯先生が，日本に紹介されたCSCL（Computer Supported Collaborative Learning）という領域でした。僕は，結局，大学院から助手時代まで，その領域の研究を手がけることになるのです。この領域は，端的に言えば「コンピュータを使って，学習者がいかに対話しながら学ぶのか」ということを研究する領域です。この領域が協調学習と呼ばれるようになるのは多分 2000 年代の前半だと思います。ACM（米国計算機学会）の雑誌「Communications of ACM」に特集が組まれ，米国生まれのさまざまな CSCL システムが紹介されていました。僕は，インターネットに希望を見出していた人間です。僕が，CSCL のことを研究したいと考えるまでに，そう時間はかかりませんでした。

　――（牧野）院生時代から現在まで，中原さんのお仕事のなかにかなり一貫してジョン・デューイが出てくるように思うのですが，デューイとの出会いも佐伯ゼミにおけるものだったのでしょうか。中原さんの理論的なルーツが，1990 年代当時の学問的な潮流とどのような関係にあったのかが気になります。

　デューイを初めて目にしたのは，**佐藤学**先生の授業のなかだと思います。当時，

佐伯先生は佐藤学先生らとともに「学びの共同体」といった概念を広めておられ，佐伯先生もデューイについて，かなり興味をお持ちでした。デューイに関していうと，**秋田喜代美**先生も，教育心理学の授業で紹介なさっていて，僕は授業が終わった後，先生に質問をしにいきました。「先生，デューイの本で，一番，最初に読んだらいい本はなんですか？」と質問したら，洋書を紹介されたことを覚えています。「マジかー」と思いましたが，苦労して読んだことを覚えています。でも，デューイなど，教育学でよく引用される研究者の著作については，学部生同士で何人か集まって研究会をやっていました。そこに助教の先生がたまに助け船を出してくれたりしました。杉本卓先生とか，**高木光太郎**先生とかが，当時の助教さんです。たとえば，ジェロム・ブルーナの *The process of education*（Harvard University Press, 1966 年）とか *Actual minds, possible worlds*（Harvard University Press, 1986 年）とか，ヴィゴツキーの『精神発達の理論』（柴田義松訳：明治図書出版, 1970 年）とかをかじった記憶があります。勉強会を企画して，そこに先生方が来てくださると，飲みに行きますよね。で，飲み会では，先生にカンパをしてもらう，というのが，お決まりのパターンでした。**近藤邦夫**先生とか，**佐々木正人**先生とか。当時はそういう感じで，本当におおらかな時代でした。古き良き時代の大学だった，かもしれない。だいたい，授業も，飲み会とセットだったこともよくありましたね。よく学び，よく飲んでいた，と思います。**竹内敏晴**先生のつながりで，そのお弟子の先生が，演劇レッスンの授業などをなさってくれたことも思い出します。授業のあとには，安い飲み屋にみんなで出かけて，「演劇は教育に役立つのか？」なんてことを議論もしました。

● 「創り出す」研究にとっての理論

当時は「学びの共同体」論が流行っていて，「学校を共同体にする」というだけでなく，インターネットのなかに学習共同体をつくるという議論もありました。そのときに「やっぱり読まなきゃ」となったのは，基礎的な文献としてはデューイやヴィゴツキー，あと状況的認知アプローチとよばれる認知科学の研究です。だから，僕らの世代は，おそらく，たくさんの理論や古典を読んでいた世代だと思います。

ただし，ここには注意も必要なんです。これらの教育哲学とか状況的認知の理論は，もともと何かモノを創り出す目的でつくった理論ではないですよね。ものを創り出したいひとが，勝手にものを創り出すのは不安なので，お手本にしたり，準拠の枠組みにしているだけです。デューイがこう言っている，ヴィゴツキーはこう言っている，という理論自体は，それ自体は，何も創り出さない。けれども，教育

工学の文脈では，何かを創り出すときに，そうした認識論的な理論的記述を，方法論的に言説転換するのです。

　たとえば認知的徒弟制という理論があります。これは，伝統的な職業訓練教育における師弟間の支援関係を四つのタイプで論じたモデルです。当時，この理論を下敷きにしながら，多くの「インターネットの共同学習環境」がつくられました。つまり「学校の学生は，社会にいる本物の科学者，本物の職人と，ネットを介すれば，つながることができる。彼らを仮想的な師匠とみなし，学生を弟子とみなせば，ネットワークを介して，認知的な徒弟制度が可能になる。その際には，認知的徒弟制にもとづく四つの支援が重要になる」といった感じです。でも，よく考えてみると，もともとの理論は，「徒弟制」の理論です。でも，これを先にも述べましたように「方法論」に転換して，学校教育のビジョンにあてはめようとする。僕もたくさんそういう論文を書いたことを懺悔します。でも，それがだんだんとイヤになってきました。それはそこから 10 年後くらいあとの出来事です。

　たとえば，よく知られている理論に，ジーン・レイヴとエティエンヌ・ウェンガーの正統的周辺参加という議論があるでしょう。これも当時，学校教育にあてはめられて，学校の未来を語る言説として語られた理論でした。でも，レイヴ＆ウェンガーは「徒弟制度」の研究をしていたんです。別に「学校を共同体にしてくれ」とは一言も言っていない。学校を正統的周辺参加の場にしてくれとは一言も言っていない。彼女たちがいったのは，「学習というのは正統的周辺参加のプロセス」としてみなすことができる，というだけです。彼女たちが提供したのは「認識論」なのです。でも，これが，いきなりパコーンと方法論に転換するのです。「いまの学校は正統的周辺参加の場になっていない。だから，どのように組み替えていくか」という議論になっていくのです。理論は大切ですが，そこには注意点もあります。

　――（井上）自分たちが創り出したいものを「こういう人たちも言っています」と理論的に正当化する。だから，別にその理論である必然性はなくて，よりよくあてはまる理論がほかにあるなら，そちらを引用するということですかね。

　今では，こういう論理展開は少なくなってきましたよね。当時は，ものをつくるときに，グランドセオリー（一般理論）からの方法論的展開によって，理論武装するというのが流行でした。最近は，これが理論ではなくて，データとかエビデンスになっていますね。「フィードバックという教育手法は，メタ分析によると効果量

が高い。だからこれをやろう」みたいな感じです。最近の研究は、「エビデンス」とかが、とにかく重視される。ただ、ここにはいくつか注意も必要ですよね。エビデンスって、所詮、過去のどこかの「特定の場所」で行われた、「特定の実践の結果」なのです。それは、実践を組み立てるヒントにはなるかもしれませんが、必ずしも、「自分の場所」で僕が行う「僕の実践の結果」を保障するわけではないのです。結局、自分の実践は、自分の頭で考えて、自分でトライするものなのです。「先人の肩の上にのれる」という意味では貴重かもしれません。ともかく、最近のひとは、もうデューイとかヴィゴツキーには依拠しなくなっている。というか、理論や思想は圧倒的に読まれなくなっているように思います。反面、信奉するのは「エビデンス」です。ともすれば「エビデンス」が「水戸黄門の印籠」のように語られます。「エビデンスがある」ということが「それに従わなければならないもの」とさえ思っているひともいます。でも、エビデンスは「万能」ではありません。自分の実践や状況を「自分の頭で考える」ための素材にはなります。結局、自分の実践や状況を見つめることを「放棄」したり、思考停止してはならないのです。

――（牧野）認知科学で中原さんと同世代の人たちは、デューイをはじめ教育学的・哲学的なものも読んでいたけれど、その後、そういうものも読まずに研究する世代が出てきたということですか。教育社会学会でも「理論」部会が姿を消して久しいのですが、若い方々の論文を読むと理論が出てこないわけではないので、学問分野ごとで動向は違うのかもしれませんね。

◉大阪大学大学院へ

――（井上）ただ、社会学と違うのは、やはり実践とか、創り出すことが先にある。そのために参照するのが、昔の理論家なのか今の科学研究なのか、という違いはあるにしても。実際、中原さんは阪大の大学院に進学してから、かなり実践に踏み込んだ研究をされますよね。東大ではそれができないと思ったのですか。

いろいろな意見があると思いますが、僕は「できない」と思いました。まず、先生がいません。東大を卒業する 1998 年 3 月の時点で、佐伯先生があと 2 年で（2000年）退官だったという事情があります。先生から「もう俺 2 年間しかいないから、出ていくことも考えろ」と言われたので、「そうですか、残念ですが、わかりました」と進学先をいくつか探しました。他の大学院をいくつか回りました。「東大の

佐伯のところの学生が，他大学に何しに来た？　なんかワケありなやつなんだろ」
という感じに思われていたところもあるようです。紆余曲折あって，最終的には，
僕を快く受け入れてくれた大阪大学大学院を選びます。佐伯先生には「じゃあ僕大
阪へ行きます」と言ったら，「そうか，わかった」なんておっしゃったのに，他の先
生には「あいつ，本当に出ていくのか」と言われていたというのを，のちにききま
した（笑）。「先生が，出てけって言ったんじゃないですか」って，思いましたけど
（笑）。口の悪い大学院生もいて，「あいつは，東大にいられなくなったから，阪大に
いくんだ」とかね。いや，そんなことは，1ミリもないんだけれどもね（笑）。その
後，大学院生の頃は，佐伯先生から折に触れてご指導を受けていました。

　世の中は，何をやっても，賛否両論です。いろんなことをいうひとは，いるんだ
と思います。でも，それは，それでよろしい。でも，確実なのは，あのまま僕が東
大にいても，きっと僕は，今，ここにはいません。東大にいたら，僕は，「暴く研
究」に翻弄されつつ，悶々としていたと思います。僕は阪大に行ってよかったと心
の底から思います。阪大の場合，「何をやってもいい。好きにやれ。コンピュータ
環境はある。サポートはする。つくって，やってみて，評価しろ」みたいな自由放
任の環境でした。

　大学院の研究テーマは，コンピュータを使った協調学習（CSCL）を選び，それに
腰をすえました。ようやく，僕は，自分たちの力で，それを創り出す研究に向かう
ことができそうになります。

　先ほどもお話しましたが，当時のCSCLの国内の状況は，海外の協調学習のソフ
トウェアがいろいろな雑誌で特集になっていて，それをみんなで紹介しあうといっ
たものでした。いろんな雑誌や本をみんなで読んで，ディスカッションをする。ひ
とによっては，それらを紹介する本などを書く。「横書きを縦書きにすること」が
試みられていました。カナダのトロント大学で作ったCSCLシステムとか，スタン
フォードでつくられたシステム……何でもいいのですけれども，要はそういうシス
テムを「こういうのが海外では起こっているんだ」と紹介するのです。で，僕は，そ
ういう「紹介」に怒りを覚えていました。若気の至りかもしれませんが「どうして
自分たちの力で，自分たちのシステムを，作らないのか」と思っていた。どうして
「他人のシステム」の紹介屋になるんだ，と。作るための物理的な環境やプログラ
ミングなどの知識や技能が当時の僕にあったわけではありません。しかし，それは
「手段」です。「目的」があれば「手段」は，後づけでなんとでもなる。そんなもの，
必要ならば，とっとと学べばいい。自分の手を使って，自分で，なぜ創らないのか。

僕は，そこに怒りを感じていました。

　阪大には，UNIX に詳しいひとや，プログラミングができるひともいました。ただ，プログラミングがめちゃくちゃできるひとがいたか，というと，そうではありません。阪大から CSCL のアプリをつくろう。僕たちは，そういう思いをもって，少しずつ自分たちのシステムをつくる方向に研究の矛先をもっていきました。「思い」が先行して，みようみまねでプログラミングを，みなで行なっていきました。僕自身は，少しは，プログラミングはできましたが，阪大に入ってから，独学で学び直しました。でも，みんなと一緒だから，全然苦ではなかった。いろいろなソフトを作っては評価して，作っては評価して，それで論文を書いていました。そのときのメンバーには，**西森年寿**さん（大阪大学教授）とかがいます。毎日午後 4 時頃に研究室にきて，朝の 3 時くらいまでウダウダと研究をしたり，ディスカッションをしたり，プログラミングをしたりして過ごす。本当に楽しかった。当時の僕にとって，研究室とは「生活」であり，研究室で CSCL を研究していた仲間は「家族」のようなものでした。

3 「野生の学び」との出会い

●上田信行先生と『プレイフル・ラーニング』

　——（井上）大学院時代には上田信行先生と出会っていますが，上田先生は「コンピュータと教育」の人ではないですよね。

　佐伯先生が「おぬし，関西に行ったら絶対にこの先生に連絡をとって，逢いなさい」と勧めてくれたのが**上田信行**先生（当時・甲南女子大学）でした。上田先生は，当時，いろいろな実験的なワークショップを実践されていました。女子大学生が自分の身体をつかって「CPU になってみる」「メモリになってみる」ことを通して，コンピュータの作動する原理を体感するといった，ものすごく実験的なワークショップです。上田先生は，ハーバードで博士号をとられているので，ジョン前田先生（MIT 教授）とか，ミッチェル・レズニック先生（MIT 教授）など，多くのボストン界隈の研究者と，実験的なことをなさっていました。

　上田先生にお会いした僕は，もう，一撃で魅了されました。「もう，すごすぎて，言葉にならない」。上田先生のワークショップには，コンピュータを使ったものもあったけれど，僕が惹かれたのはそこではない。そうじゃなくて，先生自身が，身体をはって，さまざまなワークショップを創り，実践されていたことです。先生の

授業は，授業というよりも，ワークショップでしたし，ワークショップというよりも，ライブみたいなものではなかったかなと思います。

だいたい上田先生の授業は，いわゆる授業ではない。300 人の大人数講義ではないわけです。たとえば，デジカメを 1 週間学生たちに与えて印象深かったものを撮ってこいと学生に言います。学生は，それを行い，次の授業に来ます。次の授業では「そういう体験の可視化物を使って，ひとりひとりがストーリーテリングをしよう」みたいなことが試みられていました。そこには，ひとりひとりの声があったし，体験がありました。こういう謎の授業というのかな。だから僕はびっくりした。授業というと一斉講義しか知らなかったから，「これが授業？」みたいな。「授業ってもっと自由なんだな」「学びって，もっと自由でいいんだな」と思ったのを覚えています。

　──（井上）大学の授業スタイルとしては，当時はまだ珍しかったでしょう。ワークショップという言葉も一般にはまだ認知されていない時期でもあるし。上田先生との出会いは，その後の研究の方向性を決定づけるようなインパクトをもっていた，ということですね。

ワークショップという言葉が流行り始めるのが，2000 年代初めだと思います。上田先生はもちろん使われていたけれど，世の中ではほぼ使われていなかった。ファシリテーションという言葉もまだ知られていませんでした。

僕は，上田先生の「ワークショップというのは学びなんだ」という考えに共感して，それ以来ずっとかわいがってもらっています。たとえば年に 1 回先生がいろいろなワークショップをやってパーティーを開いているのですが，それに参加したり，突然呼ばれて「うわー，また巻き込まれた！」みたいになったりしたこともあります。

ただ，そうした経験が自分の研究活動にしっかり位置づいてくるのは，実は相当後なのです。それは，それから 15 年以上たって，上田信行×中原淳『プレイフル・ラーニング──ワークショップの源流と学びの未来』（三省堂，2013 年）という本を書いたときです。2011 年だったと思いますが「中原さんは企業でのなかで学びの研究をやっているんでしょう。俺は，今までずっといろんなワークショップをやってきたんだけど，ちょっとたまに会って話そうよ」と言われました。その当時，震災があった年だったので，日本はどこか元気がないようにみえた。そこで，僕は上田先生に，一緒にワークショップをやりませんか？　学生を巻き込んで新しいものを創りませんか？と提案しました。それが紆余曲折をへて『プレイフル・ラーニン

グ』という本になります。

　『プレイフル・ラーニング』を書いたのは，上田信行さんの言葉を，絶対に残したかったからです。先生は実践のひとで，自分ではあまりものを書かない方でした。先生と僕は，父親と子どもくらい年が離れていますが，でも，このひとの言葉は，世の中に「残さなければならない」と思いました。ワークショップとは「生もの」です。その体験は貴重なのですが，しかしはかないものなんです。ワークショップの体験は，「その場」で生まれ，うたかたのように「消えていく」。もちろん，その場にいるひとには伝わるんです。でも，時空間をまたいでしまうと，それが継承されないこともある。当時の僕は，上田先生と一緒に何かをやらせてもらう機会をとらえ，これを文字に残そうと思いました。

　上田先生は，本当に常に真摯で，場のなかで，常に新しいことを考えている方です。どんなにプランが決まっていても，即興で何かを思いつければ，プランを壊します。場にとって一番大切なこと，一番ぐっとくることを実践なさる方です。こういう先生のぶっとんだ思考とおつき合いするのはたいへんおもしろいけれども，たいへんなところもあります。だって，常に即興なのです。文章を書くのも即興です。章立てが毎回変わるのです。だからついていくのもたいへんです。ようやく企画が決まったと思った瞬間に，ニコニコした笑顔で，ちゃぶ台をひっくり返すような破天荒なアイデアを出されたりします。いやぁ……本当によく完走できたなと思います。この当時は，上田先生と，さまざまな「実験的ワークショップ」をやらせてもらいました。「経験のリミックス・アンカンファレンス」というイベントをみんなで一緒に企画して，そこに，以前から僕がご縁のあった**金井壽宏**先生（神戸大学教授）（『プレイフル・ラーニング』第2部）をお招きしたりしました。これも七転八倒しながらなんとか作ったという感じで，よく完走できました（笑）。

　ちなみに『プレイフル・ラーニング』の第1部は，僕がインタビューで再構成した上田信行先生の研究の歴史になっています。上田先生の研究史は，1970年代から2000年代にかけての日本のワークショップ受容史でもあり，認知科学とワークショップが合流していく過程もわかると思いますので，ぜひ中野民夫さんのインタビューとあわせて読んでいただきたいです。

◉「野生の学び」としてのワークショップ

　ワークショップという言葉を初めて聞いたのは，上田先生にお会いしたあとです。当時は西は上田信行先生，東は**苅宿俊文**先生（青山学院大学）が，ワークショップ

について活動し始めたところでした。苅宿先生は，青山学院大学に移られた佐伯胖先生と，共に活動されていました。ちなみに，苅宿先生は，僕が卒論でフィールドワークをしたときに，1年間，お世話になっていた先生です。上田先生や苅宿先生の周囲には，たくさんのワークショップがあって，さまざまな専門性のひとびとが，自由に学びの場を創っていました。だから，当時の僕は，ワークショップとは，「公教育ではないもの＝オルタナティブなもの」と思っていたのです。それは，公教育，すなわち「教師」という国家から免許を受けたひとがつくる学びの場ではなく，「公的な権力」に守られていないアマチュア（しかし何らかのエキスパティーズをもっているひと）が，創り出す学びの場なんだろう，と思っていました。ワークショップは，どこか，「カウンターカルチャーの匂い」がした。「体制の創り出すものに対する静かな反抗」というのかな，そういう自由さ，フレキシブルさこそが，ワークショップの眼目だと思っていました。

　公教育は教員免許をもっているプロがやるものじゃないですか。でもワークショップには何の免許も資格もいらない。だから誰が何をやっても自由である反面，輪郭がはっきりせず得体が知れない。正統性も権威もない。正規の教育課程にないオルタナティブなコンテンツを，教師でもないアマチュアが教える。カリキュラムとか時間割とか，そういった制度に縛られないフレキシブルな空間で実践される。ワークショップとは，そういう公教育の外で行われる「野生の学び」みたいなものだというのが，僕のなかでの位置づけなのです。

　だから2010年代ぐらいに「ワークショップ型授業の指導案を書きなさい」とある指導主事に言われたときは，ズッコケました。その頃には，ワークショップという言葉も市民権を得て，公教育のなかに入っていってたんですね。「おいおい，公教育ではないものが，ワークショップの源流なんじゃないのかね？　なのにワークショップ型授業ってどういうこっちゃ……しかも指導案でゴリゴリにプランニングするの？」みたいな（笑）。要するに「ワークショップ型授業」という考え方では，ワークショップは「手法」とか「形式」に転換しているんですね。また，そこには，ワークショップがもっとも忌み嫌う「計画主義」が内包され始めている。要するに「複数のひとびとに付箋をもたせて，ディスカッション」させればワークショップみたいなものととらえ，それも「計画するべきだ」となっていました。

　2010年以降は，なんだかワークショップと聞くと，「ズッコケる」事態が増えていったような気がします。「ワークショップ型授業の指導案」という言葉もズッコケるし，ましてやワークショップにわざわざ資格を設けるのも，どうなのかなと思

第Ⅰ部

第Ⅱ部

第Ⅲ部

います。公教育の外の，学校の外の「野生の学び」だからこそ楽しいのに，どうしてわざわざ制度に取り込もうとするのでしょうか。「野生」は「野生のまま」にしておく。「野生」を「去勢」しないほうがいいのにな，と思います。去勢された野生の学びの場なんて「フニャフニャな学びの場」じゃないですか。

—— (井上) 中野民夫さんのインタビューにもありましたね。学校や会社の世界と，ワークショップ的な自由な世界，もともと別々だった二つの世界が混ざり始める。それが自然発生的に起こったのか，積極的に導入するような意図が働いたのかはともかく，だいたい 2000 年代に進行したとみてもいいでしょうか。

2000 年代でしょうね。2000 年代初めから 2010 年代半ばぐらいにかけて起こりました。この頃から，ワークショップという言葉を知るひとが多くなります。そして，それが多くなるにしたがって，ワークショップとは「付箋を用いたディスカッション」とかいう「形式」や「方法」に意味が変わっていったような気がします。

くどいようですが，僕はワークショップとは「アマチュアの創り出す野生の学び」だと思います。世の中には，さまざまな専門性はありつつも，しかしながら，教育学的な知識や方法知がないひとびと，すなわち「アマチュア」はゴマンといる。ここでいう「アマチュア」はいい意味で言っています。そういうアマチュアが，自由に創り出す，出入り自由の場であり，資格や学位などとは無縁のものが，ワークショップなんだと思います。

◉アクティブラーニングとの出会い

2000 年代に入ると，アクティブラーニングという「謎の言葉」も生まれました。これは，教育学とか認知科学 (学習科学) 由来の言葉ではないです。高等教育の改革のなかから生まれてきた言葉です。この言葉を聞いたのは，アメリカでした。

当時，僕は助手になって 3 年目でしたが，フルブライト奨学金をもらって 2004 年にアメリカに留学したのです。最初はスタンフォード大学への留学を考えましが，ご縁があって，MIT の研究室に受け入れていただきました。僕が留学したのはMIT のメディアと教育について研究するようなセンターで，たくさんのひとびとが，多くの教育関係のプロジェクトに従事していました。そこで，「ジュン，MITにはおもしろい授業がある，見に来ないか」と誘われたのが，TEAL (Technology Enabled Active Learning：テクノロジーを活用したアクティブラーニング授業) です。

MIT の 1 年生の初等物理の授業を，テクノロジーにがんがん支援された教室環境で，しかもアクティブラーニングでやっていたのです。そこで初めて「アクティブラーニング」という言葉を知りました。

　TEAL の教室では，6 人くらいの学生が，円卓のようなテーブルに座っています。授業の最初には講義があって，先生が，数十個ある円卓のあいだを歩きながら，授業をする。その後に各テーブルでみんなで実験をやって，ディスカッションをして，発表を行うといったことが行われていました。プロジェクター，実験を支援するPC，発表時に用いるカメラ等々，教室全体にテクノロジーが埋め込まれ，支援されているのです。その授業を初めて見たときに，研究室の同僚だった，**ジョン・ベルチャー**教授，そのスタッフだった**センベン・リャオ**博士から「これが，アクティブラーニングだ」と言われました。すごいな，と思いました。まず，テクノロジーがリアルな教室環境に埋め込まれていて，そこで協調学習が行われている。当時，CSCL といえば，やはりオンライン上で，ソフトウェア環境のなかで学ぶ研究が多いものですから。つぎに，思ったのは，アクティブラーニングは，学習研究をルーツにもつ言葉ではないということです。そこで起こっている学習は，僕の言葉でいえば，僕がそれまで研究してきたコラボラティブラーニング（Collaborative Learning, 協調学習）です。しかし，ここでは，これをアクティブラーニングと呼んでいる。つまり，学習研究から，これは生まれたものではないのです。実際，TEAL で働いていたのは，物理学の先生たちでした。何とか大学 1 年生に，物理学の基礎を体感させながら，確実に教えたい。物理学のエキスパートではあるけれど，学習研究にはアマチュアなひとびとが生み出したものが，MIT の TEAL だ，と思いました。

　でも，これがびっくりするのですが，日本に帰ってきたら「アクティブラーニング」という言葉が，なぜか多くのひとびとが語る言葉になっていました。「えっ，マジ？　それ俺が見てきたやつだ！」みたいな（笑）。びっくりしました。

　日本では 2000 年代初めは e ラーニングという言葉が流行っていたけれども，その少し後ぐらいに「これからはアクティブラーニングだ」みたいな感じで語られ始めたようです。テクノロジーの使い方が，「オンラインで完結するもの」というよりは「オフライン」に移ってきていて，物理的な教室環境そのものにテクノロジーが埋め込まれているのです。当時の僕は，そうした動きに翻弄されながらも，MIT で自分が見たものを，「日本で現実のものにするためのプロジェクト」の末席に入るようになっていきます。「創り出す」のです。

　東大に駒場アクティブラーニングスタジオ（KALS）が開設されるのが 2007 年で

す。いろいろな紆余曲折があって「東大でもアクティブラーニングを！」となって，山内祐平先生とか僕とかが，当時の総長などに提案しました。山内祐平先生は，物理的な環境のデザインセンスに非常に長けておられたので，その後，モデル教室を作って，お金がついて，駒場の教室，本郷の数教室，図書館と広まり，そこが今度見学者コースになって，いろいろな大学に広がっていく礎を築かれました。当時の山内祐平さんはファシリティの設計にこだわり，施設の物理的な空間から内部のしつらえ，机の形状に至るあらゆるデザインのことを考えていました。のちにベネッセコーポレーション福武会長からご寄付をつのり，安藤忠雄さんが設計された「福武ホール」にも，この流れが継承されていると思います。

　既述しましたとおり，アクティブラーニングは，教育学ルーツの言葉ではないと思います。つまり学習理論の王道から出てきたものではありません。また，特定のディシプリンに基づかない言葉です。そうではなくて，大学教育の現場から広がった言葉であり，実践から生まれた「野生の学び」の概念の一つではないか，と思います。

　ただ，やはり普及させていくためには，エビデンスも必要です。そのときに助けになったのが，**ジュディ・ドリ**さんとジョン・ベルチャー先生の書かれた MIT・TEAL 教室の教育効果に関する論文でした（Dori & Belcher 2004）。この論文は，アクティブラーニングの教育効果に関する論文で，2005 年の *Journal of Learning Sciences* にのっています。1）アクティブラーニングは，どんな学生にも教育効果をあげられる，2）とりわけ成績の高い層ほど，アクティブラーニングでは，よく伸びる，といったことを論じたものでした。僕は，当時，東大に移籍して，講師・助教授に昇進していました。当時，山内先生と一緒にいろいろな会議に出て，こうした知見や，東大における構想を話していました。東大でアクティブラーニングを導入するために，山内さんが繰り返しおっしゃっていたのは「成績上位層ほど，アクティブラーニングで伸びるんです」というロジックでした。ジュディ・ドリさんは，あとから考えてみれば，MIT 時代，僕の同室にいたイスラエルの研究者でした。彼女はイスラエルと MIT を行ったり来たりしていた。MIT に滞在しているときは，もうすこし，ちゃんと，議論ができればよかったと思っています。

4　「野生の学び」を広げるために

◉「野生の学び」を広げていく難しさ

　──（牧野）中原さんの著作には，おそらくデューイ由来かと思うのですが「リフレク

ション」という言葉がしばしば登場します。リフレクションは，中原さんに限らずワークショップやファシリテーション一般におけるキーワードといえますが，中原さんご自身にとって，リフレクションというものはどのように位置づけておられますか。

すでに僕の学部時代の卒論（1998年3月）のなかに「リフレクション」という概念は入っています。それどころか「ナラティブ」や「ストーリーテリング」など，その後10年の人文社会科学を予見する言葉は，僕の卒論で対象化されています。たしかに僕の研究書，専門書では，これらの言葉が頻出します。でも，それは思いつきで入れたのではなく，もともと学生時代から，問題関心を感じていた概念でした。

ただし，「ワークショップ」とか「ファシリテーション」は，当時の僕には，初出でした。たとえば，*Journal of Learning Science* とか *Learning and Instruction* などの雑誌を検索してみたらわかるけれど，学習研究の論文には，これらの言葉は20年前には出てきていません。

言葉自体は知られていても，それは学問的に正統な用語ではない。実務の中から出てきた言葉です。しかし，実務出身であろうが，アカデミック出身であろうが，対象世界のリアリティをとらえているのであれば，それでよろしい，と僕は思います。

結局，世の中には，フォークセオリー（Folk Theory：市井のひとびとの創り出した理論）とフォーマルセオリー（Formal Theory：その道のプロが創り出した公式の理論）という二つのものがあります。ワークショップは，このうちの「フォークセオリー」に位置づくものではないか，と僕には思えます。前者が劣っていて，後者が優勢だというわけではまったくないのです。いろいろな出自の言葉が跳梁跋扈する現実，これが「現場」なのですから。

──（井上）これらの言葉は，実践の場でそれを使っている人たちは別にそういう理論を勉強してやっているわけではなく，「野生の学び」として実践的に理解しながら受け継がれているということですか。

そうです。「ワークショップ」や「ファシリテーション」は，「野生の概念」だと僕は思います。ですので，野生のひとびとによって語り継がれればいい。くどいようですが「野生の概念」は「アカデミックの概念」に劣等するという意味ではありません。それらは違う概念なのです。「野生の学び」には「野生の概念」があってよ

第Ⅰ部

第Ⅱ部

第Ⅲ部

い。ただし，「野生さ」は，自由さゆえの豊かな可能性がある反面，それが受け継がれて広がっていくときに形骸化する可能性もあります。また玉石混交になる可能性も高い。その「分散の広さ」だけは気をつけた方がいい。

たとえば「ワークショップ」や「ファシリテーション」が，今，どんどんと広がっています。でも，そのさきには「恐ろしいほどの質の差」が出てきている。誰もが思わず，白目をむいてしまうような「凄惨な学びの場」が，ショボすぎるファシリテーションによって生み出されたりする。

今の立教大学に来ておもしろいなと思うのは，「先生，ワークショップは嫌いです」みたいなことをいう学部生もたまにいるのです。彼らに「なんでいやなの？」と聴くと，たいてい，小中学校・高校で，「ショボすぎるワークショップ型授業」や「凄い品質のファシリテーション」の餌食になっている。そういう学生の声を聴くたびに，僕は，椅子から転げ落ちそうになります（笑）。

これはとても難しい問題です。「野生の学びの場」は「野生」だからこそいいのです。だからこそ，それはおもしろいのだけれども，そこには「質の差」が生まれやすい。さらにいうと，「野生の学び」をマスに「普及」させようとした瞬間に，言説の転換やら形骸化がかなりの確率で起こってくるのです。「野生の学び」であるほど，形骸化の危険も大きい。

●学校の世界と会社の世界

——（牧野）中原さんの研究の力点は，2000 年代中盤以降，学校教育から，職場学習，企業の人材開発，最近は企業の組織開発のほうに移ってきたようにみえます。しかし，ここ 10 年は，アクティブラーニングなど，また学校教育のほうの研究もなさっていますね。それは今おっしゃったように，会社の世界で求められる資質から逆算して，学校の世界へのテコ入れの必要を感じたということなのか，それとも何か別の事情があったのでしょうか。

おっしゃるとおりですね。僕は，最近，教育の世界の仕事をしています（笑）。ただし，僕の研究領域は企業の人材開発・組織開発であることには変わりはありません。しかし，別に元サヤに戻りたいとか，そういうわけではありません。むしろ，誰もやらないから，社会貢献としてやっています（笑）。

一つめの理由は，企業のなかでいくら人材開発をやっていても，「もう変わるには遅すぎる中年やシニア」しかおらず，そこに虚しさを感じたからです。人材開発と

か経営学習とか，会社の世界でずっと研究をやっていると息詰まってくるところもあるのです。たとえば40歳を超えたオッサンにリーダーシップを教えろとかファシリテーションを教えろと言われても無理なのです。おじさんは，なかなか変われないから。人生100年時代とはいいますけれども，できるなら，もっと早期に学んだ方がいいこともある。

　研究をやらせてもらう対価として，会社の研修も引き受けています。研修自体は楽しくやるのですけれども，会社によっては「遅いんだよな」といつも思うことがある。「どうしてこのひとはこれまでこういうことをやってこなかったんだろう」と。そういう経験のないひとが今からリーダーシップを発揮しろと言われても無理です。「ファシリテーションをしろ」と言われたって，会議のやり方もわかっていないし，何を言っていいかもわからない。できれば大学生，欲をいえば小学校・中学校・高校のときから，リーダーシップやファシリテーションについては教えなくてはだめです。だからこそ，僕は，2018年，東大から立教大学経営学部に移籍しました。立教大学では，リーダーシップ教育を学部1年から専門に教えています。

　二つめの理由は，「学校の世界の勝者」が，かならずしも「職場の世界の勝者」ではないことをイヤというほどみてきたからです。これはさまざまな研修を引き受けてきた僕自身の経験から申し上げます。たとえば，東大生はさまざまな業界のトップ企業に幹部候補を期待されて就職していきますが，40歳時点でみると，マネージャー層，経営幹部として生き残っているのは，圧倒的に早慶とMARCHなのです。それは人数の問題もあります。でも，それだけじゃありません。民間企業で求められる能力が「多元的」だからであり，「偏差値」「5科目」に限定されないからです。

　もちろん東大出身者が強い領域もあります。典型的なのは専門職とか，官僚，金融，一部のトップコンサルの世界でしょうか。しかし，大多数をしめる民間企業になると，能力発揮できているひともいれば，そうでないひとも散見します。組織のなかで有能だというのは，偏差値が高いから，地頭がよいことだけでは決まらないのです。40歳をこえて，いくら頭が良くても，ひとがついてこなかったら職場を仕切れないんです。いくら頭がよくても，会議をファシリテーションできなければ，ひとが動かないんです。

　僕が研修で教えるのは，数十人とか数百人を率いるような次世代幹部のひとびとです。そういう領域では，偏差値が高いだけでは，きびしいのがよくわかる。だから，職業生活で必要になるものを，なるべく前もって，学生時代につけておいてほしい。また，能力を多元的に捉える視点を，もっと教育現場でもってほしいと思い

第Ⅰ部

第Ⅱ部

第Ⅲ部

ます。会社では,「偏差値」を抱きしめて,仕事をするわけにはいかないんですから。あなたが学生時代,どんなに偏差値が高くても,学生時代の偏差値をたずねてくるビジネスパーソンはいないんです。

◉溝上慎一先生との共同研究

そのように会社の世界でできることの限界を感じていたときに,たまたま**溝上慎一先生**（当時・京都大学）からお声掛けいただいたのです。「僕は今大学から社会へのトランジション（移行）をやりたいのだけれど,一緒にやってくれないか」と言われて,「わかりました！」と快く引き受けました。

溝上さんとは,僕が院生で彼が京大の助手だった時代からお互いよく知っていました。大学院時代の僕は研究会をたくさん開いて,そこに溝上先生に来ていただいたりしたのです。ただ,そのときは——彼も,いろいろなところでギャグにしますから,僕も,きちんと言いますけれども（笑）——「僕は,絶対に,このひととはお友達になれないだろうな」と思っていた。要するに,お互いに「こいつはイケすかない」みたいに思っていたのです。けれども,10年後に声を掛けられたとき,溝上さんは大学生の研究ですごく頑張っておられたのを知っていたので,うれしくて「じゃあ,やります」と引き受けたのです。

それで,溝上さんの研究室と,僕の研究室のメンバーで調査とかいろいろやるのですが,もっと絶望が深くなりました。その当時の中原研究室のメンバーといえば,**舘野泰一**君とか,**木村充**君とか,**保田江美**さんですね。調査に関わったメンバーたちは,やはり大学よりもっと前にさかのぼらないと駄目なのではないかという思いをもっていた。中原淳・溝上慎一編『活躍する組織人の探求』（東京大学出版会,2014年）という本を刊行しました。その本の傍ら,溝上先生がファーストオーサーになって論文を一つ書きました（溝上ほか2012）。僕も共著者に入っているのですけれども,この論文は,その後の僕の研究に大きな影響を与えました。端的にいうと「キャリアを考えるのは,企業ではもう遅い。大学でももう,遅い。高校時代には決まっている。高校時代から,そんなにひとは変わらない」と言っているのですね（笑）。

ちょうどそのころ,文科大臣から中教審に対する諮問（2014年）[2]で,次期学習

2）2014年11月に下村博文文部科学大臣から中央教育審議会に対して出された「初等中等教育における教育課程の基準等の在り方について（諮問）」のなかで,「課題の発見と解決に向けて主体的・協働的に学ぶ学習（いわゆる「アクティブ・ラーニング」）や,そのための指導の方法等を充実させていく必要があります」との言及がある。

指導要領においてアクティブラーニングを導入することが提言されます。それをみた瞬間に「これだ！」と思いました。ここに賭けて，社会に提言しなきゃ，企業に入ってからだと遅いのではないかと思った。そこで，僕は「高校のアクティブラーニングを推進するプロジェクト」として河合塾さんと一緒に，「マナビラボ」というプロジェクトをしかけます。高校のアクティブラーニングの実践状態を4万人をこえる先生方を対象に全国調査をして明らかにしたり，全国津々浦々の高校を研究員が訪問させていただきました[3]。**高井靖雄**さん，**成田秀夫**さん，**谷口哲也**さんら河合塾・教育研究部の方々が，このプロジェクトを仕掛けた当時の仲間です。

　でも，世の中には口のわるいひともいますね。「だから，黙って，会社の世界にいろ」とか「学校の教育の素人のくせに，戻ってくるな」と言われたりするのです（笑）。けれども，本当に会社の世界を極めていくと，それ以前の世界がみえてきます。そして「学校教育と会社世界を一気通貫に考えたくなります」。これは，絶対にそう思う。企業の人事部や経営企画で仕事をしているひとのなかで，本当に心あるひと，志あるひとは，学校教育をみています。今後は，教育現場のひとびとと，そういう「市井の心あるひとびと」が出会う場を創りたいですね。

●テクニックよりも問いと枠組みが大事

　——（井上）中原さんはファシリテーションの重要性を認める一方で，「ファシリテーションが必要だ病」「良い問いさえあればファシリテーションは要らない」と世間のファシリテーション・ブームに対して一線を画していますね。

　会議にはファシリテーションという技術をもったファシリテーターが必要で，それによって生産的な会議が可能になる。これは間違いありません。けれども，そもそもファシリテーターの確保は，普通の企業では難しいのです。良いファシリテーターはたくさん知っています。けれども，そこにお金をかけて外から入れるというふうには，なかなかなりません。

　一番ポイントになるのは「ファシリテーター」を云々するよりも，「みんなが，思わずしゃべりたくなってしまう，グッとくる問い」を出せるかどうかです。「良質の問い」がうまれれば，ファシリテーションが必要でなくなるケースも，多々あります。

3）未来を育てるマナビラボ（河合塾・JCERI×立教大学経営学部中原研究室共同研究）
〈http://manabilab.nakahara-lab.net/（最終確認日：2021年10月5日）〉

　民間企業におけるファシリテーションをいかした会議は，確実に増えているのではないでしょうか。ホワイトボードの前に立って整理しながらしゃべるとか，グルーピングするとか，KJ法をやるぐらいのことは，もはや特別のスキルではありません。管理職の研修でもやりますし，このレベルならば，下手すれば新入社員教育，そうでなくてもリーダークラスの研修には入っています。だから現場のマネージャーはいちいちファシリテーションという言葉を使いません。それは，通常の会議に埋め込まれているからです。

　でも，正直にいうと，企業の差はでかいですね。本当にどうしようもない会議，生産性の低い会議をやっているところから，高いレベルの知的生産を行える企業まで，本当に千差万別です。その差は，年々開いているような気がします。

5 これからの世代に何を求めるか

　僕は，いま45歳です。この年になると，先もみえてきます。以前よりも，次の世代をいかに「元気」にするかを考えるようになりました。志あるファカルティの先生方に恵まれ，立教大学大学院経営学研究科に「リーダーシップ開発コース」という名の新たな大学院コースを立ち上げることに貢献できました。このコースでは，人材開発・組織開発・リーダーシップ開発の専門知を学ぶことができます。研究室の院生も，修士は20名弱，博士は8名ほど輩出しました。自分の院生には「二足のわらじを履け」と言っています。「調査や分析ができるようなひとになりなさい」はあたりまえ。それに加えて，「ワークショップができる人になりなさい」「ファシリテーションができるようになりなさい」。要約すれば「アカデミックな学び」に加え，「野生の学び」も身につけなさい，と僕は指導しています。要するに，アカデミックなことを背景にしながら，実務で成果をだせるような「アカデミックプラクティショナー」であり「プラクティカルな研究者」こそが社会に求められているのだと，ぼくは信じてます。なぜなら，それができないと，今後の人材開発研究，組織開発研究の世界では，生き残っていけないと感じるからです。アカデミックな学びの知見を片手に，野生の学びの技術を片手に，世の中で，知的に暴れてほしい。そして，社会をおもしろくしてほしい，と願っています。

　最後に，ファシリテーションについてどう教えるかですか？

　私見では，ファシリテーションは，「ファシリテーションすること」のなかで学ぶほかはありません。ファシリテーションは「座学」では学べませんし，本だけで

学ぶことはできません。ファシリテーションを学ぶことは「経験学習」のなかにあります。ひとびとが，「グッとくる問い」を前に，みなで，脳がちぎれるほど考える。そこで，意見を出しあい，その意見を整理する経験をもつことです。そうした経験をふりかえり，次のファシリテーションの機会に活かすことが重要です。すなわち，ファシリテーションは「野生の経験」によって学ばれる，ということではないか，と思います。

【付　記】
日時：2019 年 12 月 27 日／場所：立教大学中原淳研究室／聴き手：井上義和・牧野智和／構成：井上義和

【引用・参考文献】

溝上慎一・中原　淳・舘野泰一・木村　充（2012）.「仕事のパフォーマンスと能力業績に及ぼす学習・生活の影響——学校から仕事へのトランジション研究に向けて」『大学教育学会誌』*34*(2), 139-148.

Dori, Y. J., & Belcher, J.（2004）. How does technology-enabled active learning affect undergraduate students' understanding of electromagnetism concepts?, *The Journal of the Learning Sciences, 14*(2), 243-279.〈http://web.mit.edu/edtech/casestudies/pdf/teal1.pdf〉

第Ⅱ部

ファシリテーションを
歴史と社会のなかに
位置づける

04 ワークショップ／ファシリテーションはどのように注目されてきたのか

牧野智和

1 はじめに

第Ⅰ部を構成しているワークショップやファシリテーションの実践，それらに関わる研究に先駆的に関わってきた両氏のインタビューのなかで聞き手（編者）たちは，彼らのライフストーリーの各局面における，ワークショップやファシリテーションをめぐる状況や認識について幾度か尋ねてきた。その意図は，彼らが自ら取り組み，切り開いてきた実践や研究が，ワークショップなどをめぐるより広い社会的現象としての水準にどうリンクしているかを推し量ることにあったのだが，その際，本章で以下みていくような展開の整理枠が念頭に置かれていた。つまり，ワークショップやファシリテーションが日本国内でどのように注目され，広がり，また何が論点とされてきたのか，今日後追いできる限りでの包括的な展開を整理したうえで，それが実践・研究面のトップランナーにどのようにリンクするところがあるのか，すり合わせを行なっていた面がインタビューにはあったのである。掲載の順序としては逆になっているが，本章によってインタビューの理解がより深まればと思う。なお，本章でその展開を追いかけるのは 2000 年代中頃，ワークショップやファシリテーションが一定の注目を集めるようになるところまでである。それ以降の多様な展開については，両氏のインタビュー，他の執筆者による各章，そして本章を踏まえた考察パートである第 8 章をそれぞれみていただきたい。

2 ワークショップへの注目・前史

ワークショップという言葉自体は，日本では戦後まもなくの現職教師教育や社会教育の分野において使われ始めたとされている。1950 年には文部省学校教育局の

大照完が，国内で初めてワークショップという言葉を書名に用いた『教師のワークショップ』という書籍を刊行しているが，同書は次のような文言から始まっている。

> ワークショップとは　本を読みに行くところでもお話を聞きに行くところでもない。それは，あなたと同じように生徒の，学校の，地域社会の，解かずにおられない数々の問題をもつ人々が心おけない指導者の助けをかりてあなたと一しょに研究し討議しようとあなたを待っているところ（大照 1950: i）

　大照は新たな時代における民主主義的な現職教員教育を考えるにあたってアメリカでの教師教育実践に注目し，現実の困難な問題を取り上げる「具体性」，計画も運営もすべて参加者の自発的意思にもとづく「自主性」，参加者相互の協力によって問題解決に努める「協同性」の三点をポイントとして，「教育関係者が専門家による指導助言の便宜を輿えられて，現場に必要な問題について自主的な態度で共同研究を行うための集まり」とワークショップを定義した（大照 1950: 2-4, 42）。より具体的に大照（1950: 44-51）は，1936 年に行われたオハイオ州立大学での会合を教師教育におけるワークショップ（具体性，自主性，協同性の三点を特徴とする実践）の起源であるとし，これを受けた日本国内のワークショップは 1947 年の東京帝国大学・文部省共催による「教員養成のための研究集会」が初めてのもので，これ以後ワークショップという言葉に対して「研究集会」という訳語が定着したと述べている（廣瀬ほか 2000: 94-5 も参照）。教育学者の苅宿俊文によれば，このワークショップは占領軍総司令部民間情報局の賛助により開催された教育指導者講習（IFEL, 1948 -1952）のモデルとなり，全国で 9,000 人以上の指導者が受講することになったという（苅宿 2012: 256）。だがそれゆえに，サンフランシスコ講和条約後において占領政策への反発が起こり，また経験主義教育批判の動きが起こってくるなかで，その活動は停滞していくことになる（村川 2005: 3; 苅宿 2012: 265-8）。

　ワークショップという言葉はこうした動向のなかで 1950 年代後半以降あまり用いられなくなるが，1970 年代あたりからさまざまな学会において「ワークショップ報告」というかたちで用いられる事例を多く確認できるようになる。こうした場合の語義はディスカッションを含む円卓型の発表セッションのようなものだったと思われるが，言葉自体がある程度流通するようになったこの時期あたりから，さまざまな分野におけるワークショップの実践，あるいはワークショップという言葉を必ずしも用いていなくとも，後にその源流として括られるような実践が少しずつ積み

重ねられていくことになる（第1章のインタビュー参照）。教育学者の森玲奈（2013: 187）による調査でも、ワークショップ実践歴の最も長い者は1970年代半ばにまでさかのぼることができると報告されている。こうした諸領域での実践の積み重ねを経て、1990年代になると雑誌や書籍上でワークショップがとりあげられるようになっていく。

3　日本におけるワークショップへの注目

●ワークショップというオルタナティブ

　1990年代前半、複数の雑誌でワークショップに関する特集が組まれる。ここではそれらの特集における（1）ワークショップをめぐる現状、（2）ワークショップの定義と構成、（3）現状における問題点、（4）その改善策ないしは戒め、という4点に注目して、当時のワークショップをめぐる状況と認識を整理していこう。

　まず特集が組まれたのは『建築ジャーナル』1991年6月号における「特集　ワークショップ――プロセスをデザインする」であった。雑誌の性格上、まちづくりを中心にした内容の特集だが、特集や記事の冒頭では「昨今「ワークショップ」の言葉をひんぱんに聞く」（浅海 1991: 8）、「各地でいろいろな成果が見られ、言葉自体もかなり一般的になってきました」（奥村ほか 1991: 12）というように、管見のかぎり国内で初めてワークショップについて組まれた特集記事であると思われるにもかかわらず、そのある程度の拡がりが前提になっていることがわかる。これは1993年3月の『月刊 社会教育』における「特集 からだ・こころをひらくワークショップ――「自己表現」の可能性を探る」でも同様で、「あちこちでワークショップの花がさいた」（鳥山 1993: 5）という状況認識が示されて特集が始まっていた。こうした言及を踏まえると、これらのワークショップ特集は突如降ってわいたものではなく、それ以前の各領域での実践がある程度蓄積されてきたところでかたちになったとみるのが妥当だろう[1]。

　各特集で扱われている実践は領域的にはまちづくり（農村から都市まで）、環境教育、演劇、美術、心理療法、社会教育、学校教育など、既にかなり多岐にわたっている。だが各特集それぞれの冒頭におかれているイントロダクションだけをみても、ワークショップとは一方向的で、形式ばった、知識に偏った、個人に閉じた学びや活動ではなく、「ことばやからだ」を媒介にした、「協同」の作業をともなう「楽しい」もので、「先生」も「決まった答え」もなく、「主役は必ず自分」たちであって、し

かも「誰もが平等」であり，答えは「みんなでつくりだす」ものだ，というような表現が程度差はあれ用いられており，その含意はゆるやかにではあるが共有されているようにみえる。つまり，これまでの社会を動かしてきた専門家主導・中央集権的なトップダウン型意思決定，知識・理性を偏重する計画的な学習・活動に対するオルタナティブを探ろうとする志向が共有されているといってよいように思われる（真壁 2008: 113-4）。そして，こうしたオルタナティブな活動はその成果として，個人においては「感じる力」を取り戻させて「楽しみや喜び，発見の感動」（鳥山 1993: 5）をもたらし，集団的な成果としてもその「参加者相互のコミュニケーション」を通して「グループの創造性」を高め，より人間的で創造的なモノ・コトを生み出すことにつながるものだと位置づけられている（浅海 1991: 8）。

　こうした活動の構成についても幾人かによって言及されている。たとえばまちづくりの場合は「オリエンテーション」「グループ作業」「グループ討論」が基本的な構成とされ（浅海 1991: 8-9），社会教育の場合は「アイスブレーキング」「問題提起」「体験と論議のセッション」「遊びと人間交流」「まとめと記録」というプログラムが欠かせないものとして示されている（薗田 1994: 30）。このように，ワークショップの位置づけやメリット，その構成についても，それ以前の実践の蓄積を背景に，既にある程度定まった傾向をみることができる。

●ワークショップをめぐる問題点と解決策

　各特集ではワークショップをめぐる課題も既に指し示されている。たとえばまちづくりの文脈では，ワークショップさえ行えば住民参加が達成されたと誤解されている節があることや（浅海 1991: 10），自己目的化した一種のイベントと化して

1）まちづくりを例にしていえば，参加型ランドスケープデザインの先駆者の一人であるローレンス・ハルプリンは 1979 年の時点で日本に招かれ，その手法は 1980 年代に横浜市港北ニュータウンの公園づくりにおいて実践されている。また 1980 年には東京工業大学・青木志郎研究室が山形県飯豊町において，「椿講」と称してハルプリン流の住民参加型の地域計画作成に取り組み始めている（木下 2007: 41-2）。先駆的にまちづくりの仕組みを整え，また実際に成果をあげてきた東京都世田谷区でも，1980 年代において用賀プロムナードをはじめとする住民参加型の公共施設が実現され，参加の手法を開発したヘンリー・サノフ（デザイン・ゲーム）やダニエル・アイスファノ（ファシリテーション・グラフィック）らを招いてワークショップが行われていた（世田谷まちづくりセンター 1991）。こうした活動が各領域で積み重なり，合流したのが 1990 年代前半における各特集だったと考えられる。

いるためにそれが実際のまちづくりの成果にどうつながっているかがわからない
ケースなどが問題視されている（奥村ほか 1991: 15）。心理療法に関しては藤見幸雄
（1994: 41-2）が，ワークショップの経験が日常生活に支障をきたしうること，「ワー
クショップ・ジャンキー」を生んでしまう可能性があることなどを指摘している。

　そして，こうした課題に対して各特集ではそれぞれに解決策や戒めが示されてい
る。まちづくりの文脈では，この記事の執筆者である浅海義治が後に『参加のデザ
イン道具箱』（浅海ほか 1993）で詳述する「参加のデザイン」の考え方，つまりワー
クショップを含む人びとの参加がまちづくりの「プロセス」のなかでどのように位
置づけられるのか，参加の「プログラム」をどう効果的に運営するか，どのような
参加者の募集・編成や組織づくりを行なって参加の「形態」を整えていくかなどを
考えながら，今まで行われてきた各領域での実践プロセスを整理して「有効と思わ
れる手段の蓄積」を行うこと，ワークショップを運営する「縁の下の力持ち」の役
割をよく考えて彼（女）らを育てていくことなどが言及されている（浅海 1991: 10-1,
奥村ほか 1991: 17）。社会教育の文脈では，まずテーマを明確化し，そのテーマをめ
ぐる問題を具現化できるような「体験」を探し出すことが最初のポイントとされる
（既にあるものを共有したり，実際に体験したり，実践者を連れてきたり，といった例が示
されている）。またワークショップを進めるにあたっては，それぞれが自由に語るこ
とも重要だが，同時に人の話を聴くことも重要であるため，そのような状況を整え
ることやグループ編成・話し合い・作業の進め方などが次なるポイントとして示さ
れている（薗田 1994: 27-9）。心理療法の文脈では，ワークショップ・リーダーの影
響力に関する戒めが示されている。つまり，リーダーの影響が参加者に「転移」し
てしまう可能性，議論をコントロールせず場を見守ることの重要性，リーダーが付
与されている「権力」を悪用しないことへの戒めなどである（藤見 1994: 37-40）。

　このように，これらの特集では，さまざまな文脈で行われていたさまざまな実践
を「ワークショップ」という言葉のもとに合流させ，そのような活動の意義や問題
点，解決策を探る思索やさらなる実践がまとまったかたちで検討されている[2]。も
ちろんそれ以前からそうした検討は実践者個々人の水準で行われてきたと思われる
が，1990 年代中頃以降，書籍や雑誌を通じて，より広くそのような検討が行われる

---

[2]　興味深いのは，1990 年代の各特集で論じられていたその意義や問題点，解決策は，基本
　　的には今日までさして変わっていないということである。これについては第 8 章を参
　　照。

ようになっていったとみることができる。

◉中野民夫『ワークショップ』の影響

　こうした 1990 年代を経て，再び各領域での潮流を総合したのが中野民夫『ワークショップ』（2001）だったといえる（☞本書 28 頁）。中野は「先生や講師から一方的に話を聞くのではなく，参加者が主体的に論議に参加したり，言葉だけでなくからだやこころを使って体験したり，相互に刺激しあい学びあう，グループによる学びと創造の方法」（2001: ii）としてのワークショップが，ここ 10 年ほどの間に日本でもさまざまな領域で用いられるようになったという状況認識を示したうえで，単一解が存在しない社会におけるさまざまな問題に持続的に，また楽しく向き合うにあたって，ワークショップにはその可能性があるとして議論を始める。その後「双方向的，全体的，ホリスティック（全包括的）な「学習」と「創造」の手法」（2001: 11）といった定義なども示しつつ，その歴史的展開，ワークショップが展開される領域の整理，各領域における実践の紹介，「参加」「体験」「グループ（相互作用）」を中心にしたその特徴と意義，限界と注意点，今後の展望などについて述べている。

　中野の著作は，先に紹介したワークショップ特集や，以下で示す 1990 年代中盤以降のファシリテーター論を踏まえて読むと，ワークショップの意義や手法自体に関して劇的に新しいことを述べているとはいえないように思われる[3]。しかし，現代社会における問題から説き起こし，歴史的展開を踏まえつつ各領域での実践に総合的な展望を与え，そしてただそれを称揚するばかりでなく限界や注意点までを含み込んでワークショップという言葉を新書で論じたことの意義は大きいように思われる。場づくりに関する研究・実践を長年行なってきた加藤文俊（2018: 12）も述べるように，中野の著作はワークショップという言葉への当時の関心から生まれているとともに，それを契機としてそのような関心をより明確なものとして社会に位置づ

---

3) これは中野を貶めるような意図があるわけではまったくない。彼のインタビューからも，さまざまなルーツからの影響があってその思想や技法がかたちづくられてきたことがわかるだろうし，彼自身，実践者それぞれにおいて，ワークショップ以外の経験も含めたさまざまなことがらが「再編集」されて実践が行われているため，そのルーツ探しは難しいとも述べていた（西村 2011: 181, 186）。ワークショップやファシリテーションは，多様なルーツをもつアイデアや技法の混合体としてあり，そこに独創性があるとすればアイデアや技法のオリジナリティというよりは，その組み合わせや運用のあり方，また実践者の人格的なものも含みこんだ現場での実現の仕方にあるとみるべきだろう。

ける役割を果たしたといえるだろうし，これ以降のワークショップをめぐる著作においても中野の定義や見取り図を参照したものを数多くみることができ，実際，以後の議論の起点になっているともいえる（たとえば堀 2003: 24; 西村 2004: 12-3 など）。上述した森の調査（2009 年に実施）では，ワークショップ実践歴の分布が最も集中しているのは「10 年以内」のゾーンなのだが（森 2013: 187），このような 2000 年代のワークショップへの注目について，中野がそれを言説の水準で喚起した側面は小さくないように思われる（もちろん彼は実際のワークショップにも数多く関わり続けてきたのだが）。

4　ワークショップにおける「ファシリテーター」論

　こうしたワークショップへの注目のなかで，それを担う存在としての「ファシリテーター」についても議論が重ねられてきた。というより，上述の 3 特集において論じられていた問題への対策はおおむねファシリテーターの資質や営みに関わるもので，『建築ジャーナル』の特集では実際，ファシリテーターという言葉が用いられていた。議論を先取りすると，2000 年代以降「ファシリテーション」が注目されるようになっていくのだが，その前にここでは 1990 年代におけるファシリテーター論について整理しておきたい。

　1990 年代においてファシリテーター論が相対的に多く積み重ねられたのは，まちづくりと人権学習の分野だといえる。まちづくりについては，『建築ジャーナル』の特集にも登場した浅海義治らが 1993 年にワークショップの企画・運営を中心とした『参加のデザイン道具箱』を世田谷まちづくりセンターから刊行し，以後のワークショップに関する重要な参照項になっていくことになるのだが，同書ではファシリテーターに関する次のような説明がある。

> ファシリテーターとは中立的な立場から会議の進行役を務める人です。声の大きな人や偏った立場からだけの話合いにならないよう注意するのも，建設的に無駄なく話合いが進むよう工夫するのもファシリテーターの役割です。それでは物事の中身を考えるのは誰でしょう。それは会議に参加している者全員の役割です。ファシリテーターは出された意見の良し悪しを判断しません。このように会議進行の役割と中身を考える役割を分担し，会議がスムーズに進むようにするのです。（浅海ほか 1993: 12）

　1996 年に刊行された『参加のデザイン道具箱 PART-2』ではさらに,「みんなの関心の幅を探り, 問題のポイントを明らかに, 話し合いの進め方を系統づける作業」を行う存在で, そのためにワークショップをはじめとする住民参加の「各々の手法の特徴を知り, "参加対象となる人" と "参加の目的" に合わせて, ふさわしい手法を取捨選択し, さらに必要に応じていくつかの手法を組み合わせることを考える必要」があるというように, より具体的な役割が言及されている (浅海ほか 1996: 12-3)。また, 市民参加の仕組みづくりに多く関わってきた世古一穂が 1999 年に著した『市民参加のデザイン』でも, ワークショップにおいて重要な役割を果たすのがファシリテーターであるとされ, それは「参加者全体に気を配りながら相互の関係を活性化させ, 意識されていなかった潜在的な問題や可能性を参加者が気づけるようにする役割をもつ」, あるいは「専門的知識を伝える役割ではなく, 自分の意見でリードする役割でもない。ワークショップに参加した人々が対等な立場で意見を言い合い, より民主的に会議が進んでいくよう, さまざまな工夫を行い, ワークショップをスムーズに進行していく役割」などと言及されている (世古 1999: 57, 62)。

　人権学習の領域でもこの時期, 差別に関連する体験が思い浮かばない人でも学びに関わりやすく, また個々のさまざまな体験が学習を豊かにする要素になりうるとして, 体験的参加型学習への注目が集まりつつあった。そしてそこでの学習を促進する存在として,「講師」や「リーダー」といった垂直的な関係性を思わせる進行役ではなく,「一方的に押しつけるのではなく, 学習者の中からいろいろなものを引き出し, それがお互いに交流され新しいものが生まれるように全体をみて学習を盛り上げていく役割」としてのファシリテーターの存在が言及されるようになっていた (森 1995: 36)[4]。ファシリテーター自身の資質については, 人権教育等の多岐にわたるワークショップに携わってきた金香百合が以下のように述べている。ファシリテーターは自分自身を意識化でき, 自らについて心を開いて話すことができ, 自

---

4) この言及を行なった, 部落問題・同和教育を専門とする森実は 3 年後の別の著作において, フィリピンの民衆教育運動団体 PEPE (Popular Education for People's Empowerment) による「民衆教育家」をめぐる議論を参照しながら, ファシリテーターの役割として以下の五つを示している。すなわち, 自身が学び続ける存在と考える「スポンジ」, 知識を与えるのではなく学習者を刺激・支援する存在と考える「スイッチ」, 参加者相互をつながりやすくする「電話交換機」, 学習者が学んだことを実り豊かに持ち帰りやすくする「ジューサー」, 自らのもっている知識や経験を共有して気づきを支援する「照明灯」という五つである (森 1998: 62-3)。

らをよく理解し，そのうえであるがままに自らを受け入れ，他者についてもよく理解し，あるがままに受け入れることができることが望ましい。自らを受容，信頼できてこそ（セルフエスティーム），ワークショップという相互作用のなかで起こることを歪みなく読みとることができ，適切な介入を行うことで関わる人びとに内在している力を引き出すことができる（エンパワメント），というように（金 2001: 95-101）。

5 「ファシリテーション」論の分化

● 「ファシリテーション」論の登場

　このように 1990 年代を通して，ファシリテーターをめぐる議論が積み重ねられてきた。ファシリテーターとは，共同的な作業のコンテンツではなくプロセスに中立的に関わり，対等で平等な関係づくりと共同作業ができるように，また共同作業の成果と個々人の学びがより豊かになるように，状況に応じた適切な支援を行なっていく存在である。そしてそれらを行うにあたっては，自らをよく理解・受容し，それによって私心や偏りなく他者やプロセスを理解・受容し，適切に働きかけることのできる態度を養っておくことが望ましい。2000 年代に入ると，このようなファシリテーター論ともちろん関連はしているものの，「ファシリテーション」という名詞表現によってワークショップやそのファシリテーターの活動が，改めて括り直されるようになっていく。

　本章でこれまで扱ってきた資料からもわかるように，ワークショップの実践領域は幅広いもののビジネス領域における展開は限られていた。上述した中野の著作においても，ビジネス領域への展開はこれまでに蓄積があったものとしてではなく，会議を中心とした今後の応用が期待されるものとして位置づけられていた（中野 2001: 178-96）。2000 年代における「ファシリテーション」という名詞表現が最も多く用いられたのは，このようなビジネス領域への応用においてである。もう少しいえば，組織での問題解決を中心とした考え方や活動のまとまりが「ファシリテーション」という言葉で指し示され，ワークショップやそれまでのファシリテーターをめぐる議論が，この文脈のなかでコンサルティング技法やビジネス・フレームワークなどと合わせて再構成されたのである。

　ビジネス領域におけるファシリテーターの活用は，海外においては 1970 年代にはその例をみることができるが（ドイル＆ストラウス 2003 など），日本国内においては 2001 年頃から少しずつ言及がなされるようになる（渡辺 2001: 206-7; 有村 2002;

船川 2002: 277–98; 中西 2002)。こうしたなかで，ビジネス領域におけるファシリテーターへの注目，ないしは組織における問題解決活動としての「ファシリテーション」への注目をより明確なものとした 2 冊の書籍が刊行される。アメリカのコンサルタントであるフラン・リースの『ファシリテーター型リーダーの時代』（リース 2002）と，やはりコンサルタントの堀公俊による『問題解決ファシリテーター』（2003）である。後者の刊行から間もない 2003 年 8 月，堀を初代会長とし，前者の翻訳を担ったコンサルタントの黒田由貴子を副会長とした日本ファシリテーション協会（FAJ）が発足する（翌年 NPO 認可）。そして中野は堀の著作が出てやはり間もなく『ファシリテーション革命』（2003）を著してワークショップにまつわるスキルを表現し直し，堀は『組織を動かすファシリテーションの技術』（2004a），『ファシリテーション入門』（2004b），『ファシリテーション型リーダーシップが身につくスキル』（2005）など矢継ぎ早にファシリテーションに関する著作を刊行し，その普及・啓蒙を積極的に行なっていく。こうして 2000 年代中頃以降，ビジネス領域を中心として「ファシリテーション」ないしは「ファシリテーター」を扱う書籍の数が次々と積み重なっていくことになる（図 4-1）。

●ビジネス・ファシリテーション論の概要

ビジネス領域で展開された「ファシリテーション」論のポイントは概して次の

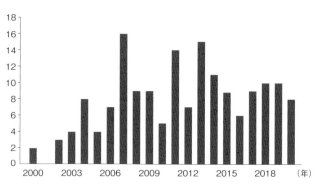

図 4-1 「ファシリテーション」「ファシリテーター」を（サブ）タイトルに冠した書籍数 [5]

---

5) オンライン書籍データベース「Honya Club」において，書籍のタイトル・サブタイトルに「ファシリテーション」「ファシリテーター」を含むものを集計した。その際，医療・リハビリテーションに関する書籍は除外している。最終検索日は 2021 年 6 月 2 日。

ようなものである。非生産的な会議から脱却し，根回しによる妥協や利害調整ではなく，組織のメンバーそれぞれが知恵を出しあって論理的にも感情的にも納得できる結論を導き出すためのアプローチがファシリテーションである（堀 2003: 10-5）。ファシリテーターはその際，共同的な作業の創造的成果や個々人の学びが豊かになるよう，参加者それぞれやその関係性・プロセスに気を配りながら状況に応じた適切な支援を行なっていくことになるが，そのスキルはいくつかのタイプに整理できる。たとえば，チームで活動する場をつくり，つなげる「場のデザインのスキル」，意見を受け止め，引き出す「対人関係のスキル」，出てきた意見をかみ合わせ，整理する「構造化のスキル」，意見をまとめて，分かち合う「合意形成のスキル」といった整理枠がそれである（図 4-2）。そして，これまでに論じられてきたワークショップの運営スキルはこうしたスキルのなかに散らばって位置づけられることになる。各種のアイスブレーキング，それを行うための物理的環境の設営ポイント，活動全体のプログラム設計などは「場のデザインのスキル」，積極的傾聴やオープン／ク

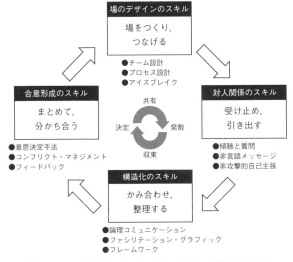

図 4-2　ファシリテーションの四つのスキル（堀 2004b: 52）

6）これは，ワークショップを論じる者とファシリテーションを論じる者がある程度重複していることも原因だが，ファシリテーションのプロセスのなかにワークショップが位置づけられることがあり，ワークショップとファシリテーションが明確に切り分けられるわけではないことにもよる。

ローズド・クエスチョンといった聴くことに関わるスキルは「対人関係のスキル」，引き出された意見を整理するファシリテーション・グラフィックなどの可視化に関わるスキルは「構造化のスキル」，KJ法やノミナル・グループ・プロセスなどの意思決定に関わるスキルは「合意形成のスキル」，というように分類できる（堀 2003: 36–40, 70–91; 2004: 88–107; 2018: 90–6, 112–23; 堀・加藤・加留部 2007: 74–121 など）。

　場のデザイン等の各種スキルは，これまでのワークショップ論においてもある程度扱われてきたものなのだが，ここに MECE（Mutually Exclusive and Collectively Exhaustive の略で「モレなくダブりなく」と紹介されることが多い）などの「ロジカルシンキング」の作法，「ロジックツリー」「SWOT」「バリューチェーン」「ペイオフマトリクス」といったフレームワークなど，従来ビジネス領域で活用されてきた手法が節合されたところにビジネス・ファシリテーション論の特徴がある（堀 2003: 143–57; 2004b: 124–37; 2016: 147–73 など）。ビジネス・ファシリテーション論においては，こうして増殖した各種手法を図4-2のようにこれまで以上に明確に位置づけることで，従来のワークショップにおける実践のポイントをより際立たせ，またそのことによってビジネスにおける展開可能性が拡張されたといえるように思われる。そしてそれらが再度ワークショップ論やその実践に持ち込まれながら[6]，またさまざまな領域での実践やふり返りがさらに積み重なりながら，ワークショップとファシリテーションの実践は今日に至るまで拡大と深化を続けている。そのより具体的な展開は，他の各章をみていただければわかることだろう。

【引用・参考文献】

浅海義治（1991）.「ワークショップ——その手法とまちづくりへの活用」『建築ジャーナル』*794*, 8–11.

浅海義治・伊藤雅春・狩野三枝［企画・執筆］（1993）.『参加のデザイン道具箱』財団法人世田谷トラストまちづくり

浅海義治・大戸　徹・中里京子［企画・編集］（1996）.『参加のデザイン道具箱PART-2——プロセスデザイン：事例とワークブック』財団法人世田谷トラストまちづくり

有村治子（2002）.「組織の討議能力とファシリテーション」足立行子・椿　弘次・信達郎［編著］『ビジネスと異文化のアクティブ・コミュニケーション』同文舘出版, pp.91–115.

大照　完（1950）.『教師のワークショップ——参加・計画・指導のために』教育問題調査所

奥村　玄・木村　勇・西村幸夫・内藤裕子・宮沢　好（1991）.「座談会　ワークショッ

プを住民主体のまちづくりにいかすみち」『建築ジャーナル』*794*, 12-20.

加藤文俊 (2018).『ワークショップをとらえなおす』ひつじ書房

苅宿俊文 (2012).「ワークショップをつくる」苅宿俊文・佐伯 胖・高木光太郎［編］『ワークショップと学び3　まなびほぐしのデザイン』東京大学出版会, pp.31-91.

木下 勇 (2007).『ワークショップ──住民主体のまちづくりへの方法論』学芸出版社

金香百合 (2001).「ファシリテーター論──実践と哲学から生まれた「人間形成相互作用らせん理論」」部落解放・人権研究所［編］『人権の学びを創る──参加型学習の思想』部落解放・人権研究所, pp.93-109.

世古一穂 (1999).『市民参加のデザイン──市民・行政・企業・NPO の協働の時代』ぎょうせい

世田谷まちづくりセンター (1991).『住民参加のまちづくりを学ぼう!!──アメリカのまちづくり手法をワークショップ形式で学んだ記録』まちづくりハウス

薗田碩哉 (1994).「ワークショップの仕立て方──ワークショップの基礎知識　技術と技法を考える」『社会教育』*49*(10), 26-30.

ドイル, M. & ストラウス, D.／斎藤聖美［訳］(2003).『会議が絶対うまくいく法──ファシリテーター, 問題解決, プレゼンテーションのコツ』日本経済新聞社 (Doyle, M., & Straus, D. (1976). *How to make meeting work!* Wyden Books.)

鳥山敏子 (1993).「ワークショップ花盛り──もう講義だけの時代ではなくなった」『月刊社会教育』*443*, 5.

中西真人 (2002).『思いどおりに仕事を進める対人関係トレーニング──ファシリテーション能力が身につく！』かんき出版

中野民夫 (2001).『ワークショップ──新しい学びと創造の場』岩波書店

中野民夫 (2003).『ファシリテーション革命──参加型の場づくりの技法』岩波書店

西村克己 (2004).『会議を劇的に変えるワークショップ入門テキスト──組織の壁を越えて, メンバーの能力を引き出す！』中経出版

西村佳哲 (2011).『かかわり方のまなび方』筑摩書房

廣瀬隆人・澤田 実・林 義樹・小野三津子 (2000).『生涯学習支援のための参加型学習（ワークショップ）のすすめ方──「参加」から「参画」へ』ぎょうせい

藤見幸雄 (1994).「ワークショップの概念とその可能性並びに課題点──欧米における心理学ワークショップの体験を通じて」『社会教育』*49*(10), 32-42.

船川淳志 (2002).『ビジネススクールで身につける思考力と対人力』日本経済新聞出版社

堀 公俊 (2003).『問題解決ファシリテーター──「ファシリテーション能力」養成講座』東洋経済新報社

堀 公俊 (2004a).『組織を動かすファシリテーションの技術──「社員の意識」を変える協働促進マネジメント』PHP研究所

堀 公俊 (2004b).『ファシリテーション入門』日本経済新聞出版社

堀 公俊 (2005).『ファシリテーション型リーダーシップが身につくスキル──自律型の人と組織が成果をつくる』あさ出版

堀 公俊 (2016).『ファシリテーション・ベーシックス──組織のパワーを引き出す技

法』日本経済新聞出版社

堀　公俊（2018）．『ファシリテーション入門　第 2 版』日本経済新聞出版社

堀　公俊・加藤　彰・加留部貴行（2007）．『チーム・ビルディング――人と人を「つなぐ」技法』日本経済新聞出版社

真壁宏幹（2008）．「古典的な近代の組み替えとしてのワークショップ――あるいは「教育の零度」」慶応義塾大学アート・センター［編］『ワークショップのいま――近代性の組み替えにむけて』慶応義塾大学アート・センター, pp.112–128.

村川雅弘（2005）．『授業にいかす　教師がいきる　ワークショップ研修のすすめ』ぎょうせい

森　実（1995）．『いま人権教育が変わる――国連人権教育 10 年の可能性』部落解放・人権研究所

森　実（1998）．『参加型学習がひらく未来――「人権教育 10 年」と同和教育』部落解放・人権研究所

森　玲奈（2013）．「ワークショップ実践者を育てる」山内祐平・森　玲奈・安斎勇樹『ワークショップデザイン論――創ることで学ぶ』慶應義塾大学出版会, pp.185–215.

森　玲奈（2015）．『ワークショップデザインにおける熟達と実践者の育成』ひつじ書房

リース, F.／黒田由貴子・P・Y・インターナショナル［訳］（2002）．『ファシリテーター型リーダーの時代』プレジデント社（Rees, F.（1998）. *The facilitator excellence, handbook: Helping people work creatively and productively together.* Jossey-Bass/Pfeiffer.）

渡辺パコ／プライスウォーターハウスクーパースコンサルタント株式会社［編］（2001）．『手にとるように IT 経営がわかる本――経営戦略を速く効率的に実現する！』かんき出版

05 ファシリテーション概念の整理および歴史的変遷と今後の課題

中村和彦

1 はじめに

　第Ⅰ部では，ファシリテーションとワークショップについての中野氏と中原氏の語りが紹介され，第4章ではワークショップとファシリテーションについての整理が牧野氏によってなされている。読者の方々は本書をここまで読んできて，ファシリテーションという言葉がさまざまな意味や文脈で用いられていることにお気づきであろう。

　ファシリテーションは「支援し，促進すること」という意味であるが，ファシリテーターが支援し，促進する場や領域はさまざまである。実際には現在，非常に多様な実践が「ファシリテーション」という名の下で行われており，同じ「ファシリテーション」や「ファシリテーター」という言葉を使いながらも，異なる領域や分野，文脈のもとでは，ファシリテーターによる働きかけや行動，重視されていることが異なることがある。

　この章では，多義的で，ある意味"雑多"なファシリテーションの概念について，何を支援し促進するのかという観点からシンプルに整理することを試みる。また，ファシリテーションの歴史的変遷について述べていく。さらに，個人レベルのコミュニケーション力を高めるアプローチと，グループや組織のプロセスに働きかけるファシリテーションによるアプローチについて言及し，ビジネス領域において現在および今後において，後者がさらに必要とされることを考察していく。

2 ファシリテーションの概念整理

●ファシリテーション／ファシリテーターの多義性

　本書の第4章では，日本におけるファシリテーションの広がりについて，ワークショップにおけるファシリテーションから，2000年代以降に，ビジネスにおけるファシリテーションに分化していったことが紹介されている。この章の「ファシリテーションの歴史」で詳しく紹介していくが，ファシリテーションはさまざまな領域において発展してきており，ファシリテーションという言葉が用いられる文脈も多様である。そのため，異なる領域や文脈で実践している「ファシリテーター」が，「ファシリテーション」という同じ言葉を使った場合でも，異なる役割や機能，働きかけを意味している可能性がある。たとえば，コミュニケーションのトレーニングを行うワークショップにおいて，5〜6人のメンバーで構成されるグループで，ある課題を解決するグループワークを行う場面では，課題の解決が難しそうな場合でも，ファシリテーターはグループを見守り，声かけや働きかけをしない。これは，参加者が自分たちのコミュニケーションについてふりかえり，その体験から学ぶことをファシリテーターが促進・支援するためであり，課題の解決に向けた働きかけは参加者がコミュニケーションについて気づき学ぶことを阻害するからである（ファシリテーターが課題解決の支援をして，グループが課題解決できると，参加者が自らのコミュニケーションの問題点に気づく機会を逸してしまう）。一方で，ビジネス領域で，会議において合意形成や課題解決を促進するファシリテーターの場合は，課題の解決に向けた働きかけを積極的に行なっていく。会議という場での合意形成や課題解決を促進・支援するのがファシリテーターの役割であるためである。

　すなわち，領域や場によって，何を促進・支援するのかという，ファシリテーションの目的が異なっているのである。そして，何を促進・支援するのかが異なると，当然ながら，ファシリテーターの働きかけも異なってくる。以下では，何を促進するのかという観点からファシリテーターの分類を行なっていく。ファシリテーターの分類については，中野（2001）による6分類（「アート系」，「まちづくり系」，「社会変革系」，「自然・環境系」，「教育・学習系」，「精神世界系」☞本書180頁図8-1も参照）や，中野に基づく日本ファシリテーション協会の分類（「自己表現型」，「問題解決型」，「合意形成型」，「体験学習型」，「教育研修型」，「自己変革型」）がある。これらの分類は領域に基づいてなされている。以下では，領域に基づくのではなく，何を促進するのかという目的に基づいて，よりシンプルな分類を提案していく。

◉促進する対象による３分類

　ファシリテーターが促進する目的，すなわち，ファシリテーターは何を促進することを目指すのかを観点として，三つの側面を挙げたのが図5-1である。

　ワークショップでは，活動や人との関わりを体験し，その体験から気づきを得て，学ぶことも目指される。つまり，体験を通して気づきを得ることや学ぶことをファシリテーターが促進することが目的とされる。ファシリテーターが促進する対象は，広い意味での「学習（ラーニング）」となる。このような体験や気づき，学習を促進するファシリテーターを，図5-1では「ラーニング」と記した（体験することで，その人のなかで言葉にならない何かが起こるような，個人のなかでの小さな変容も含む，広い意味での「ラーニング」とした）。ちなみに，本書におけるワークショップやアクティブラーニングでのファシリテーションに関する議論は，このタイプに含まれる。

　ビジネス領域での会議，または，まちづくりやコミュニティ開発における住民による合意形成のための話し合いの場では，会議で話し合われる課題の内容に関する目標が達成されることが重要となる。ビジネス領域における会議では，業務上の問題を解決する，新しい取り組みを決定する，などの課題解決が目標となる。まちづくりやコミュニティ開発における住民の話し合いの場では，地域の問題の解決策，建築や地域事業，将来の方向性などについて合意形成がなされて決定されることが目標となる。どちらも，話し合いの場に集う人びとの間に共有された，現実の課題（タスク）が存在している（前述の「ラーニング」を目指したワークショップの場合，人びとの間に現実の課題が存在しない場合もあることが対照的である）。現実の課題を解決するために人びとが集う場では，ファシリテーターにとって課題解決や合意形成を

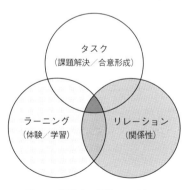

図 5-1　促進する目的の３分類

促進することが重要であり，ファシリテーターが促進するのは「課題解決」や「合意形成」である。このような，現実の課題を解決する場におけるファシリテーターを，図5-1では「タスク」と記した。このタイプは，第4章で紹介されたビジネス領域におけるファシリテーターであり，「会議ファシリテーター」「問題解決ファシリテーター」などと呼ばれている。

　さらに，グループやチーム，クラスなど，人びとが継続的に活動をともにする場合，お互いの関係性が課題となることがある。たとえば，信頼関係の構築，コミュニケーションの活性化，チームワークの高まり，などである。ファシリテーターが促進するのは「関係性（リレーション）」の構築である（図5-1では「リレーション」と記した）。ちなみに，図5-1の「タスク」では，課題は人びとの外側にあることが特徴だが，「リレーション」では人びとの間に課題がある（人びとの内側に課題がある）ところに違いがある（表5-1参照）。このタイプには，チーム・ビルディングや組織活性化を行うファシリテーター，学校ならばクラスづくりに取り組むファシリテーターとしての教師が含まれる。

　なお，図5-1がベン図になっているように，促進をする目的が複数となる場合も多い。たとえば，未知の人びとが集まったワークショップの場で，参加者がともに学ぶために，安心感を育むことを目指してアイスブレイクを行う場合は，「ラーニング」に加えて「リレーション」も促進していることになる。また，チームワークを高めることを目指して，お互いを深く知り，どのように関わることがより効果的に協働できるかを学ぶための対話は，「リレーション」を促進するために「ラーニング」が不可欠であるといえる。

　つまり，図5-1の3分類は，ファシリテーター／ファシリテーションを分断するための整理ではない。この3分類が有用な状況として，以下の二つを想定している。まず，ファシリテーター自身が何らかの話し合いやワークショップを設計する際に，何を促進することを目的とするのかを考えるための枠組みとなるだろう。そして，ファ

表5-1　三つの分類の特徴

	ラーニング	タスク	リレーション
集う人びとのつながり	未知または既知	比較的既知	既知，継続的な関係
グループの機能	グループで体験し，個人が学ぶ	グループで合意し，解決する	グループが発達・成長する
焦点づけられる課題	時に非現実	現実／人びとの外側	現実，人びとの間（内側）

シリテーターを自認する人びとが，ファシリテーター／ファシリテーションという同じ言葉を使いながらも，働きかけ方やファシリテーション観が異なる場合に，何を促進することを重視しているかという各自の前提を理解するための枠組みとなる。

● 3分類とシステムのレベル

　本章ではここまで，ファシリテーションの概念が多義的である理由として，何を促進するのかが異なっていることについて検討してきた。加えて，ファシリテーションが多義的で広い理由として，さまざまなシステムのレベルを包含していることも挙げられる。ファシリテーターが働きかけるシステムのレベルとしては，個人レベル，グループレベル，組織レベル，コミュニティ・レベルが想定できる。どのレベルの何を促進するのかで，ファシリテーションの領域をさらに整理することが可能となる。これまで言及してきた，ファシリテーターが促進する対象（3分類）と，ファシリテーターが働きかけるシステムのレベル（個人／グループ／組織／コミュニティ）を組み合わせたものを図5-2に示した。

　ワークショップの場では，個人レベルの体験や学習を促進することが目指されることが多い。たとえば，未知の人びとが集まってグループとして関わるワークショップ（Tグループやベーシック・エンカウンター・グループなど）においても，最終的に目指すのは個人レベルの体験や学習であり，グループ体験を通して個人が学び成長することを目的に行われる。つまり，促進しようとする体験や学びが個人レベルである場合，グループを用いることは手段である。

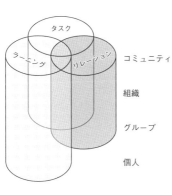

	ラーニング	タスク	リレーション
コミュニティ	まちづくり／地域おこし コミュニティ開発 国際開発		
組織	組織レベルの学習（＝組織学習／学習する組織）	戦略策定 ビジョンづくりな どのファシリテー ション　組織開発	組織活性化 健康経営
グループ／チーム	グループレベルの経験学習／チーム学習	課題解決 合意形成 会議ファシリテー ション	職場活性化 チーム・ビルディング クラスづくり
個人	ワークショップでの体験や学習のファシリテーション（アート系，自然・環境系を含む）	該当なし（あえていえばコーチング）	該当なし（あえていえば自己開発／自分自身との関わり方）

図5-2　ファシリテーションの広がり

　ちなみに，当然ながら，グループレベルの学習が個人レベルの学習を促進するというダイナミックスは生じる。また，ファシリテーターが複数のレベル×目的を促進しようとすることがありうる。たとえば，個人の学習を促進する（個人レベル×ラーニング）ために，グループのメンバーが安心して話しやすい雰囲気づくりや関係構築を行う（グループレベル×リレーション）などである。歴史的には，以下で紹介していくように，個人の成長のためにグループを用いるアプローチが1940年代のアメリカにおいて始まり（シュロスほか1976），これがファシリテーションの起源でもある。つまり，グループでの関わりで起こるプロセスやダイナミックスを用いた個人レベルの学習の促進が，ワークショップやファシリテーションの始まりでもあり，異なるシステムのレベルの間で起こるダイナミックスに焦点づけて働きかけることはファシリテーションの特徴および宿命でもあろう。

　ただし，ファシリテーターが働きかけようとするレベルと目的が雑多であいまいになると，ファシリテーターによる働きかけが意図的ではなくなり，偶発的な効果しか望めない。ファシリテーターがワークショップや話し合いの場を設計して実施しようとする際に，中核的な目的や「ねらい」は何か（どのレベルの何を促進することを第一の目的とするか）を焦点づけることは重要であろう（Pfeiffer & Jones 1973; 津村 2012）。

　巷では，人を集めて体験さえさせればワークショップだ，他者とやりとりさえすればアクティブラーニングだ，とする風潮がある。この傾向によって，参加型の場を設計し促進する目的が不明確なまま，参加型という方法を実施することが先行されてしまう。どのレベルの何を促進しようとしているのかをファシリテーターが自覚していない場合，意図的な働きかけは難しく，ファシリテーションの手法やテクニックを用いているレベルに留まってしまうだろう。このファシリテーションの質の問題については，4節において，ファシリテーター教育にまつわる課題として検討していく。

3　ファシリテーションの歴史

●ファシリテーション前史

　以下で述べるように，ファシリテーション／ファシリテーターという言葉を好んでもちいたのは，カウンセリングの研究と実践で著名なRogersである。しかし，ファシリテーション／ファシリテーターという言葉の初出は，日本の通説では

Rogers だとされているが，（筆者が調べてみた範囲では）誰が初出かについて学術的には明らかではない。一方で，ファシリテーションの原点にあたる，グループで他者と関わる体験を促進するアプローチについては，歴史的に辿ることが可能である。以下では，グループ体験をともなうワークショップの起源とされている Moreno による心理劇，そして，1940 年代に誕生し発展した T グループについて概説していく。

　グループ経験を通した個人の心理的成長を目指す取り組みの起源[1] は，1910 年代の Moreno によるウィーンでの実践と心理劇だとされている（シュロスほか 1976; ブラッドフォードほか 1972; 中原・中村 2018）。心理劇では，他者との関わりに問題を抱えている個人が，その他者と関わる自分をグループの前で演じて，治療者（監督）や他のメンバーの助けを受けて，自己理解を深めていく。グループでの関わりに参加し，そこでの体験を重視していることから，ワークショップの起源と捉えることができる。Moreno は，グループでの体験と学びを促進する役割の人を「監督（director）」と呼んでいた。ちなみに，Moreno と同世代であり，集団精神療法（group therapy）を発展させた Slavson は「セラピスト」と呼称していた[2]。Moreno や Slavson は治療としてのグループであったが，グループでの関わりを成人学習としてのトレーニングに応用したのが，以下で言及していく T グループである。つまり，T グループの登場によって，治療としてのグループが，学習（ラーニング）を目指したトレーニング（ワークショップの一つの原型）としてのグループに移行したことになる。

　T グループは，グループ・ダイナミックス（社会心理学）の研究者 Lewin と彼の弟子たちによって 1946 年に見出され，弟子たちが設立した NTL Institute が発展させていった。T グループとは，10 名程度のグループにおいて，お互いの関わりのなかで起こる「今ここ」のプロセスに気づくことを通して，自己理解を高めるとともに，グループプロセスに気づき，働きかける力を養う方法である。グループの促進者は「トレーナー」と呼ばれた（T はトレーニングの略であり，「トレーニング・

---

1) 治療を目的とした集団精神療法の創始者は，Moreno よりも前に，結核患者に対する週1 回の学級を 1905 年に行なった Pratt だとされている（加藤 1987）。
2) Moreno も Slavson も治療としてグループを用いていた。ちなみに二人は，アメリカにおける集団精神療法の異なる二つの学会の会長であり，激しい対立があった。加藤（1987）は，Moreno は医師で非精神分析学派，Slavson は非医師で精神分析学派であったことを指摘している。なお台（1991）は，Moreno は Lewin と弟子たちに対して，自分の考え方に似ていると批判していたことを紹介している。

グループ」の支援者を「トレーナー」と呼ぶのは自然な成り行きであったと考えられる）。「トレーナー」という呼称であっても，トレーナーはメンバーに教える役割ではなく，参加者が主体的に関わり，自らの体験から学ぶことを促進する役割を重視していた。つまり，Tグループのトレーナーは，実質的にファシリテーターであったといえる。1950年代後半から1960年代前半にかけて，Tグループはアメリカにおいて盛んに行われた（2019年時点でも，アメリカではNTL InstituteがTグループ（Human Interaction Laboratoryと呼ばれている）を実施し，日本では南山大学人間関係研究センターが中心になって開催している）。

　以下に述べるRogersも，Tグループなどの集中的グループ経験の重要性について，20世紀における「社会的発見であり，おそらく最も将来性のある発明」（ロジャーズ1982: 3）と表現した。そして，1960年代後半，彼は自らのアプローチを「ベーシック・エンカウンター・グループ」と呼ぶのがふさわしいと考え（ロジャーズ1976），そのグループの促進役を「ファシリテーター」と呼ぶようになった（ロジャーズ1982）。

● Rogersによるファシリテーション／ファシリテーターという言葉の確立

　Rogersはクライエント中心療法を提唱したカウンセリングの大家であり，1950年代までは，カウンセラーとクライエントとの1対1の関わり（＝カウンセリング）における「クライエント中心療法」の重要性を提唱していた。彼が当初，「ファシリテート」や「ファシリテーション」という言葉を用いたのも，心理療法における個人の成長や変容を促進するという文脈においてであった。

　筆者がRogersの著作（翻訳書が中心）や彼に関する文献を中心に確認した範囲では，Rogersが最初にファシリテート（facilitate）という言葉を用いたのは1948年であった。そのなかでは，「専門家の目的は，人間がもっと適切にもっと十分に自分自身になる（to be himself）ことができるような促進的な心理的雰囲気（a facilitating psychological atmosphere）をつくること」（ロージァズ1967a: 197）と表現されている。ファシリテーション（facilitation）という言葉が初めてタイトルに挙げられたRogers（1952）においてであり，臨床の場面だけではない，一般論としてコミュニケーションの促進について考察している。この論考のなかで彼は，コミュニケーションの障壁となる要因（他者から判断や評価される恐れ）や，コミュニケーションの促進のために相互理解に向けて非評価的に聴くことの重要性を主張した[3]。日本においてファシリテーターの初出という言説があるRogers（1954）においては，心

理療法が個人の変容や成長を促進するという意味で，facilitate や facilitation という言葉が登場している[4]。つまり，Rogers は，個人の変容や成長，コミュニケーションを促すという意味で facilitate という言葉を好んで用いていたといえる。ちなみに，筆者が翻訳書を調べた範囲では，Rogers が facilitator という言葉を用いたのは 1959 年であり，グループでの葛藤を論じるなかでグループ・ダイナミックス研究に言及した箇所で使用している（ロージァズ 1967b）。1960 年代には，Rogers は教育にも関心を高め，教師が教えるのではなく，学習者が主体的に学ぶ，学習者中心の教育観を提唱するようになる。1960 年代後半の教育に関する複数の論文において，学習を促進するという文脈で facilitate / facilitation が多く用いられている。

Rogers が集中的グループ体験を初めて実施したのは T グループ誕生と同時期で，1946 年と 1947 年にシカゴの復員局でカウンセラー養成を目的に行なったグループであり，彼はそれを「シカゴ・グループ」と呼んだ（ロジャーズ 1982）。Rogers はその後，1950 年にアメリカ心理学会の求めに応じて博士課程修了者のための集中的グループを実施したとされている[5]（ロジャーズ 1976）。Rogers は参加者が自己理解と自己成長に取り組むワークショップとして，集中的グループ体験を継続して実施していった。

1964 年に Rogers が西部行動科学研究所に移籍した後，彼は集中的グループ体験のワークショップを精力的に実施し，個人カウンセリングは行わなくなった（金原 2013）。自らが実施する集中的グループ体験を「ベーシック・エンカウンター・グループ」と呼称し，そのグループの促進者を「ファシリテーター」と呼ぶようになったのは 1960 年代であると考えられる。論文のなかで「ベーシック・エンカウンター・グループ」と「ファシリテーター」という言葉が用いられたのはロジャーズ（1976）である。

ベーシック・エンカウンター・グループについて，中田（2005）は以下のように

---

3) 同年に Rogers は，ホーソン研究で有名な組織心理学者 Roethlisberger との共著で，"Barriers and gateways to communication" というタイトルの論文を書いている（Rogers & Roethlisberger 1952）。この論文のなかで彼が担当した部分の内容は，Rogers（1952）と主題や主張がほぼ同じである。ちなみに，Rogers & Roethlisberger のなかで Rogers は moderator という言葉を用いている（facilitator という言葉は登場しない）。

4) 日本の Wikipedia のファシリテーターの項では，（2021 年 10 月 8 日アクセス時点で）Rogers（1954）が「ファシリテーター」の初出と記されているが，それは誤りであり，原文には facilitate または facilitation しか出てこない。

5) 1950 年に行なったワークショップでの自らの立場を Rogers は「リーダー」と呼んでいる。

定義している。

> 自己理解や他者理解を深めるという個人の心理的成長を目的として，1〜2人
> のファシリテーターと 10 人前後の参加者のクローズドの小集団による，そこ
> で起こる関係を体験しながら互いに語り合うことを中心とする，集中的なグ
> ループ体験である。(中田 2005: 7-8)

　Tグループでは「トレーナー（trainer）」と呼ばれていたが，中田による定義に
もあるように，Rogers はファシリテーターという言葉を好んで用いた（ロジャーズ
1982）。加えて Rogers は，ベーシック・エンカウンター・グループに限らず，同時
期に提唱していた学習者中心の教育観においてもファシリテーションの考え方を一
貫して主張している。以上のように，Rogers が好んで用いた facilitate / facilitation
/ facilitator という言葉は，ベーシック・エンカウンター・グループだけに留まらず，
ワークショップや教育に大きく影響していった。
　ファシリテーターという呼称は，Tグループの文脈にも影響していく。Tグルー
プから 1970 年代序盤に分化した，課題がある実習を用いた体験学習（＝構成的な体
験）のトレーニング[6]では，その実施者を「トレーナー」ではなく，「ファシリテー

---

6) Tグループは本来，課題が予め決められていない，非構成的なグループ・セッションを
　指している。集中的グループ体験として合宿型（1960 年代までは 2 週間，2019 年の時
　点で，NTL では 5 日間，南山大学人間関係研究センターでは 6 日間）で実施され，トレ
　ーニング全体について，アメリカ NTL では「Human Interaction Laboratory」，南山大
　学人間関係研究センターでは「人間関係トレーニング」と呼ばれている。そして，トレ
　ーニング全体は，「非構成的な体験」である Tグループ（1 セッションは 75 分〜 2 時
　間）と，課題が予め決められている実習を行う「構成的な体験」のセッションから構成
　されている。1970 年代序盤から，後者（構成的な体験）の実習を集めたハンドブックが
　相次いで発行されるようになった（Pfeiffer & Jones 1972 など）。それにともない，企業
　内研修や大学の授業などで，実習を用いた体験学習がワークショップ形式で実施される
　ようになった。実習を用いた体験学習は，短い場合は半日で行うことが可能なため，
　「非構成的な体験」も含む合宿制の集中的グループ体験から，実習を用いた体験学習（＝
　構成的な体験）にシフトしてきた。日本においても 1970 年代から実習集が刊行され
　（柳原 1976），企業内研修や南山短期大学などでの大学教育などで実践されてきた。
　なお，日本においては國分（1981）が契機となって，非構成的なグループ・セッション
　を中心としたベーシック・エンカウンター・グループが構成的エンカウンター・グル
　ープに広がっていった。このシフトも Tグループで起こった動向と類似している。

ター」と呼ぶようになった（e.g. Pfeiffer & Jones 1972）。

◉ 「ラーニング」から「タスク」や「リレーション」の促進への広がり

前述した T グループは，「ラーニング」を目的とした合宿制の研修として行われていたが，ビジネス領域への応用は 1950 年代終盤から始まり，企業のなかで T グループが実施されるようになる。これが組織開発の始まりとなるが，T グループを実施して社員が変化することで組織が変わることを目指した取り組みであり，「ラーニング」を目的にしていたと捉えられる。その後，アメリカにおいて 1960 年代後半から，T グループで行われるグループプロセスへの働きかけやグループ・ダイナミックスの理論を，研修の場ではなく，業務を行なっている現場で応用する動きが起こり始める。その一つが Schein（1969）による「プロセス・コンサルテーション」である。彼が提唱したプロセス・コンサルテーションとは，職場や組織のなかで起こっているプロセスにメンバー（クライアント）が自ら気づき，自ら変えていくことを支援することである。チームや職場の会議で起こるプロセス（コミュニケーションの動き，意思決定のありよう，規範，リーダーシップなど）をメンバーが理解し，自ら改善することができるように，プロセス・コンサルタントが働きかけていく。たとえば，以下のような状況が考えられる。

会議においてマネジャーが「みんなの意見を聞きたいから言ってほしい」と発言しながら，自分が高圧的に話し続けている状況で，第三者であるプロセス・コンサルタントがそのプロセスに働きかけ，どのようなプロセスが起こっているかを共有していく。働きかけとしては，マネジャーに「マネジャーが意見を聞きたいと言いながら，今は話し続けていますが，そのことに今お気づきですか。話すことを止めることにどんな不安がありますか」と尋ねるなどである（ちなみに，この場面での働きかけには多くの選択肢がある）。

チームや組織のメンバーが現実の課題について話し合っている場面で，「タスク」を促進したり「リレーション」を構築したりするために，プロセス・コンサルタントが働きかけていくことが，プロセス・コンサルテーションの特徴である。このように，「ラーニング」を目的とした T グループにおける，トレーナーによるプロセスへの働きかけ方が応用される形で，「タスク」や「リレーション」を促進するためにプロセスに働きかける考え方と手法が Schein によって提唱された。そして，プロセス・コンサルテーションは組織開発の中核的な理論となっていく。

Schein のプロセス・コンサルテーションでは，働きかける人は「プロセス・コ

ンサルタント」と呼ばれたが，1970 年代に入り，ビジネス領域における会議の場面で働きかける人がファシリテーターと呼ばれるようになる。それらは会議やミーティングの「タスク」の達成を重視した流れであり，会議ファシリテーション，グループ・ファシリテーション，ミーティング・ファシリテーションなどと呼ばれた。その始まりとされているのは，1970 年代に Doyle と Straus によって行われたミーティング・ファシリテーションである（Doyle 1996）。彼らは，ミーティングや会議において，ファシリテーターがコンテント（グループで話されている内容）に対して中立の立場に立ち，話し合いがより開放的でメンバーが参加しやすくなるようにプロセスを促進する実践を行なった。そして彼らは，ファシリテーターが第三者として機能することの重要性を見出した。他にも，Ball と Sibbet がグラフィック・レコーディングやファシリテーション・グラフィックの基礎となる取り組みを始めたのも 1970 年代であるとされている（Doyle 1996）。ビジネス領域における会議ファシリテーションは，2000 年代以降に日本に紹介され，Rees（1998）や Schwarz（2002）などが翻訳された（リース 2002; シュワーツ 2005）。

　コミュニティ開発の分野では，コミュニティの住民が自らの将来を話し合って発展させていく，参加型手法とそのファシリテーションが育まれた。1960 年代前半に，シカゴの EI（Ecumenical Institute）のスタッフが組織やコミュニティにおけるアクションリサーチを学んだうえで独自の手法を考案し，シカゴのウエストサイドにあった，貧困地域における黒人スラム街のコミュニティ開発に取り組んだ（Oyler & Harper 2007）。「The 5th City Human Development Project」と名づけられた彼らのプロジェクトでは，都市の従来の地理的な 4 区分（ダウンタウン，市内，近郊，郊外）に属さない，第 5 のコミュニティとして住民の決定による再生をしていくという希望をこめて，「5th city」という言葉が用いられた（Griffith 2015）。EI のオフィスとスタッフの一部（7 家族）は 1963 年にウエストサイドに移り，1964 年から 5 年間にわたり，このプロジェクトが実施されたという。まさに地域密着で行われたプロジェクトであり，コミュニティでの現実の問題の解決と住民の協働関係を構築するという，「タスク」と「リレーション」の促進も目的とされたといえる。

　Ecumenical Institute は，1973 年に ICA（Institute of Cultural Affairs）として独立した。Griffith（2015）によると，1985 年までは「pedagogues[7]（教育者）」という言葉

---

7) pedagogue という言葉は，Freire が用いた pedagogy（フレイレ 1979）に由来している可能性があり，Freire の影響も受けていたことが示唆される。

を用いていたようであるが，1985 年にファシリテーターという名称を用いるように
なったという。ICA が育んだ住民参加型のファシリテーション（ToP Facilitation：
ToP は Technology of Participation の略）は全世界に広がっていった。ICA のファ
シリテーターの主導によって 1994 年に設立されたのが，世界的なファシリテー
ターのネットワークである IAF（The International Association of Facilitator）である
（Baker & Fraser 2005）。現在の IAF には，コミュニティ開発に限らず，さまざまな
領域で実践する多様なファシリテーターがメンバーとして加入しており，メンバー
の国籍は 65 か国にも及ぶ。

　国際開発の文脈では，特に農村のコミュニティ開発を住民の参加を通して進めて
いく手法のなかで，ファシリテーターという呼称が用いられている。1950 年代には，
旧植民地国の開発援助を行うイギリス政府，他にもフランスやアメリカ，国連など
が，発展途上国の農村開発において住民参加の重要性を指摘し始めたという（坂田
2003）。その後，農村の現状を把握するための簡易的な調査方法が 1970 年代にイギ
リスのサセックス大学において開発された。その調査方法を発展させて，サセック
ス大学の Chambers を中心に PRA（Participatory Rural Appraisal：参加型農村調査手
法）が 1980 年代に体系化された（Chambers 1994）。この PRA において，現状の調査
や改善計画と実行のプロセスに，住民の参加を促す外部者をファシリテーターと呼
んだ。ちなみに，PRA の起源の一つは，Lewin によるアクションリサーチや Freire
の関与による参加型アクションリサーチであるという（田中 2009）。Chambers はさ
らに，住民主体の学習と行動を強調した名称として PLA（Participatory Learning and
Action: 参加型による学習と行動）を提唱し（チェンバース 2000），外部者であるファシ
リテーターが住民のリアリティを大切にし，住民主体の学習や意思決定と行動が重
要であることを強調した。

　以上のように，ビジネス領域を中心とした会議ファシリテーション，コミュニ
ティ開発や国際開発におけるファシリテーションは，それぞれの領域において始
まっていった。しかし，完全に独立してそれぞれが発展したのではない。コミュニ
ティでの実践を始めた EI のスタッフは，Lewin のアクションリサーチ，T グルー
プを源として発展した組織開発やグループ・ダイナミックスの考え方（コンセンサ
スを含む）を学んでおり（Oyler & Harper 2007），T グループが EI での実践に影響し
たといえる。また ICA は，グループや組織に対するファシリテーション手法の開
発や実践も発展させ，グループや組織を対象に実践するファシリテーターに影響し
てきた。

　そして，1990年代以降に脚光を浴びるようになった「対話（dialogue）」の理論や手法によって，ビジネス，コミュニティ開発やまちづくり，国際開発という領域がよりボーダーレスになっていったと考えられる。1990年代以降に提唱された，対話の手法（ワールドカフェ，オープン・スペース・テクノロジー，フューチャー・サーチ，アプリシエイティブ・インクワイアリー，アート・オブ・ホスティングなど）は，企業組織とコミュニティの両方で実践されていく（ブッシュ＆マーシャク 2018）。これらの対話の手法は，日本では 2010年代以降，多くのファシリテーターが組織やコミュニティにおいて実践している。また，南アフリカのアパルトヘイト問題などの紛争問題を対話で解決したことで有名なファシリテーターである Adam Kahane（e.g. カヘン 2008）が，対話のファシリテーションの考え方として組織開発の文脈で注目されている。Kahane の例も，ファシリテーションの手法や考え方，姿勢や思想が，領域を超えてファシリテーターに学ばれ実践されている表れである。

●ファシリテーションの歴史的シフトと学習の転移

　以上のようなファシリテーションの歴史をふりかえると，個人レベルの「ラーニング」としての誕生と発展（心理劇や T グループ，ベーシック・エンカウンター・グループ）から，グループや組織レベルの「タスク」の合意や解決と「リレーション」の構築に，ファシリテーションが広がっていったと捉えられる。このシフトは，アメリカにおける 1960年代（日本では 1970年代前半）のビジネス領域で，個人レベルの「ラーニング」を目指した T グループが盛んに行われたが，その後，グループや組織レベルの「タスク」や「リレーション」に働きかける組織開発へ移行していったことに象徴的に現れている。以下では，ビジネス領域において組織をよくしていくことに向けた取り組みとして，T グループから組織開発に移行していった歴史的なシフトを検討していく。

　1940年代後半に T グループがアメリカにおいて誕生した後，1960年代前半にはアメリカにおいて，企業のなかで社員に対する T グループが数多く実践された。その目的を端的に表現すると，以下のような流れが想定されていた。まず，社員がTグループを体験することで，人と人との関係のなかで起こっているプロセスに気づく感受性が高まるという個人レベルの変化成長が起こる。その後，T グループでの学びを職場で活かすことで，職場が変化していき，より活性化した職場や組織になるというものである。日本においても，1970年代前半に「感受性訓練」と呼ばれた，ある形態の T グループが多くの企業で行われたが，同じ想定のもとでの取り組

みであった。

　このような，個人が変化することで職場（グループ）や組織が変わっていくという想定のもとでの T グループの取り組みは，その後下火になっていった。下火になっていった大きな理由は，「学習の転移」の問題である。T グループでは，開放的な風土のなかで関わり，プロセスに気づくことや新しい行動パターンを学んでいく。しかし，参加者が戻る職場や組織は旧来からの文化や制度，権限があり，それらが制約となって，参加者が新しい行動を試みることが困難となり，学習が活かされなくなる（中村ほか 2009; Highhouse 2002）。Katz & Kahn（1966）は，個人が変わることによって職場や組織が変わるという仮説が誤っていると指摘している。

　その後，アメリカにおける組織開発のアプローチは，職場や組織の現状を診断し，職場（グループ）や組織レベルの諸要素（目標，役割，手順，コミュニケーション，リーダーシップ，風土や文化など）に働きかけることに広がり，シフトしていった（その一つが，前述した Schein によるプロセス・コンサルテーションである）。すなわち，ビジネス領域におけるファシリテーションは，個人レベルの「ラーニング」の促進を通して職場のグループや組織を変えるアプローチから，グループや組織のレベルの「タスク」や「リレーション」を促進することを通して組織が変わるアプローチにシフトしていったことになる。そして，そのシフトはアメリカにおいては 1960 年代半ばに，日本においてはその約 10 年後に起こっていた。先に述べたように，タスク志向の会議ファシリテーションがアメリカにおいて 1970 年代に発展していったのも，グループレベルの「タスク」の合意や解決にファシリテーションが発展していった表れである。

　ちなみに，ビジネス領域においても，個人レベルの「ラーニング」を促進するアプローチ（人材開発や人材育成）と，グループや組織レベルの「タスク」や「リレーション」を促進するアプローチ（組織開発）は，相互に補完関係にあるというのが現在における認識である（中原・中村 2018）。

　なお，教育や芸術の領域において，たとえば，参加型教育やアクティブラーニング，ワークショップのファシリテーションは，個人の学習と成長が中心的な目的であるため，個人レベルの「ラーニング」からチームや組織レベルの「タスク」や「リレーション」へのシフトは起こらなかったと考えられる。もちろん，教育のなかでも，学校教育におけるクラス運営は，クラスで取り組む「タスク」（クラス運営のための係，行事の実施など），発言や関わりがしやすい心理的安全性や信頼感，ともに学ぶ関係性などの「リレーション」の両側面も重要である。クラスを担当する教師は，

「ラーニング」「タスク」「リレーション」を促進し働きかけることが必要とされている。

4 ファシリテーションの現代的意義

◉ビジネス領域におけるファシリテーションの取り組みの現状

ビジネス領域において，「ファシリテーター型リーダー」（リース 2002）や「サーバント・リーダーシップ」（グリーンリーフ 2008）などの，部下を支援してグループの協働性を高めるリーダーシップ論が提唱されている。この背景には，企業がミドルマネジャー（部長や課長などの中間管理職）に求めることの変化がある。企業を取り巻く環境の変化にともなう，マネジャーに求められる役割の変化について以下で検討していく。

1990 年代以前，製造業による大量生産に強みがあった日本企業において，マネジャーは部下に指示命令することが役割とされていた。マネジャーによる指示命令型マネジメントが有効だったのは，①マネジャーがもつ情報量（経験，知識，組織内で得られる情報）が部下よりも多かったこと，②ピラミッド型組織による上意下達のマネジメントが大量生産や社員の行動のコントロールに適していたこと，③グローバルな競合が現在ほど激しくなかったために製品サイクルが比較的長く，製品などの抜本的な革新よりも品質や性能の改善が重視されていたこと，などが挙げられる。

現在，VUCA（Volatility, Uncertainty, Complexity, Ambiguity）の時代と呼ばれるような変化が激しく予測が難しい環境下で，変化に対する迅速な対応が必要とされるようになった。また，IT を中心とした技術革新やグローバルな事業展開，業務内容の高度化により，マネジャーよりも部下の方が情報や知識を有していることが多くなっている。そして，環境の変化や競合の激化によって製品やサービスのイノベーションが必要とされており，マネジャーが自らの過去の経験に基づいて判断するよりも，多様な知識やスキル，経験や価値観を有する部下たちとの対話を通して迅速な判断や決定をしていくことが重要である。このような状況下では，ピラミッド型組織による上意下達のマネジメントは適しておらず，マネジャーは部下に対して指示命令をする役割から，部下の自律を促進するエンパワーメントに主眼を置く対話・支援型の役割に変わることが期待されている（企業活力研究所 2008）。

このような，マネジャーに求める役割の変化にともない，多くの日本企業（特に大企業）において，2000 年代前半には上司に対するコーチング研修が，そして，2000

年代後半には上司（マネジャー）に対するファシリテーション研修が実施された。最近でも，社員 1,000 名以上の規模の企業において，約 50%の企業がマネジャーに対するコーチング研修を実施し，約 25%がファシリテーション研修を行なっている（リクルートマネジメントソリューションズ 2017）。

　しかし，コーチング研修やファシリテーション研修を行うことで，上司と部下との間の課題が解消され，部下の自律が促進されて職場が活性化したという訳ではない。リクルートマネジメントソリューションズによる調査（入江 2014）において，成果を上げる上で重要だと思うものをマネジャーに尋ねたところ，「業務を指示・管理する役割」が最も高かった（59.7%）。この調査結果より，指示命令型の役割が必要だと考えるマネジャーが依然多いことが伺える。また，マネジャーが不充分で課題と感じていることとして，「新しい価値を創造する役割」（31.1%），「メンバーと経営をつなぐ役割」（25.7%），「メンバーの意欲を向上させる役割」（23.8%），「職場を活性化する役割」（23.5%）が挙げられていた。この結果より，部下の意欲と職場の活性度を高めて新たな価値創造を行う役割を果たせていないと考えるマネジャーが多いことが伺える。加えて，内閣官房の諮問による，管理職のマネジメント能力に関する懇談会（2017）が内閣府省内で行なった調査結果でも，部下の人材育成やチームワークの実現がマネジャーの課題として挙げられている。以上のように，部下の主体性と部署のチームワークを育むことは，現在でもマネジャーにとって課題となっている。

　コーチング研修やファシリテーション研修を導入しながらも，部下の自律の促進や育成，職場の活性化にいまだ課題があるのはなぜだろうか。それは，コーチング研修やファシリテーション研修は，マネジャーの個人レベルの「ラーニング」を目的としたアプローチであり，第 3 節において検討してきた歴史が物語るように，「学習の転移」の問題があるためだと考えられる。たとえば，ある企業で，マネジャーに対してファシリテーション研修を実施し，現場での実践を推奨したとしよう。しかし，その企業では，マネジャーは短期的業績を達成することの責任を負うという組織の構造で，かつ，会議では部下の業績目標の達成に関する報告を聞いてマネジャーが指示するというパターンが続いていたとすると，ファシリテーション研修での学びが会議に活かされる可能性は低い。部下の自律性が育まれ，職場や組織が活性化していくためには，個人レベルの「ラーニング」の促進だけではなく，職場（グループ）や組織のレベルに直接働きかけることが必要とされる。そのアプローチが組織開発である。実際に 2000 年代のコーチング研修やファシリテーション研

表 5-2 「タスク」と「リレーション」の促進を目指した組織開発のアプローチ

目的／レベル	「タスク」の促進（課題解決や合意形成）	「タスク」と「リレーション」の同時的な促進	「リレーション」の促進（信頼や相互理解の構築）
職場（グループ／チーム）のレベル	・目標設定 ・役割や業務分担の調整 ・業務手順の見直し ・会議ファシリテーション 　　　　　　　　　など	・サーベイ・フィードバック（タスクプロセスとメンテナンスプロセスの両方に光をあてる場合） ・タスクとリレーションを同時に扱っていく対話 ・プロセス・コンサルテーション 　　　　　　　　　など	・チーム・ビルディング ・心理的安全性の構築 ・相互理解の構築や深化 ・対人葛藤の解決 ・ダイバーシティ＆インクルージョン 　　　　　　　　　など
組織全体のレベル	・戦略策定 ・ビジョニング ・組織デザインの変革 ・ワークモチベーション向上に向けた人事施策 　　　　　　　　　など	・ビジョニングや新たな取り組みの策定を参加型の対話（フューチャーサーチなど）で実施 ・サーベイ・フィードバック ・エンゲージメント施策 　　　　　　　　　など	・風土や文化の変革 ・従業員満足の向上 ・経営層と現場との信頼構築 ・部門間の協働関係の構築 ・組織内ネットワークの構築 ・ダイバーシティ＆インクルージョンの浸透 　　　　　　　　　など

に限界を感じた日本企業が，2010 年代に入ってから組織開発に注目するようになってきている（中村 2015）。

　組織開発にはさまざまな手法があり，「タスク」の促進を目指したもの，「リレーション」の促進を目指したもの，その両者を目指したものがある。表 5-2 には，職場（グループ）レベルと組織全体のレベルでの，それぞれの代表的なアプローチを挙げる。

　表 5-2 において示したように，組織開発の「打ち手」（効果的な方策）となる側面や方法にはさまざまなものが含まれている。チームや組織のシステム内のさまざまな側面に働きかけて，諸側面間の一致性を高めていくところに組織開発の特徴がある（Burke & Bradford 2005）。個人のコミュニケーション力やマネジャーのファシリテーション力を高める「ラーニング」の促進に加えて，組織開発のアプローチによって，チーム（職場）や組織の「タスク」や「リレーション」を含めた諸側面に働きかけていくことが可能になる。

◉ 「ラーニング」×「タスク」「リレーション」をめぐって

　本章を執筆するきっかけになったのは，2019 年 9 月に行われた日本教育社会学会のシンポジウムへの登壇であった。その際に与えられたテーマが，「ファシリテー

ションは，個人のコミュニケーション力頼りによる限界を超えるのか？」というものであった。本章を締めくくるにあたり，ビジネス領域において「個人のコミュニケーション力を高める研修に頼る現状でよいのか？」「個人のコミュニケーションに頼ることの限界をファシリテーションは超えることができるのか？」という問いに対して考察していく。

　一つ目の問いである「個人のコミュニケーション力を高める研修に頼る現状でよいのか？」については，すでに言及したように，個人レベルの「ラーニング」を目的とした研修を通しての，部下やマネジャーのコミュニケーション力や，マネジャーのファシリテーション力の向上だけでは，チーム（職場）や組織は変わらない，というのが筆者の立場である。研修の場での学習が現場に転移されるためには，職場や組織の構造や風土，業務や会議の目標や役割，手順なども変わっていく必要がある。そのために，職場や組織にも働きかけていく必要がある。

　二つ目の問いである「個人のコミュニケーションに頼ることの限界をファシリテーションは超えることができるのか？」については，「できる」というのが本章での主張である。コミュニケーション力が高い個人が集まっていたとしても，安心安全の場でなければ，発言は少なく，コミュニケーションは活性化しない。コミュニケーションが活性化して協働が高まるためには，職場での関わりや会議で起こるプロセスに働きかけていく必要がある。そのためには，プロセスに働きかけることができる力（ファシリテーション力）をもった人（マネジャー，役割を付与されたメンバー，第三者のいずれか）の存在が必要とされる。そして，そのような人がグループ（チーム／職場）の目標，役割，業務手順，構造といった側面によるロスを低減して「タスク」の達成を促進するとともに，信頼や協働といった「リレーション」を促進していくことで，効果的なグループになっていく可能性が高まる。

　ところで筆者は，個人のコミュニケーション力を高める「ラーニング」（＝人材開発）の取り組みが不要であることを主張している訳ではない。時代の変化に合わせた自律的で活性化したグループになっていくためには，マネジャーに対するファシリテーションや部下に対するコミュニケーションの「ラーニング」の促進（＝人材開発）と，チームレベルへの「タスク」や「リレーション」の促進（＝組織開発）の両方が必要とされることを主張している。実際に，中原・中村（2018）で紹介されている，組織開発に取り組む日本企業での実践では，人材開発と組織開発の取り組みに境界線がなく，それぞれの取り組みの連携がなされていた。すなわち，「よき組織開発とは，人材開発とともにあり，よき人材開発は，組織開発とともにある」

（中原・中村 2018: 323）といえる。

●日本におけるファシリテーター教育をめぐって

　ファシリテーションの質が高まるためには，ファシリテーター教育が必要である。実際に，2010 年頃から日本において脚光を浴び始めた組織開発においても，組織開発実践者の人材開発が急務とされている（中原・中村 2018）。以下では，Thomas（2005）が提唱した考え方に基づきながら，ファシリテーター教育の現状と課題を検討していく。

　ファシリテーター教育について Thomas（2005）は，①技術的な（technical）ファシリテーター教育，②意図的な（intentional）ファシリテーター教育，②パーソン・センタードな（person centered）ファシリテーター教育，④批判的な（critical）ファシリテーター教育，の四つの次元を想定した（表5-3 参照）。

　表5-3 に示した四つの次元は，四つに分類されるわけではなく，②は①を含み，③が①と②を含み，④が①〜③を含むと想定されている。

　表5-3 は，ファシリテーターが何に基づき，何を重視して実践をしているかについて整理するためにも用いることができる。表5-4 には，ワークショップ，会議ファシリテーションと組織開発，国際開発における，①〜④のファシリテーターのありようの例（筆者の試論）を示した。

　本章の第 2 節では，ファシリテーションの目的（「ラーニング」「タスク」「リレーション」の何を促進するのか）について，ファシリテーターが自覚的になる必要があ

表 5-3　ファシリテーター教育の四つの次元（Thomas（2005）に基づいて筆者が作表）

四つの次元	特徴	概要
①技術的な 　ファシリテーター教育	スキル中心で紋切型	ファシリテーションのためのスキルや方法，ツールキットを教える
②意図的な 　ファシリテーター教育	理論に意図的に根差したアプローチ	スキルを教えるが，ファシリテーターがなぜそれをするのかに意図的になることを推奨するプロセスに気づくことを重視
③パーソン・センタードな 　ファシリテーター教育	ファシリテーターの態度，個人のありよう，プレゼンスを強調したアプローチ	スキルやテクニック，方法よりも，ファシリテーターとグループの関係の質に焦点づける Rogers のファシリテーター観や教育観が代表例
④批判的な 　ファシリテーター教育	ファシリテーションのポリティカルな性質への認識を提言するアプローチ	「批判的」は哲学における批判理論を意味するパワーや社会的公正についての政治的および感情的なインパクトをファシリテーターが認識することを重視

ることに言及した。ファシリテーションの目的が自覚的ではなく，手法やスキルを用いているファシリテーターは，表5-3の①技術的なファシリテーター教育しか受けていないこと，そして，表5-4の①技術的なファシリテーターのアプローチに留まることが示唆される。そして，日本における多くのファシリテーター養成プログラムは①技術的なファシリテーター教育に該当し，技術的なファシリテーターが多いのが現状であろう。この現状について，いくつかの領域で以下のような指摘がなされている。

　ビジネス領域における会議ファシリテーションや組織開発では，初学者が増えるとともに，手法やツールに頼るビギナーの実践者が増えている。研修やワークショップで組織開発の手法を経験した初学者は，その手法やツールを実施することが組織開発であると認識してしまう傾向がある。これは①技術的なファシリテーター教育を体験した人が，そのレベルに留まって実践していることを示唆している。会議ファシリテーションや組織開発では，メンバー間で起こっているプロセスに気づいて働きかけること，そして，（ファシリテーターが外部者の場合は特に）クライエント中心の支援が重要だとされている（中村 2015）。プロセスに気づいて働きかけ

表 5-4　ファシリテーターのありようの例

領域 何に基づき，重視するか	ワークショップ （アクティブラーニング）	会議ファシリテーションや 組織開発	国際開発
①技術的な ファシリテーター	既存の実習やアクティビティ，ツールをマニュアル通りに実施 今ここで起こるプロセスには目を向けない	既存の手法やツール，スキルを形式化された手順通りに実施 今ここで起こるプロセスには目を向けない	PRA などの調査方法やワークをそのまま実施する，手法やワークを実施することが支援だと考える プロセスには目を向けない
②意図的な ファシリテーター	ワークショップやクラスのなかで起こっているプロセスに気づき，意図的に働きかける	会議や対話で起こっているプロセスに気づき，意図的に働きかける	住民による計画や実行，学習を重視して，プロセスに意図的に働きかける
③パーソン・センタードな ファシリテーター	参加者との関係で起こっていることに気づく，参加者中心の発想を大切にした自分自身のありようを重視する	メンバーやクライエントとの関係で起こっていることに気づく，メンバーやクライエント中心のありようを重視する	住民のエンパワーに向けた，住民との関係性に気づく，支援者としての自分のありようを重視する
④批判的な ファシリテーター	学習者との力関係，ワークショップを実行することの意味を批判的に思考する	タスクの達成や組織の変革を目指すことの意味，自らがもつパワー，自分や取り組みによる全構成員への影響を批判的に思考する	ファシリテーターと住民との力関係，自分や取り組みによる全住民への影響，コミュニティの文化に及ぼす影響を批判的に思考する

る力を養うための②意図的なファシリテーター教育や，クライエント中心の支援の
ありようを学ぶための③パーソン・センタードなファシリテーター教育が必要とさ
れている。ビジネス領域においては，②意図的なファシリテーター教育や③パーソ
ン・センタードなファシリテーター教育をまずは充実させることが日本における課
題であろう。

　教育においては，第3節で言及した「構成的な体験」の実習や，構成的エンカウ
ンター・グループのエクササイズをそのまま用いてワークショップが実施される
ことが多々ある。体験学習プログラムの設計には，学習者のニーズ把握やねらい（学
習目標）の設定がなされたうえで，実習が選択されたりカスタマイズされる必要が
ある（津村 2012）。また，実習が実施されている間は，ファシリテーターは参加者の
様子を観察しながら，必要があれば介入する必要がある（星野 1992）。しかし，ファ
シリテーターが体験学習プログラムのねらいを吟味することなく，既存の実習をそ
のまま用いて実施する場合が散見される。また，学校教育で盛んに実施されている
アクティブラーニングでは，「型」に依存して方法をそのまま実行することの問題
が指摘されている（小針 2018）。どちらの問題も，①技術的なファシリテーターに留
まっていることによって起こっている。加えて，マニュアル化された手法をそのま
ま実施することがファシリテーターの役割である，という前提をもつファシリテー
ターが存在していることからも，これらの問題が生じていると考えられる。

　国際開発の領域においても，同様の指摘がなされている。田中（2009）は，関連
性がない手法を使用するなどの，ファシリテーターの質の低下について問題を提起
している。また太田（2004）は，ツールを体験するワークショップによって，ツー
ルを用いることがファシリテーターの役目であるという認識を形成してしまうこと
や，新参ファシリテーターがツールやテクニックを求めていることを指摘した。さ
らに野田（2003）は，理念を欠いた参加型ツールを用いただけの取り組みは参加型
開発とは呼べないと主張している。このように，国際開発の領域においては，手法
やツールを用いるだけの①技術的なファシリテーターに対する痛烈な批判がなされ
ている。

　ビジネス，教育，国際協力という領域で共通して，理念や教育観（支援観），目的
を欠いた状態で，自身が知っている手法やツールを参加者／メンバー／住民にカス
タマイズすることなく，そのまま使う傾向が特に初心者ファシリテーターにみられ
る。そして彼らは，設計されたワークショップの場で手法やツールを体験すること
を通して，設計された場のなかで手法やツールを実施することがファシリテーショ

ンであると認識する傾向がある。これらの傾向は「手段の目的化」を招き，望ましい効果や参加者が期待する成果が得られない可能性が高い。しかし，参加型の場では参加者が活動的に関わる（いわゆる「盛り上がる」）ため，手法やツールを使うだけのファシリテーターはその結果を「よし（うまくいった）」とするだろう。そして，自らのファシリテーション力を高める必要を感じず，②〜④のファシリテーター教育をさらに受けようとは思わないだろう。②〜④のファシリテーター教育は期間が長く，かつ，日本ではそれらを受ける場が少ないこともあり，②〜④のファシリテーター教育を受講するハードルが高いことも影響している。かくして，かつて「這い回る経験主義」と揶揄されたように，技術的なファシリテーターが増えると「這い回るファシリテーション」になっていく可能性が高い。

　組織開発では，実践者（ファシリテーター／コンサルタント）の主な活動内容として，ミーティングやイベントの設計とファシリテーション，組織の日常での対話的なやりとりによるファシリテーション，戦略的なプロセスデザインとファシリテーション，の三つがあるとされている（ブッシュ＆マーシャク 2018）。ファシリテーションは，ワークショップや対話イベントという構成された場があって，その場にファシリテーターという役割の人が存在し，その場のなかで行われるというイメージを，多くの実践者がもっていると考えられる。これは「点」のイメージ，すなわち，構成された限定的な場のなかで行うのがファシリテーションというイメージである。しかし，グループや組織，コミュニティの成長や発展のためには，日常的な関わりにおいても，その成長や発展を「線」（時に点と点をつなぎながら，時に日常での関わりを通して）として促進し支援することが必要である。さらに，「線」として長期的視点に立って支援していくために，行き当たりばったりの取り組みとなるのではなく，戦略的プロセスの設計とファシリテーションが必要とされる。ファシリテーションは，ワークショップや対話イベントなどの，設計された限られた場（＝点）のなかで行われるだけではない。ヒューマンシステムの成長と発展に向けて，人びとのエンパワーメントを促進する，線としての継続的な支援が重要なのである。そのために，②〜④の次元でのファシリテーター教育が必要とされている。

　本章における結論は，グループや組織，コミュニティの成長や発展に向けて，以下のファシリテーションやファシリテーター教育が必要とされている，というものである。コロナ禍をきっかけとしたリモートワーク化の進行により，この必要性はさらに高まっていると考えられる。

- 個人の「ラーニング」の促進だけではなく，「タスク」や「リレーション」の促進
- ワークショップや対話イベントなどの構成された場におけるファシリテーションだけでなく，日常における対話的やりとりのファシリテーションや，構成された場と場をつなぐ戦略的なプロセスデザイン
- 上記を可能にするための手法やツール，定式化されたスキルを用いる技術的ファシリテーター教育に留まらない，より深い次元でのファシリテーター教育（意図的なファシリテーター教育，パーソン・センタードなファシリテーター教育，批判的なファシリテーター教育）

【引用・参考文献】

入江崇介（2014）．「ミドル・マネジャーの置かれる環境と仕事の実態——アンケート調査とインタビュー調査から」『RMSmessage』*35*, 14–21.

台　利夫（1991）．『集団臨床心理学の視点——心理劇を軸にして』誠信書房

太田美帆（2004）．「生活改良普及員に学ぶファシリテーターのあり方——戦後日本の経験からの教訓」『JICA 準客員研究員報告書』JICA 研究所〈https://www.jica.go.jp/jica-ri/IFIC_and_JBICI-Studies/jica-ri/publication/archives/jica/kyakuin/200408_01.html（最終確認日：2020 年 4 月 6 日）〉

加藤正明（1987）．「集団精神療法の歴史」山口　隆・増野　肇・中川賢幸［編］『やさしい集団精神療法入門』星和書店, pp.3–17.

金原俊輔（2013）．「カール・ロジャーズの生涯」『長崎ウエスレヤン大学地域総合研究所紀要』*11*(1), 21–51.

カヘン, A.／ヒューマンバリュー［訳］（2008）．『手ごわい問題は，対話で解決する——アパルトヘイトを解決に導いたファシリテーターの物語』ヒューマンバリュー（Kahane, A.（2004）. *Solving tough problems: An open way of talking, listening, and creating new realities*. Berrett-Koehler Publishers.）

管理職のマネジメント能力に関する懇談会（2017）．「管理職のマネジメント能力に関する懇談会 報告書」内閣官房〈https://www.cas.go.jp/jp/gaiyou/jimu/jinjikyoku/kanri_kondankai/pdf/h290321houkoku.pdf（最終確認日：2021 年 10 月 11 日）〉

企業活力研究所（2008）．「企業内ミドルマネジメントが十分な役割を果たすための人材育成に関する調査研究報告書」企業活力研究所〈http://www.bpfj.jp/act/download_file/75254791/76451918.pdf（最終確認日：2020 年 4 月 6 日；2021 年 10 月 11 日時点リンク切れ）〉〉

グリーンリーフ, R. K.／金井真弓［訳］（2008）．『サーバントリーダーシップ』英治出版（Greenleaf, R. K.（2002）. *Servant leadership: A journey into the nature of legitimate power and greatness*. Paulist Press.）

國分康孝（1981）．『エンカウンター──心とこころのふれあい』誠信書房

小針　誠（2018）．『アクティブラーニング──学校教育の理想と現実』講談社

坂田正三（2003）．「参加型開発概念再考」佐藤　寛［編］『参加型開発の再検討』日本貿易振興会アジア経済研究所，pp.37-60.

シュロッス，G. A.・シロカ，R. W.・シロカ，E. K.／伊東　博・中野良顕［訳］（1976）．「個人の成長のためのグループの現代的起源」シロカ，R. W.・シロカ，E. K.・シュッロス，G. A.［編］／伊東　博・中野良顕［訳］『グループ・エンカウンター入門』誠信書房，pp.3-14.（Schloss, G. A., Siroka, R. W., & Siroka, E. K. (1971). Some contemporary origins of the personal growth group. In: R. W. Siroka, E. K. Siroka, & G. A. Schloss (eds.), *Sensitivity training & group encounter: An introduction.* Grosset & Dunlap, pp.3-10.）

シュワーツ，R. M.／寺村真美・松浦良高［訳］（2005）．『ファシリテーター完全教本──最強のプロが教える理論・技術・実践のすべて』日本経済新聞社（Schwarz, R. M. (2002). *The skilled facilitator: A comprehensive resource for consultants, facilitators, managers, trainers, and coaches* (2nd ed.). Jossey-Bass.）

田中治彦（2009）．「参加型開発におけるPLA（参加型学習行動法）とその応用に関する研究」『立教大学教育学科研究年報』*53*, 7-20.

チェンバース，R.／野田直人・白鳥清志［訳］（2000）．『参加型開発と国際協力──変わるのはわたしたち』明石書店（Chambers, R. (1997). *Whose reality counts?: Putting the first last.* Intermediate Technology Publications.）

津村俊充（2012）．『プロセス・エデュケーション──学びを支援するファシリテーションの理論と実際』金子書房

中田行重（2005）．『問題意識性を目標とするファシリテーション──研修型エンカウンター・グループの視点』関西大学出版部

中野民夫（2001）．『ワークショップ──新しい学びと創造の場』岩波書店

中原　淳・中村和彦（2018）．『組織開発の探究──理論に学び，実践に活かす』ダイヤモンド社

中村和彦（2015）．『入門 組織開発──活き活きと働ける職場をつくる』光文社

中村和彦・杉山郁子・植平　修（2009）．「ラボラトリー方式の体験学習の歴史」『人間関係研究（南山大学人間関係研究センター紀要）』*8*, 1-29.

野田直人（2003）．「「参加型開発」をめぐる手法と理念」佐藤　寛［編］『参加型開発の再検討』日本貿易振興会アジア経済研究所，pp.61-86.

ブッシュ，G. R.・マーシャク，R. J.［編］／中村和彦［訳］（2018）．『対話型組織開発──その理論的系譜と実践』英治出版（Bushe, G. R., & Marshak, R. J. (eds.) (2015). *Dialogic organization development: The theory and practice of transformational change.* Berrett-Koehler.）

ブラッドフォード，L. P.・ギッブ，J. R.・ベネ，K. D.／三隅二不二［編］（1971）．『感受性訓練──Tグループの理論と方法』日本生産性本部（Bradford, L. P., Gibb, J. R., & Benne, K. D. (1964). *T-group theory & laboratory method: Innovation in re-education.* Wiley & Sons.）

フレイレ, P. ／小沢有作・楠原　彰・柿沼秀雄・伊藤　周 ［訳］ (1979). 『被抑圧者の教育学』亜紀書房 (Freire, P. (1968). *Pedagogy of the oppressed*. Penguin.)

星野欣生 (1992). 「介入ということ──構造化された実習において」津村俊充・山口真人 ［編］ 『人間関係トレーニング──私を育てる教育への人間学的アプローチ』ナカニシヤ出版, pp.144–147.

柳原　光 (1976). 『Creative O.D.──人間のための組織開発シリーズ── Vol.1』プレスタイム行動科学実践研究会

リース, S. ／黒田 由貴子・P・Y インターナショナル ［訳］ (2002). 『ファシリテーター型リーダーの時代』プレジデント社 (Rees, F. (1998). *The facilitator excellence handbook: Helping people work creatively and productively together*. Jossey-Bass/ Pfeiffer.)

リクルートマネジメントソリューションズ (2017). 『人材開発を支える 3 つの変化── RMS Research 人材開発実態調査 2017』リクルートマネジメントソリューションズ組織行動研究所

ロージァズ, C. R. ／伊東　博 ［編訳］ (1967a). 「適応改善の方法における二つの流れ」『ロージァズ全集 14──クライエント中心療法の初期の発展』岩崎学術出版社, pp.191– 208. (Rogers, C. R. (1948). Divergent trends in methods of improving adjustment. *Harvard Educational Review, 18*(4), 209–219.)

ロージァズ, C. R. ／伊東　博 ［編訳］ (1967b). 「クライエント中心療法の立場から発展したセラピィ, パーソナリティおよび対人関係の理論」『ロージァズ全集 8──パースナリティ理論』岩崎学術出版社, pp.165–278. (Rogers, C. R. (1959). Theory of therapy, personality, and interpersonal relationships: As developed in the client-centered framework. In: S. Koch (ed.) *Psychology: A study of a science. Vol. III*. McGraw-Hill. pp.184–256.)

ロジャーズ, C. R. (1976). 「ベーシック・エンカウンター・グループの過程」シロカ, R.・シロカ, E.・シュロッス, G. ［編］ ／伊東　博・中野良顕 ［訳］ 『グループ・エンカウンター入門』誠信書房, pp.15–48. (Rogers, C. R. (1967). The process of the basic encounter group. In: J. F. T. Bugental (ed.) *Challenges of humanistic psychology*. McGrow-Hill, pp.261–276.)

ロジャーズ, C. ／畠瀬　稔・畠瀬直子 ［訳］ (1982). 『エンカウンター・グループ──人間信頼の原点を求めて』創元社 (Rogers, C. R. (1970). *Carl Rogers on encounter group*. Harper & Row.)

Baker, L. L. B., & Fraser, C. (2005). Facilitator core competencies as defined by the International Association of Facilitators. In: S. Schuman (ed.), *The IAF handbook of group facilitation: Best practices from the leading organization in facilitation*. Jossey-Bass, pp.459–471.

Burke, W. W., & Bradford, D. L. (2005). The crisis in OD. In: D. L. Bradford & W. W. Burke (eds.), *Reinventing organization development: New approaches to change in organizations*. Pfeiffer, pp.7–14.

Chambers, R. (1994). The origins and practice of Participatory Rural Appraisal. *World*

Development, 22(7), 953–969.

Doyle, M.（1996）. Foreword. In: S. Kaner, L. Lind, C. Toldi, S. Fisk, & D. Berger, *Facilitator's guide to participatory decision-making.* New Society, pp.vii–xi.

Griffith, B. E.（ed.）（2015）. *A chronological history of the Ecumenical Institute and the Institute of Cultural Affairs 1952–1988.* ICA〈https://wedgeblade.net/files/archives_assets/20197.pdf（最終確認日：2020 年 4 月 4 日）〉

Highhouse, S.（2002）. A history of the T-group and its early applications in management development. *Group Dynamics: Theory, Research, and Practice, 6*(4), 277–290.

Katz, D., & Kahn, R. L.（1966）. *The social psychology of organizations.* John Wiley & Sons.

Oyler, M., & Harper, G.（2007）. The technology of participation. In: P. Holman, T. Devane, & S. Cady（eds.）, *The change handbook: The definitive resource on today's best methods for engaging whole systems*（2nd ed.）. Berrett-Koehler Publishers, pp.149–161.

Pfeiffer, J. W., & Jones, J. E.（eds.）（1972）. *The 1972 annual handbook for group facilitators.* University Associates.

Pfeiffer, J. W., & Jones, J. E.（eds.）（1973）. *The 1973 annual handbook for group facilitators.* Pfeiffer & Company.

Rogers, C. R.（1952）. Communication: Its blocking and its facilitation. *ETC: A Review of General Semantics, 9*(2), 83–88.

Rogers, C. R.（1954）. An overview of the research and some questions for the future. In: C. R. Rogers & R. F. Dymond（eds.）, *Psychotherapy and personality change: Co-ordinated research studies in the client-centered approach.* The University of Chicago Press, pp.413–434.

Rogers, C. R., & Roethlisberger, F. J.（1952）. Barriers and gateways to communication. *Harvard Business Review, 30*(4), 46–52.

Schein, E.（1969）. *Process consultation: Its role in organization development.* Addison-Wesley.

Thomas, G.（2005）. Dimensions of facilitator education. In: S. Schuman（ed.）*The IAF handbook of group facilitation: Best practices from the leading organization in facilitation.* Jossey-Bass, pp.525–541.

第Ⅰ部

第Ⅱ部

第Ⅲ部

コラム 1：人間関係の体験学習と組織開発のあいだで ─────

中村和彦

日本初の「人間関係」を扱う学科 ─────────────

　私は 1989 年に大学院に進学しました。大学院でやっていた研究は普通の社会心理学で，当時は人間関係トレーニングもファシリテーションも知りませんでした。それらに関わるようになったのは，1994 年に南山短期大学人間関係科に着任してからです。

　ここは 1973 年に設立された，日本で初めて「人間関係」を名称にした学科で，しかも「学」という字が入っていません。「学問を教えるのではなく，学生が体験から主体的に学ぶ場」という信念のもとで，体験学習から人間関係を学ぶために設立された学科でした。人間関係の体験学習は，ワークショップの一つの形であり，「ラボラトリー方式の体験学習」が正式の名称です。人と人とが関わる場での課題がファシリテーターから提示されるかどうかで大別され，課題があるものが「構成的な体験」，課題が予め決められていないものが「非構成的な体験」と呼ばれています。「非構成的な体験」のワークショップは，本書第 5 章第 3 節において言及した，1947 年にアメリカで誕生した T グループ（Training Group）です。南山短期大学人間関係科では，T グループは 5 泊 6 日の合宿授業として行われ，学生全員に対する必修科目でした。通常の学内での授業は，「構成的な体験」，つまり，ファシリテーターである教員が課題を提示して，学生がグループで関わり，課題に取り組むプロセスをふりかえる授業が行われていました。当時，人間関係科の科目で講義は 1 〜 2 割程度，すべて非常勤講師によって行われていて，専任教員は体験学習の授業をチーム・ティーチングで行なっていました。このような体験学習を実施するために設立されたのが，南山短期大学人間関係科だったのです。大学院生のときに，南山短大の公開講座で T グループに参加して，「こういう教育もあるのか，教育の王道だ」と驚きました。

　南山短大に就職する前，非常勤などで心理学を学生に教えることはやっていて，心理学をわかりやすく教えるのが教師の役目だと考えていました。しかし，南山短大に就職した後，先輩教師から「教えるな，学生が学ぶのだ」と言われました。その後，「教えるのではない，学生が学ぶのをファシリテートする」とシフトチェンジしていきました。

体験学習で学生の変化を実感する ─────────────

　南山短大時代に担当していた授業は，ほとんどが 2 コマ連続で，チーム・

ティーチングで行われていました。まず「次の授業内容をどうするか」から
話し合って，その週の2コマを設計します。授業では担当教員が順番にファ
シリテーターとして前に出て進行します。授業終了後は，2時間程度のミー
ティングでふりかえり，他の教員から自分のファシリテーションについて
フィードバックをもらいました。その後，次週の設計をする……という形で
半期の授業を回していました。担当教員はとくにファシリテーションを専門
に研究しているわけではなく，心理学や教育学，哲学など，いろいろな専門
の人がやっていました。

　ミーティングが長く，たいへんでしたが，続けることができた理由の一つ
は，学生が確実に変わっていったからです。学生の関わり方や自己理解が変
化していき，人間性教育というか，自己を育てるための教育として大切だと
思いました。もう一つは，体験学習のプログラム（ワークショップ）を設計し
てファシリテートする，私自身の力がついてきたことです。当時は「学生を
研究対象にするな」「よい研究者になるよりは，よいファシリテーターになる
ことが大切」と先輩教員から言われました。学生に対して調査をしたりデー
タをとったりするのは，教育効果の測定も含めて，ご法度でした。そういう
意味では，体験学習のファシリテーションをピュアに実践していた時であり，
私は当時，研究や学外への発信はあまりしていませんでした。

体験学習の限界，組織開発の可能性

　2000年以前の南山短大の時代は，体験学習と組織開発（organization
development）の間には関連があるらしい，ということを私は知っていまし
たが，組織開発を勉強できる場所や本が当時の日本にはなく，組織開発につ
いて理解していませんでした。

　2000年頃，JICA（独立行政法人国際協力機構）の保健プロジェクトで，私た
ちの体験学習のやり方を海外で実践してほしいという依頼がありました。妊
婦さんが危険な状態に陥る出産がパキスタンやバングラディシュなど南アジ
アで多いので，現地の医療従事者のコミュニケーション能力を高めて，丁寧
に話を聴いて危険を早く察知できることを目指したい，そのために，コミュ
ニケーションのトレーニングができる現地のファシリテーターを育ててほし
いという要請でした。その要請を受けて，春休みや夏休みにパキスタンやバ
ングラディシュに行き，現地の体験学習のファシリテーターを育てて，最終
的には病院の風土も変わることを目指す取り組みをしていました。

　しかし，ファシリテーターは育ったけれども，結局，病院の風土は変わら
なかったのです。体験学習のトレーニングだけ実施しても組織は変わらない，

ということに気づきました——今からふりかえればあたりまえのことですけれど。個人の成長だけでは組織は変わらない（☞本書107頁も参照）。人材育成のための体験学習／ワークショップのファシリテーターをどれだけ養成しても組織は変わらない。それを打破するために，組織開発を学ぼうと思いました。組織開発では，働きかける対象をチームや組織だと考えるからです。（南山短大人間関係科は2000年から南山大学心理人間学科に改組され，私も南山大学に籍が移りましたが）2005年にアメリカに留学する機会を南山大学からいただき，Tグループや組織開発をアメリカで発展させたNTLで組織開発のファシリテーションを学びました。組織開発を学ぶことで，体験学習を通して個人の「ラーニング」を促進するファシリテーターから，チームや組織の「タスク」や「リレーション」を取り扱っていくファシリテーターに自分自身のキャパシティが広がっていきました。

06 熟議民主主義における ファシリテーション

熟議システム論の視座を踏まえて

田村哲樹

1 はじめに：相性のよさ？

　本章で取り組むのは，熟議民主主義とファシリテーションとの関係をどのように理解することができるか，という問題である。ここで熟議民主主義とは，投票・多数決ではなく「話し合い」を基盤とする民主主義の構想を指す。その話し合いにおいては，自らの意見を他者にも受け入れ可能な理由とともに提示すること（正当性）と，他者の意見をよく聴き，納得したならば自らの意見を変化させること（反省性）が重要となる（田村 2017b など参照）。熟議民主主義には，その理性を重視する傾向と，熟議の結果としての合意（コンセンサス）形成への志向性とが，結果的に人びとの排除を招くとの批判が投げかけられてきた（田村 2008）。しかし，熟議民主主義研究は，このような批判を受け止める形で発展しており，今日では，話し合いにおける（理性以外の）「利益」や「情念」を踏まえた熟議民主主義が構想されるようになっている。また，熟議の目的が必ずしも合意形成に限られないことについても，共通認識になりつつある。たとえば，人びとの間での「不合意」や対立のあり方を明らかにすることも，熟議の重要な役割である（Curato et al. 2017: 31; Dryzek 2010: Chap 3; 田村 2008: 92–104）。

　さて，問題は，この熟議民主主義とファシリテーションとの関係である。一見したところでは，この両者は相性がよいようにみえる。その理由として，次の二つを挙げることができる。第一に，ファシリテーションは，熟議民主主義を適切に「クールダウン」することに役立ちそうである。熟議民主主義は，「理想的だが，現実的ではない」とみなされやすい。すなわち，「なるほど，それは確かに素晴らしい民主主義の考え方だ。しかし，熟議することが不可能な現実の状況はたくさんある。また，話し合いにおいて「正当性」と「反省性」を求めることは，多くの人びとに

とっては過大な要求だ」というわけである。今日の熟議民主主義研究の動向を踏まえるならば，こうした疑問・批判がすべて妥当するとは言い難い。いくつかの研究は，人びとは社会的・政治的に大きく「分断」した状況でも「熟議できる」ことを示している（Steiner et al. 2017; 田村 2017a: 第 1 章）。とはいえ，特に市民に対する「過大要求」という疑問・批判は，真剣に受け止めるべきである。公的領域と私的領域の区別を前提とする自由民主主義の政治において，人びとの政治参加を選挙・投票に限定することは，それなりに合理的である（待鳥 2015）。また，そもそも複数の人びとの間で発生する紛争の解決を目指す「政治」に関わることは，魅力的とは言い難い（杉田 2013; Warren 1996）。ファシリテーションは，「人びとは熟議民主主義に関わるべき」という「過大要求」を適切にクールダウンできる可能性がある。第二に，熟議民主主義とファシリテーションとの関係は，既に現実化している。熟議民主主義にはさまざまな形態があるが，そのなかで「ミニ・パブリックス」と呼ばれる熟議民主主義の実践[1]では，ファシリテーターは，熟議が適切に行われるために大きな役割を果たしている。つまり，ファシリテーション付きの熟議民主主義は，単なる理想ではなく，既に「現実」である。

　このように，熟議民主主義とファシリテーションとの間には，「相性のよさ」がある。それにもかかわらず，これまでの熟議民主主義研究において，ファシリテーションについての考察は，あまり存在しなかった[2]。その理由について，クラウディア・ランドヴェーアは，熟議民主主義の理論家たちは，平等な人びとの間での熟議という理想にこだわるために，「リーダーシップ」への関心が欠落している

---

1) 主に，無策抽出で選ばれた人びとが，あらかじめ定められた特定のテーマについて，当該テーマに関する資料や専門家によるレクチャーなどを踏まえつつ議論する仕組みを指す。ミニ・パブリックスと呼ばれるもののなかにも，いくつかのバリエーションがある。その詳細は，篠原編（2012），ギャスティル & レヴィーン編（2013），柳瀬（2015）などを参照のこと。

2) もちろん，何もないというわけではなく，本章でもいくつかの研究に言及する。その他に，たとえば柳瀬昇は，スタンフォード大学熟議民主主義研究センターによるモデレータ講習会の内容に基づいて，「討論型世論調査」におけるファシリテーター（モデレータ）の役割について詳しく説明している（柳瀬 2015: 83-6）。そこでは，討論型世論調査のモデレータと，通常イメージされるファシリテーターとの違いもよくわかり，興味深い。また，柳瀬は，討論型世論調査と他のミニ・パブリックス（コンセンサス会議，プラーヌンクスツェレ）との比較のなかで，それぞれにおけるファシリテーションの役割の違いについても整理している（柳瀬 2015: 123）。

のだと指摘する（Landwehr 2014: 82）。その上でランドヴェーアは，ファシリテーターについての類型化を試みる。すなわち，ミニ・パブリックスにおける「仲介者（intermediary）」の機能・役割には五つのタイプがある。ファシリテーターは，そのうちの一つであり，「内的包摂と多元主義的な論議の確保」という機能・役割を果たすとされる。

　ランドヴェーアの議論は，熟議民主主義論の立場からファシリテーション／ファシリテーターについての議論を発展させる貴重なものである。しかし，本章の観点からは，問題点も指摘できる。それは，彼女の議論が，ミニ・パブリックスに焦点を絞ったところから始まっていることである。もちろん，熟議民主主義論において，ファシリテーション／ファシリテーターとして，多くの場合，ミニ・パブリックスにおけるそれが（半ば無意識に）念頭に置かれていることは確かである。その意味では，ランドヴェーアの議論が「おかしい」というわけではない。しかしながら，結果的に彼女の議論は，ファシリテーション／ファシリテーターを，デザインされたミニ・パブリックス以外のものも考慮に入れて検討するという枠組みにはなっていない。つまり，そこでは，ファシリテーション／ファシリテーターとミニ・パブリックスに限られない熟議民主主義との関係という問題は等閑視されているのである。

　ただし，近年の研究のなかには，ファシリテーション／ファシリテーターの概念を拡張しようとする動向も見受けられる（Escobar 2019; 徳田 2020）。そこで，本章では，これらの研究も参照しつつ，熟議民主主義とファシリテーションとの関係を，ミニ・パブリックスにおけるそれに限られない形で考察する。第2節で確認するように，熟議民主主義においてファシリテーションは必要である。しかし，この両者の関係は，「デザインされた熟議の場（ミニ・パブリックス）におけるファシリテーションの必要性」にとどまらない。この点を明らかにするために，本章では「熟議システム」と呼ばれるアプローチ（Parkinson & Mansbridge 2012; Elstub et al. 2018; 田村 2017a）を参照する。その上で，第3節でファシリテーション概念が拡張されうることについて，そして第4節では，熟議民主主義とファシリテーションとの間の「緊張関係」を再解釈できることについて論じる。

2　熟議民主主義がファシリテーションを必要とする理由

　本節では，熟議民主主義がファシリテーションを必要とする理由について確認する。「はじめに」で述べたことと一部重複するが，その理由として，次の二つを挙げ

ることができる。第一に，熟議民主主義関与の「魅力のなさ」への対応である。第二に，「主体能力主義」的な熟議概念の再考に役立つことである。以下で順に述べよう。

　まず，第一の理由である，熟議の「魅力のなさ」についてである。一般に，政治に関わることには，「魅力のなさ」がつきまとう（ストーカー 2013; 杉田 2013; 田村ほか 2017: 第 2 章）。なぜなら，政治とは，自分とは異なる利益・意見をもった他者との間で，紛争・対立について，あるいは少なくとも意見が一致しない事柄について，集合的決定を行う活動だからである。このような政治という活動においては，自分とは異なる利益・意見を強固に掲げる他者と直面することで，心理的・時間的負担も大きくなる上に，最終的に自分自身の利益・意見が実現する保証も存在しない。これは，自分個人が欲しいものを購入することや，自分の趣味を楽しむことなどの「個人的」な行為とはまったく異なる「集合的」な行為である [3]。このような意味で，政治に関わることには「魅力がない」といえる。

　この「魅力のなさ」は，とりわけ熟議民主主義によくあてはまる可能性が高い。熟議民主主義においては，自分とは利益や意見が異なる他者に対して，自らの立場を「正当化」するとともに「反省」的であることが求められるからである。しかも，熟議で扱われる問題は，人びとのアイデンティティや信念・信条に関わるものである場合もある。そうだとすれば，正当化と反省性の要請を満たすことは，ますます困難になるように思われる。こうして，人びとの異なりが大きければ大きいほど，熟議を行うことが「負担」「苦痛」と感じられる可能性も高まりうる [4]。したがって，熟議民主主義の活性化のためには，参加者の「負担軽減」が欠かせない。そこでファシリテーションが必要というわけである。

　このような「負担軽減」という関心から，これまでの私は，「ナッジ」に注目してきた（田村 2017a: 第 5 章）。ナッジとは，「選択の自由」を確保しつつ，特定の「望ましい」選択肢を選択されやすくする，というよりも，人びとが「思わず選択してしまう」ような仕組みのことである（セイラー＆サンスティーン 2009; 那須・橋本 2020）。ナッジがこのようなものだとすれば，政治参加，とりわけ熟議民主主義への参加を「思わず選択してしまう」ようなナッジも考えられるのではないだろうか。このよ

---

3) このような政治の理解の仕方について，田村ら（2020）の特に第 1 章を参照のこと。
4) ただし，このことは，そのような状況における熟議民主主義の重要性，という認識と相反するわけではない。「はじめに」でも述べたように，「分断」している人びとの間でも熟議は可能とする研究も多くある。

うな関心に基づいて，私は，「熟議民主主義のためのナッジ」というアイデアを提示し，その具体例として，「公共フォーラム」，くじ引き，レトリック，ベーシック・インカムを挙げてきた。

　この「熟議民主主義のためのナッジ」の一つとして，ファシリテーションを捉えることができると思われる（田村 2020: 134-6）。熟議の場において，ファシリテーターは，アイスブレイク，問いかけ，マーカーと大判の紙への意見やアイデアの書き出しなどの手法を通じて，そこに集まった人びとの熟議を促進しようとする（中野 2017）。ナッジのなかには，セイラーとサンスティーンが「社会的影響」と呼ぶ，他者からの働きかけも含まれる。前段で挙げたもののなかでは，レトリックがこれに相当する。ファシリテーションにおけるアイスブレイクや問いかけなども，社会的影響としてのナッジとして捉えることができると思われる。また，会場の机などのレイアウトも，熟議を促すためのファシリテーションの重要な要素であるが（中野 2017），この要素も，ナッジとしてのファシリテーションという見方に適合的だと思われる。

　もっとも，ファシリテーションを完全にナッジと同一視してよいかどうかは，なおも慎重な検討を必要とする問題である。ナッジがその作用を受ける人に，（良かれ悪しかれ）それとは気づかないうちに，特定の（好ましい）選択を取らせる仕組みだとすれば，ファシリテーションの多くは，その目的が明示的にされているであろうという点において，（良かれ悪しかれ）ナッジの定義にあてはまらない可能性もあるからである。とはいえ，ナッジのなかにも，その目的が明示的なものもある。確かに，セイラー & サンスティーン（2009）が挙げる，ダイエットを推奨するためにカフェテリア形式の食堂で，高カロリーのメニューと低カロリーのメニューの配置を調整することは，その目的が明示的ではないままに特定の選択——低カロリーのおかずを取るという選択——を実現するだろう。しかし，たとえば企業内の「婚活支援」のための「婚活ナッジ」の場合（那須 2020）は，（実際に社員がナッジされるかどうか，また，この種の取り組みの是非はともかくとして）その目的はかなり明示的になるだろう。このようにみてみると，ファシリテーションにおいて，たとえその目的——熟議の促進——が明示的であっても，それがナッジとしての役割を果たすと述べることは，それほど奇妙なことではないといえる。

　以上のことから，適切なファシリテーションは，熟議民主主義の「魅力のなさ」を補完し「負担軽減」を可能にするという点で，熟議民主主義にとって必要なものだということができる。

第Ⅰ部

第Ⅱ部

第Ⅲ部

次に，第二の理由に移ろう。それは，ファシリテーションが「主体能力主義」的な熟議概念の再考に貢献しうる，という点である。ここで主体能力主義とは，熟議を，それを行うための「個人の資質・能力」の観点から捉えようとする考え方を指す。「はじめに」でも述べたように，話し合いを基礎とし，また，正当性と反省性を条件とすることから，熟議民主主義に対しては，人びとに過度の「熟議する能力」（正当化する能力，反省する能力）を求める民主主義という見方がなされることがある。ここから，熟議民主主義の非現実性が導かれる。今日の民主主義は，人びとへの能力要請を最低限にすることによって，すなわち選挙において候補者を選択する「能力」に限定することによって，広範に成り立っているのではないか，というわけである[5]。しかし，そもそも熟議を「個人の能力」に還元することには慎重でなければならない（田村 2018）[6]。特に熟議の正当化において重視される「理性」は，齋藤純一が指摘するように，個人が有するものではなく人びとの「間」にあるものと考えられるからである（齋藤 2012: 182）。また，そのような理性は，熟議のための制度によって確保される側面があるからである（田村 2018: 217-8）。このように，熟議が正当な結論を生み出す「能力」は，個人的なものではなく集合的なものといえる。そうだとすれば，「主体能力主義」的な熟議イメージは再検討されなければならない。

このように考えるならば，ファシリテーションの必要性がみえてくる。ファシリテーションは，さまざまな仕組み・仕掛けを設定することで，人びとに熟議を促す。それは，ナッジがそうであることを期待されるように，各人が「熟議する能力」があろうとなかろうと，思わず話し始めてしまう，人の話を聞いてしまうように促す。ここで問われているのは，熟議参加者の話す／聞く「能力」ではなく，そのような行為を促すための仕掛け・仕組みである。この意味で，ファシリテーションは，熟議民主主義における「主体能力主義」の緩和に貢献しうるのである。

---

5) これは，「自由民主主義」としての民主主義像である。自由民主主義は，民主主義の一つの「モデル」（Held 2006）に過ぎないが，多くの場合，とりわけ冷戦終結後，民主主義＝自由民主主義という理解が広範に共有されてきたと思われる。

6) もちろん，民主主義論のなかには，「個人の能力」を候補者選択の能力に限定して捉えることへの批判も存在する。たとえば，参加民主主義論のなかには，投票に限定されない政治参加を通じて人格的な発展が達成されることを説くものがあるが，この場合には，「個人の能力」のいっそうの発展・開花を擁護しているわけである。

3 熟議システム論に依拠したファシリテーション概念の拡張

　前節では，熟議民主主義にとってのファシリテーションの必要性を確認した。これに対して本節では，初めに，それにもかかわらず熟議民主主義論がファシリテーションに警戒的になる理由を確認し，その上で，その警戒を解除するためにファシリテーション概念の拡張を提案する。

　まず確認しておくべきことは，ファシリテーションに対する熟議民主主義論の「警戒」には理由がある，という点である。ただし，その理由は，「平等な人びとの間での熟議」の理念に反しうるリーダーシップへの警戒心ではない。先に言及したように，ランドヴェーアは，熟議民主主義論者がファシリテーションを無視してきた理由の一つとして，リーダーシップへの関心の欠如を挙げている（Landwehr 2014: 82）。しかし，この理由は，必ずしも説得的とはいえない。なぜなら，熟議民主主義研究のなかにも，リーダーシップへの関心は存在してきたからである。その代表は，ジョン・S・ドライゼクである。彼は市民社会・公共圏での言説の配置を変容させるタイプの熟議民主主義（彼の以前の用語では「言説的民主主義」）の重要性を主張してきたが，その際に，マーティン・ルーサー・キングやネルソン・マンデラらの，しばしばレトリックを用いて異なる立場の人びとをつなぎ合わせる役割に注目してきた（Dryzek 2000; 2010）。

　そうだとすれば，ファシリテーションの無視はリーダーシップへの関心の欠如に由来するというランドウェーアの指摘も，再考されなければならないだろう。第一に，熟議民主主義論がファシリテーションを無視してきたといえるのは，ランドウェーアが熟議民主主義を「デザインされたフォーラム」としてのミニ・パブリックスと同一視しているからかもしれない。言い換えれば，もしも熟議民主主義を，（ドライゼクのように）ミニ・パブリックスを超えて広く捉えるならば，ファシリテーションも視野に入ってくるかもしれない。第二に，他方でファシリテーションへの注目は，熟議民主主義をミニ・パブリックスと同一視する傾向を強めてしまうかもしれない。なぜなら，通常の意味でのファシリテーションは，まさにこのようなフォーラムにおいて——たとえ熟議民主主義論への学問的関心が薄くても——既に行われているものだからである。ランドウェーアは，熟議民主主義論の立場からファシリテーション研究を進めようとするのであるが，その結果は（本人が意図しているかどうかにかかわらず）「熟議民主主義＝ミニ・パブリックス」というイメージを強化することにつながるかもしれない。

　以上のことを踏まえるならば，ファシリテーションへの熟議民主主義論の警戒の理由は，リーダーシップへの警戒ではなく，熟議民主主義をミニ・パブリックスと同一視することへの警戒として理解するべきである。もしも熟議民主主義を——ドライゼクのように——より広く理解するならば，ファシリテーションの積極的な役割もみえてくる可能性がある。

　ただし，その際には，当のファシリテーション概念は，拡張される必要がある。標準的な意味での「ファシリテーション」は，その場としてミニ・パブリックスを念頭に置いたものだからである。ファシリテーション概念拡張のための手がかりとして，本節で参照したいのは熟議システム論である（Dryzek 2010; Dryzek et al. 2019; Elstub et al. 2018; Hendriks et al. 2020; Parkinson & Mansbridge 2012; 田村 2017a; 2019a）。熟議システム論は，熟議民主主義＝ミニ・パブリックスという理解を見直そうとする代表的な研究動向である。その特徴の一つは，熟議民主主義を，一つの特定の場や実践にではなく，さまざまな場や実践の連関＝システムに見出していこうとする点にある。たとえば，ミニ・パブリックスを取り上げる場合でも，熟議システム論では，そのなかでの熟議のプロセスや結果だけでなく，一方の政府・国家との関係，他方の公共圏・社会，さらには親密圏や家族との関係に注目することになる。また，熟議システム論では，通常は熟議とはみなされない場や実践，たとえば抗議運動やアドボカシー活動などをも，ある「熟議システム」の要素の一つとして，熟議民主主義論の立場から位置づけようとする[7]。

　この熟議システム論を応用して，以下ではファシリテーション概念の拡張を試みたい。基本的な考え方は，個別のフォーラム／ミニ・パブリックスにおけるファシリテーションから，よりマクロな「システム」の次元での「ファシリテーション」へ，というものである。すなわち，システム的な次元における熟議を促進するための取り組み・仕組み・仕掛けを，「システム的な次元でのファシリテーション」として概念化するのである[8]。

---

7) さらに私自身は，私的領域，とりわけ親密圏や家族をも一つの熟議システムとしてとらえる見方を提示してきた。田村（2019b）を参照。

8) 徳田太郎も，熟議システム論に依拠することで次のように論じている。「制度的なミニ・パブリックスにおける，制度的なファシリテーターだけがファシリテーターではない。本人はそう名乗っておらず，そのように認識もしていないだろうが，様々な熟議的コミュニケーションの場を生成していくことで，システム全体として包摂的な参加と言説の多元性を促進しているならば，彼／彼女らの言動は，システムとしてファシリテーション機能を果たしているのである」（徳田 2020: 129. 傍点による強調は原文）。

それはどのようなものだろうか。「システム的な次元でのファシリテーション」の事例として，ここでは試論的に三つのものを挙げてみたい。第一に，ドライゼクが注目した，「熟議的レトリック」を用いて，異なる立場にある人びとを架橋的に結びつけていくような政治リーダーである。ドライゼクによれば，キング牧師は，アメリカ公民権運動において，独立宣言を参照することで，黒人サイドの「公民権」を求める言説と，白人サイドの「リベラルな普遍主義的」言説とを結びつけ，運動を成功に導いた。マンデラも，反アパルトヘイト団体のアフリカ民族会議の指導者クリス・ハニが暗殺された時に，ハニを「平和の戦士」として称えることで，反アパルトヘイトの「闘争」から「暴力」による対抗を切り離し，非暴力的な闘争を訴えることに成功した（Dryzek 2010: Chapter 4）。

第二に，リカルド・F・メンドンサのいう「連関性誘導者（inducers of connectivity）」である。先に述べたように，熟議システム論では，さまざまな場や実践の連関に注目する。メンドンサは，ある熟議システム[9]におけるそうした連関は自明ではなく，それが損なわれる潜在的危険性が存在すると述べ，これを「システム的な危険性」と呼ぶ。このシステム的な危険性には，次の三つのものが含まれる（Mendonça 2018: 36–39）[10]。第一に，政治アクターの間の力の非対称性を強化してしまう危険性である。分析の際にさまざまな領域やアクターを考慮に入れていくことは，熟議システム論のメリットとされることである。しかし，その結果として，「システム」のさまざまな次元を横断して影響力を行使できるほど強力ではないアクターの存在が，かえって不可視化されてしまう可能性があるというのである。第二に，意思決定者の恣意的な権力がさらに拡張される危険性である。問題は，システム的に見ることで，意思決定の正統性が生まれるプロセスが拡散しルーズなものになっていく可能性があることである。そのことによって，特定の立場を支持する言説が，（本当はそうではないかもしれないのに）あたかも正しい熟議的な意見形成のプロセスを経たものであるかのようにみなされる可能性が生じる。その結果，意思決定者は，自分に都合

---

9) 熟議システム論では，ある「システム」が「熟議」システムであるためには，いくつかの構成要素が必要だとされる。ドライゼクらの最も新しい定式化では，その構成要素として，「決定権限を付与された空間（empowered space）」，「公共空間（public space）」，両者の「混合空間（hybrid space）」，（公共空間から決定権限を付与された空間への）「伝導（transmission）」，（決定権限を付与された空間から公共空間への）「アカウンタビリティ（accountability）」，そしてシステム全体の「反省性（reflexivity）」が挙げられている（Dryzek et al. 2019: 47–48）。

のよい言説を恣意的に動員することによって，自らの恣意的な権力行使を正統化し強化してしまうかもしれない。第三に，複数の言説的なダイナミクスに注意を払わなくなったり，無視したりする危険性である。ある言説の表出はそれを取り囲む文脈と密接に結びつくことでそれぞれの「アリーナ」を形成すると考えられる。問題は，これらの異なる言説のアリーナが両立不可能である可能性である。この両立不可能性の結果として，特定の感覚や世界観が（アリーナ間で）翻訳不可能なものとして不可視化されてしまうかもしれない。

　これらの「システム的危険性」を回避・緩和するために必要なこととして，メンドンサは「様々な言説領域の間の連関性強化」を主張する（Mendonça 2018: 39–40）。ここで提案されるのが，「連関性誘導者」の概念である。その例として挙げられるのは，官僚・行政職員，メディア，そしてアクティビストである[11]。官僚・行政職員は，熟議の場の立ち上げやそこでの熟議の結果の整理に関わることで，さまざまな熟議の場を結びつけるための役割を果たしうる。メディアは，そのさまざまな領域に浸透する性質によって，（必然的にとはいえないにしても）「社会的に共有された基盤の形成」に貢献しうる。そしてアクティビストは，公式・非公式のさまざまな議論の場を縦横無尽に動き回ることによって，連関性を作り出すかもしれない（Mendonça 2018: 41–47）[12]。以上のような「連関性誘導者」は，まさにシステムレベ

---

10) 本文で紹介する三つの「システム的な危険性」が，本当に熟議システム論の問題点であるのかどうかについては，判断を留保しておきたい。熟議システム論は，あくまで「アプローチ」ないし「視座」であるが，メンドンサの挙げる諸事例は，実体としての「システム」は政治過程における問題という性格が強いように思われるからである。たとえば，一点目として挙げられる，現実の政治過程において特定の強力なアクターの影響力がさまざまな領域を横断してさらに強化される一方で，元々強力なわけではないアクターの影響力がさらに弱体化されるということは，現実の政治過程においてありうる。しかし，そのような実際の政治過程におけるアクター間の影響力の格差拡大・非対称性が「熟議システム論」に内在的な問題なのかというと，疑問が残る。熟議システム論の視座から，そのような格差拡大・非対称性を明らかにする，ということもありうるだろう。それでも，システム的危険性，すなわち，ある「システム」の構成要素の間の連関性が損なわれる可能性に注目すべきという，メンドンサの指摘そのものは重要である。なぜなら，「熟議システム」というものは，「自然に存在しているものではなく，常にあるいは既にそこにあるものとして考えることはできない」からである。だからこそ，「異なる熟議的なモメントあるいは場面を連関させる」ことが重要になるというわけである（Mendonça 2018: 40）。

11) ただし，メンドンサは，テクノロジー，ルール，制度設計，政治文化なども，連関性を増進するように作用しうる，とも述べている（Mendonça 2018: 40）。

ルのファシリテーションの一例といえるだろう。

　最後に，「システム的な次元でのファシリテーション」の第三の事例は，社会レベルで人びとが熟議に関わるための支援となるような仕組みや仕掛けを増やしていくことである。たとえば，もしも社会的・経済的不平等が人びとの政治的平等や参加の程度あるいは意見の影響力の多寡に影響しうるとすれば [13]，社会的・経済的不平等を是正するための政策をも，「システム的な次元でのファシリテーション」として捉え直していくことができるかもしれない。これはやや迂遠な議論にみえるかもしれない。しかし，社会保障を，政治的平等を実現するための条件として捉える議論は存在する。たとえば，ジョン・ロールズによる財産所有民主主義の提案がある（ロールズ 2004: 241-250）。また，ベーシック・インカムを民主主義の条件として捉える議論も，ここに含まれる（Pateman 2006; 田村 2011; 田村 2017a: 第 3 章）。ファシリテーションという用語が，熟議の場そのものの設計を想起させることは確かである。しかし，ファシリテーションをシステム的な次元で考えるならば，熟議の場そのものの設計に関係するのではない制度や仕組みをも，「ファシリテーション」として捉えていくことが可能になるだろう [14]。

4　「緊張関係」の再検討

　前節で論じたように，熟議民主主義をミニ・パブリックスと同一視する理解を見直し，ファシリテーション概念を拡張することで，熟議民主主義論はファシリテー

---

12) たとえば，徳田がエレーヌ・ランデモアの指摘を手がかりとしつつ描き出す，「いばらき原発県民投票の会」の活動は，こうした「連関性誘導者」としてのファシリテーションのあり方をよく示しているように思われる（徳田 2020: 131-6）。

13) たとえば，ダールによる多元主義論への（自己）批判は，この観点からのものであった（ダール 1988）。

14) これまでの私は，ここで述べた政治的平等のために社会的・経済的不平等を是正するような政策のことを，「条件」あるいは「ナッジ」として捉えてきた。とりわけ，ナッジについては，本章第 1 節でも述べたように，ベーシック・インカム（社会保障政策）とファシリテーションとを，「熟議民主主義のためのナッジ」のバリエーションとして捉えてきた（田村 2020）。その際に念頭に置いていたファシリテーションはミクロレベルのものであったため，社会保障政策と区別することは適切かもしれない。しかし，「システム的な次元」ではどうだろうか。このように考えると，ナッジとファシリテーションとの関係についても再考が必要になってくるように思われるが，本章ではそれを行う余裕がない。他日を期したい。

ションに対する「警戒」を完全に解除することができるだろうか。本節では，それでもなお残る熟議民主主義とファシリテーションとの間の「緊張関係」について論じたい。

　ただし，ここで論じる緊張関係の中心は，「強制と制約のない自由なコミュニケーション」とファシリテーションとの間の緊張関係ではない。これは，熟議民主主義論の観点からは想起されやすい緊張関係ではある。たとえば，アルフレッド・ムーアは，熟議におけるファシリテーションにともなう緊張関係を，「指導的立場から従うこと（following from the front）」と定式化している。これは，ファシリテーターは，熟議を行うグループのなかでリーダーシップをとる地位を占めつつ，しかし，そのグループが展開する議論には従わなければならない，ということを指している（Moore 2012: 147）。この「指導的立場から従うこと」に由来する核心的問題は，熟議の実践においては議論を発生させるために（リーダーシップを発揮して）介入するアクターが必要であるにもかかわらず，熟議民主主義の理論では，「理想的な熟議」を強制，抑圧，不平等の欠如という観点から捉えている，ということである（Moore 2012: 149）。原理的に考えれば，介入的なファシリテーションの存在は，熟議の理想に反し，熟議を通じた参加者の（意見の）排除にもつながる，ということになるだろう。

　このムーアの議論は，熟議民主主義とファシリテーションとの緊張関係の一つを明確に提示している[15]。ただし，彼の議論は，ミニ・パブリックスとしての熟議民主主義とファシリテーションとの間の（緊張）関係に焦点をあてたものである。そのため，前節での議論のように熟議システム論に依拠してファシリテーションをよりマクロなレベルで捉え直した場合には，どのような「緊張関係」が存在しうるか，という問題に直接答えるものではない。

　とはいえ，「指導的立場から従うこと」にともなう緊張関係は，マクロなレベルでも考えることができる。たとえば，先に言及したドライゼクの熟議的レトリックを用いる政治リーダーの場合をみてみよう。「政治リーダー」であることで，既にこの議論には「指導的立場から従うこと」の緊張関係が内在している。さらに，レトリックは，元来，話し手から聞き手への一方向的（独白的）な性質をもつコミュニケーション様式である（Chambers 2009）。そうだとすると，レトリックの行使に

15）なお，ムーア自身の立場は，「指導的な立場から従うこと」は，実践において対応不可能な問題ではない，というものである。すなわち，確かにファシリテーションと熟議の理想との間には「緊張関係」が存在するが，熟議の場の慎重なデザインによって，問題の最悪の形での顕在化を回避することはできる，というわけである（Moore 2012）。

は，操作や強制の危険性が少なくとも潜在的にはともなっているということになる。もちろん，ドライゼク自身もそのような「危険性」を認識しているがゆえに，「熟議的」レトリックという用語を用いている。この熟議的レトリックの用語は，まさにレトリックの行使の「指導的立場から従うこと」にともなう緊張関係を表現しているといえるだろう。このように，「指導的立場から従うこと」にともなう緊張関係は，マクロなレベルでファシリテーションを考え直した場合にもあてはまる。

　このことを確認した上で，以下では，より直接的に熟議システム論を応用した形で，熟議民主主義とファシリテーションとの「緊張関係」の再定式化を試みたい。それは，ミクロレベルの熟議の場でのファシリテーションと，マクロレベルでの熟議民主主義あるいはファシリテーションとの間の緊張関係である。論理的には，両者が「緊張関係」にある場合として，①「ミクロな非熟議とマクロな熟議」，②「ミクロな熟議とマクロな非熟議」という二つのパターンを考えることができる。より具体的な表れ方として，少なくとも以下で述べる三つの場合を想定することができるだろう。第一の緊張関係の表れ方が①「ミクロな非熟議とマクロな熟議」の事例であり，第二・第三の表れ方が②「ミクロな熟議とマクロな非熟議」の事例である。

　第一の表れ方は，個別の熟議の場でのファシリテーションが十分ではないがゆえに，「システム」レベルでの熟議が活性化する，という場合である。具体的には，ワークショップ等のミクロな場での熟議に満足できなかったがゆえに，その参加者たちが，その他の制度や実践に熟議の場を求めたり，あるいは，広く市民または政府に対して抗議運動の形で問題提起を始めたりするという場合である。こうした既存の制度に対するオルタナティブな活動，とりわけ抗議運動は，それ自体は「熟議的」とは呼べない場合もあるかもしれない。しかし，熟議システム論の観点からは，個別には非熟議的な活動も，既存の規範や政策を見直すための役割を果たしうるならば，「システム」が熟議的であるための重要な要素として捉えることができる[16]。

　第二の緊張関係の表れ方は，第一の場合とは逆に，個別の熟議の場でのファシリテーションの「成功」とマクロな「システム」レベルでの熟議の欠如との組み合わせ，という場合である。これは，一見したところではあまりありそうもないケースのようにみえるが，考えられないわけではない。たとえば，個別の熟議の場への参

16）ただし，抗議運動だからといって必然的に「非熟議的」というわけではない。抗議運動が，しばしばその内部で積極的に熟議を行なっていることについては，たとえばdella Porta & Rucht（2013）を参照のこと。

加と，そこでのファシリテーションの結果としての「素晴らしい」議論のおかげで「満足」や「達成感」を得てしまい，そこで関心や動機づけが止まってしまう場合が考えられる。通常，ミニ・パブリックスの提唱者たちは，何らかの形でそこでの熟議の結果が波及的に社会または政府へと影響を及ぼすことを期待している。たとえば，ブルース・アッカマンとジェイムズ・フィシュキンは，彼らが提唱する「熟議の日」（国政選挙の2週間前に設けられるべきとされている）について，「熟議の日に始まる市民間の会話は選挙日までの向こう2週間にわたって続いていき，熟議の日への参加を見合わせた数千万人の有権者に影響を及ぼすだろう」と書いている（アッカマン & フィシュキン 2014: 30）。これに対して，ここで第二の緊張関係として述べているのは，熟議が行われる場の外部へと熟議の効果が波及しないケースである[17]。

　第三の緊張関係の表れ方は，ミクロレベルでのファシリテーションへの関心の集中が，マクロレベルでのファシリテーションの軽視につながる場合である。たとえば，ミクロレベルの個別の場でのファシリテーションによって人びとは十分に熟議できるのだから，前節で述べたような，マクロレベルでの人びとの政治的平等のためのファシリテーションは必要ない，といった主張が導かれる場合が考えられる。民主主義理論の立場からみれば，たとえ個別の場において，その参加者たちが平等に扱われ，その結果としてそれなりに「よい」熟議が行われたとしても，そのことが社会全体での民主主義の実現につながるとは限らない。実際，シモーネ・チェンバースは，「熟議民主主義は大衆民主主義を放棄してしまったのか？」という副題をもつ論文で，熟議の場としてのミニ・パブリックスへの関心を高める熟議民主主義論について鋭い批判を行なった（Chambers 2009）。特定の場でのみ熟議をうまく行うことができれば，社会全体では熟議がなくても構わないと言いきる熟議民主主義

17）「権威主義的熟議」概念の提案も，この第二のパターンの一種として理解することができるかもしれない。バオガン・ホーとマーク・ウォーレンによって提起されたこの概念は，「熟議」と「民主主義」とを概念的に切り離し，「民主主義的ではない熟議」もありうることを明らかにするものである（He & Warren 2011）。権威主義的熟議は，「統治者が選択や政策形成を行う際の手段として熟議を利用するが，その影響が及ぶ人びとに制度化された民主主義的権力の配分は行わない」場合に発生しうる（He & Warren 2011: 271-272）。彼らが主に想定している中国の事例がそうであるように，この概念の最も典型的なイメージは，政治体制レベルでの非民主主義（権威主義）と，ローカルなレベルでの熟議（を用いた（体制に関わらない）諸課題の解決）という組み合わせであろう。したがって，権威主義的熟議の基本イメージを，ミクロレベルの熟議とマクロレベルの非熟議として捉えることは可能であると思われる。

論者は，ほとんどいないだろう。しかし，ミクロへの関心がマクロレベルへの関心を相対的に希薄化させる可能性は存在するのである。

5　おわりに

　本章では，ファシリテーションと熟議民主主義との関係について検討した。熟議民主主義がファシリテーションを必要とする理由は，確かに存在する。ファシリテーションは熟議の「魅力のなさ」を緩和し，「主体能力主義」的な熟議理解の見直しに貢献しうる（第2節）。それにもかかわらず，熟議民主主義には，ファシリテーションに対して警戒的になる理由も存在する。それは，通常のファシリテーション概念には，熟議民主主義をミニ・パブリックスと同一視してしまう可能性がある，ということである。したがって，第3節では，熟議システム論を参照しつつ，ファシリテーション概念の拡張を提案した。それは，ファシリテーションを，個別のミクロな熟議の場におけるそれとしてではなく，マクロな＝システム的な次元で熟議を促進するための取り組み・仕組み・仕掛けとして捉え直すという提案である。しかしながら，このことによって熟議民主主義とファシリテーションとの間の緊張関係が完全になくなるというわけではない。第4節では，熟議システム論に依拠した形で，熟議民主主義とファシリテーションとの間の緊張関係を再定式化することを試みた。ミクロレベルにおける熟議をファシリテーションで活性化することは，必ずしもマクロなレベルでの熟議民主主義にはつながらないかもしれない。また，ミクロなレベルでのファシリテーションの「失敗」が，結果的によりマクロなレベルでの熟議的な活動の活性化につながるかもしれない。このようにして，本章では，「熟議民主主義とファシリテーション」という問題の見方，接近方法を多様化することを試みた。

　本章では，通常の意味でのファシリテーションを特定の熟議の場でのそれと想定した上で議論を進めた。しかし，ファシリテーション概念の「拡張」は，ファシリテーションの実践者のなかでも試みられているようである。たとえば，中野民夫は，近年の著作においてファシリテーション概念の拡張を試みている。それは，「会議やワークショップ，組織変革など従来の枠を超えて，自分・自然・社会とのつながりを育むファシリテーション」という構想である（中野 2017: 125）。このようなファシリテーションは，各自の「生きる力」を獲得する「本当の学び」を実現するものとされる。最後に，中野の（最近の）ファシリテーション論との簡単な比較を行う

ことによって，本章を閉じることにしたい。

　中野の議論には，本章の議論との共通点がある。本章では熟議システム論への依拠によって，ファシリテーションを論じる際に諸要素の連関に注目するべきことを述べたが，中野におけるファシリテーション概念の拡張も，異なる要素の「つながり」を重視するものである。また，本章では熟議民主主義とファシリテーションとの緊張関係を強調したが，中野も「ファシリテーションのジレンマ」を指摘している。それは，ファシリテーションへの慣れ・依存ゆえに，「娑婆の世界でたくましくやり抜いていく力をかえって弱めてしまう」かもしれないということである（中野 2017: 166）。これは，本章第3節で挙げた緊張関係のなかでは，ミクロレベルでのファシリテーションの成功が，マクロなシステムレベルでの熟議の程度を弱めることにつながる，というタイプのそれと類似している。

　その上で，本章の議論と中野の議論との間に違いがあるとすれば，それは「目的としての自己・主体の発展」という議論を含めるかどうか，という点にあると思われる。「生きる力」と述べられているように，中野のファシリテーション論の最終的な目的は，各自の人間的な発展である。これに対して，本章では，「主体能力主義」的な熟議理解への疑義を呈したことからも窺われるように，熟議の目的として人間的・主体的発展を想定していない。もっとも，民主主義論だから自己・主体の発展という視点がない，というわけではない。民主主義論のなかには，参加を通じた人間的発展を，参加の正当化根拠とするものもあるからである。つまり，人間的・主体的発展の問題は，（熟議）民主主義論にとっても論争的な問題である。そのなかで，本章は，あえて人間的・主体的発展を組み込まない立場をとっている。政治，およびその一形態としての民主主義は，複数の人びとの間に発生する紛争・問題を，その人びとが納得できる形で解決するための営みである（田村ほか 2020）。そのような営みに関わることによって，何らかの人間的発展を遂げる人も出てくるかもしれない。しかし，政治の目的は，あくまで人びとの間で発生する紛争・問題の解決，そのために意思決定を行うことである。そのなかで仮に人間的発展を遂げる人が出てきても，それは付随的な結果に過ぎないのである。

【引用・参考文献】

アッカマン, B. & フィシュキン, J.／川岸令和・谷澤正嗣・青山　豊［訳］(2014).『熟議の日――普通の市民が主権者になるために』早稲田大学出版部 (Ackerman, B., & Fishkin, J. S. (2004). *Deliberation day*. Yale University Press.)

ギャスティル, J. & レヴィーン, P.［編］／津富　宏・井上弘貴・木村正人［監訳］(2013).『熟議民主主義ハンドブック』現代人文社 (Gastil, J., & Levine, P. (eds.). (2005). *The deliberative democracy handbook: Strategies for effective civic engagement in the twenty-first century*. Jossey-Bass.)

齋藤純一 (2012).「デモクラシーにおける理性と感情」齋藤純一・田村哲樹［編］『アクセス デモクラシー論』日本経済評論社, pp.178–199.

篠原　一［編］(2012).『討議デモクラシーの挑戦――ミニ・パブリックスが拓く新しい政治』岩波書店

杉田　敦 (2013).『政治的思考』岩波書店

ストーカー, G.／山口二郎［訳］(2013).『政治をあきらめない理由――民主主義で世の中を変えるいくつかの方法』岩波書店 (Stoker, G. (2006). *Why politics matters: Making democracy work*. Palgrave.)

セイラー, R. & サンスティーン, C.／遠藤真美［訳］(2009).『実践 行動経済学――健康, 富, 幸福への聡明な選択』日経BP社 (Thaler, R. H., & Sunstein, C. R. (2008). *Nudge: Improving decisions about health, wealth, and happiness*. Yale University Press.)

ダール, R. A.／内山秀夫［訳］(1988).『経済デモクラシー序説』三嶺書房 (Dahl, R. A. (1985). *A preface to economic democracy*. University of California Press.)

田村哲樹 (2008).『熟議の理由――民主主義の政治理論』勁草書房

田村哲樹 (2011).「男性稼ぎ手型家族を基礎とした福祉国家からどのように脱却するのか？――ベーシック・インカム, 性別分業, 民主主義」田村哲樹・堀江孝司［編］『模索する政治――代表制民主主義と福祉国家のゆくえ』ナカニシヤ出版, pp.271–294.

田村哲樹 (2017a).『熟議民主主義の困難――その乗り越え方の政治理論的考察』ナカニシヤ出版

田村哲樹 (2017b).「熟議民主主義論――熟議の場としての市民社会」坂本治也［編］『市民社会論――理論と実証の最前線』法律文化社, pp.20–38.

田村哲樹 (2018).「「主体的」ではない熟議のために――予備的考察」村田和代［編］『話し合い研究の多様性を考える』ひつじ書房, pp.211–226.

田村哲樹 (2019a).「熟議民主主義における「正しさと政治」とその調停――熟議システム論を中心に」田畑真一・玉手慎太郎・山本　圭［編著］『政治において正しいとはどういうことか――ポスト基礎付け主義と規範の行方』勁草書房, pp.75–101.

田村哲樹 (2019b).「熟議システムとしての家族」田村哲樹［編］『日常生活と政治――国家中心的政治像の再検討』岩波書店, pp.14–32.

田村哲樹 (2020).「熟議をナッジする？」那須耕介・橋本　努［編著］『ナッジ！？――自由でおせっかいなリバタリアン・パターナリズム』勁草書房, pp.125–150.

田村哲樹・近藤康史・堀江孝司 (2020).『政治学』勁草書房

田村哲樹・松元雅和・乙部延剛・山崎　望（2017）．『ここから始める政治理論』有斐閣

徳田太郎（2020）．「対話／熟議の場を生成するファシリテーション」『総合人間学 14　いのちのゆれの現場から実践知を問う』本の泉社，pp.110-140.

中野民夫（2017）．『学び合う場のつくり方——本当の学びへのファシリテーション』岩波書店

那須耕介（2020）．「ナッジはどうして嫌われる？——ナッジ批判とその乗り越え方」那須耕介・橋本　努［編著］『ナッジ！？——自由でおせっかいなリバタリアン・パターナリズム』勁草書房，pp.45-74.

那須耕介・橋本　努［編著］（2020）．『ナッジ！？——自由でおせっかいなリバタリアン・パターナリズム』勁草書房

待鳥聡史（2015）．『代議制民主主義——「民意」と「政治家」を問い直す』中央公論新社

柳瀬　昇（2015）．『熟慮と討議の民主主義理論——直接民主制は代議制を乗り越えられるか』ミネルヴァ書房

ロールズ, J.／ケリー, E.［編］／田中成明・亀本　洋・平井亮輔［訳］（2004）．『公正としての正義 再説』岩波書店（Rawls, J., & Kelly, E.（ed.）（2001）．*Justice as fairness : A restatement*. Belknap Press of Harvard University Press.）

Chambers, S.（2009）. Rhetoric and the public sphere: Has deliberative democracy abandoned mass democracy? *Political Theory, 37*(3), 323–350.

Curato, N., Dryzek, J. S., Ercan, S. A., Hendriks, C. M., & Niemeyer, S.（2017）. Twelve key findings in deliberative democracy research. *Dædalus, 146*(3), 28–38.

della Porta, D., & Rucht, D.（eds.）（2013）. *Meeting democracy: Power and deliberation in global justice movements*. Cambridge University Press.

Dryzek, J. S.（2000）. *Deliberative democracy and beyond: Liberals, critics, contestations*. Oxford University Press.

Dryzek, J. S.（2010）. *Foundations and frontiers of deliberative governance*. Oxford University Press.

Dryzek, J. S., Bowman, Q., Kuyper, J., Pickering, J., Sass, J., & Stevenson, H.（2019）. *Deliberative global governance*. Cambridge University Press.

Elstub, S., Ercan, S. A., & Mendonça, R. F.（eds.）（2018）. *Deliberative systems in theory and practice*. Routledge.

Escobar, O.（2019）. Facilitators: The micropolitics of public participation and deliberation. In: S. Elstub, & O. Escobar（eds.）*Handbook of democratic innovation and governance*. Edward Elgar, pp.178–195.

He, B., & Warren, M. E.（2011）. Authoritarian deliberation: The deliberative turn in Chinese political development. *Perspectives on Politics, 9*(2), 269–289.

Held, D.（2006）. *Models of democracy*（3rd edition）. Polity.

Hendriks, C. M., Ercan, S. A., & Boswell, J.（2020）. *Mending democracy: Democratic repair in disconnected times*. Oxford University Press.

Landwehr, C.（2014）. Facilitating deliberation: The role of impartial intermediaries in deliberative mini-publics. In: K. Grönlund, A. Bächtiger, & M. Setälä (eds.), *Deliberative mini-publics: Involving citizens in the democratic process*. ECPR Press, pp.77–92.

Mendonça, R. F. (2018). Mitigating systemic dangers: The role of connectivity inducers in a deliberative system. In: S. Elstub, S. A. Ercan, & R. F. Mendonça (eds.), *Deliberative systems in theory and practice*. Routledge, pp.33–52.

Moore, A. (2012). Following from the front: Theorizing deliberative facilitation. *Critical Policy Studies, 6*(2), 146–162.

Parkinson, J., & Mansbridge, J. (eds.) (2012). *Deliberative systems: Deliberative democracy at the large scale*. Cambridge University Press.

Pateman, C. (2006). Democratizing citizenship: Some advantages of a basic income. In: E. O. Wright (ed.), *Redesigning distribution: Basic income and stakeholder grants as alternative cornerstones for a more egalitarian capitalism*. Verso, pp.83–98.

Steiner, J., Jaramillo, M. C., Maia, R. C. M., & Mameli, S. (2017). *Deliberation across deeply divided societies: Transformative moments*. Cambridge University Press.

Warren, M. E. (1996). What should we expect from more democracy?: Radically democratic response to politics. *Political Theory, 24*(2), 241–270.

第Ⅰ部

第Ⅱ部

第Ⅲ部

コラム 2：「熟議」との出会い ─────────────

田村哲樹

公共性への関心 ─────────────

　私が「熟議」を意識しはじめたのは，大学院を終えた 2000 年前後です。1999 年 3 月に博士後期課程を修了して，博士論文（『国家・政治・市民社会——クラウス・オッフェの政治理論』青木書店，2002 年として刊行）の次の研究をどうするか考えていました。

　名古屋大学法学部の政治学は，もともとマルクス主義のメッカでした。学部時代のゼミの先生は，やはりマルクス主義の政治学で著名だった田口富久治先生です。田口先生は，マルクス主義の再検討という観点から，アンソニー・ギデンズにも関心をもっていました。私自身も同じような関心から，大学院では，クラウス・オッフェを取り上げました。オッフェは，国家論・福祉国家論で有名ですが，労働社会学や社会運動研究なども行なっている人です。「deliberative democracy」という言葉はオッフェの 1990 年代後半の論文にも出てきますが，当時はあまり意識していませんでした。

　私は，元々は思想や理論に関心があったわけではありません。しかし，大学院在籍中に，次第に思想・理論っぽいことに傾斜するようになり，大学院修了後は，よりそちらの方向に進むことになりました。最初は公共性や，公／私の区別などに興味をもっていました。齋藤純一先生の『公共性』（岩波書店，2000 年）が出た頃で，そういうテーマが盛んに議論されていたからかもしれません。また，フェミニズムへの関心もありました。こうした関心と民主主義論への関心が重なって，「deliberative democracy」への興味が相対的に高まってきました。『熟議の理由——民主主義の政治理論』（勁草書房，2008 年）の前半の第 4 章までが，大学院を出て任期付き講師だった 1999 年から 2001 年にかけて書いた論文です。その書き出しは，かなりオッフェを意識したものになっていて，なぜ「deliberative」に引っかかったのかは，当時あまり自覚がありませんでした。

コミュニケーションによる秩序形成への関心 ─────────────

　それらの論文を書いていた頃，数土直紀さんの『理解できない他者と理解されない自己——寛容の社会理論』（勁草書房，2001 年）が出ました。この本がすごくピンと来ました。ただ，ピンと来たときにはもとの原稿は書いていたので，論文執筆で直接影響を受けたとはいえません。それでも，近い時期だったことは確かです。「どうして秩序が成り立っているのか」という問題に

ついて,「理解できない他者とどうやっていくか」から考えて,コミュニケーションや話し合いが重要なのではないかと強く思うようになりました。だから数土さんの議論にピンと来たのでしょう。それが数土さん自身の「コミュニケーション」や「話し合い」の理解と同じかどうかは別にして。

　そのような関心のもち方が政治学的なのか社会学的なのかはわかりませんが,要するに,いわゆる「秩序問題」的な関心があったのです。大学院時代の指導教員の小野耕二先生は,マルクス主義への関心をもちつつも,院生のときはタルコット・パーソンズ,大学院を出た後はニクラス・ルーマンの研究に取り組んだ人でした。これにはマルクス主義の対抗理論の研究という動機が恐らくあったのだと思います。そして,今思えば,マルクス主義もシステム理論も,秩序の成立への関心を共有しています。そういうわけで,私は,秩序形成も政治学の課題になると思っていました。ただ,政治学では,秩序を成り立たせるものとして,ある種の強制力に目を向けるのが一般的です。しかし私の関心は,強制力ではない,コミュニケーションや話し合いによる秩序形成にありました。熟議民主主義論もそういうものとして最初はみていました。

「熟議」への理論的・学問的関心から社会的関心の高まりへ

　熟議民主主義論は,日本では1999年から2000年頃に,ハーバーマス研究を除けば,主には法哲学の人たちが議論し始めたのだと思います。たとえば,1999年2月に刊行された井上達夫・松浦好治・嶋津格編『法の臨界[Ⅰ]法的思考の再定位』(東京大学出版会)のなかで,何人かの研究者が「熟議」「審議」「討議」について書いています。この本によって,私の「熟議」への関心が,かなりはっきりしてきたのではないかと思います。ちなみに,「deliberative」に「熟議」という訳語をあてたのは,この本の編者の一人でもあった法哲学の井上達夫さんです。

　この頃の熟議民主主義への関心は,基本的には法哲学や政治哲学の議論としてのものでした。ただ,欧米では,「討論型世論調査(deliberative polling)」など,具体的な話し合いの実践・制度が熟議民主主義のそれとして注目されるようになりつつありました。

　その後,公共性や公／私区分についての論文も書いていましたが(『政治理論とフェミニズムの間』昭和堂,2009年に収録),自分のなかでは熟議民主主義がだんだん大きな柱になっていきました。特に,ジョン・S・ドライゼクの *Deliberative democracy and beyond: Liberals, critics, contestations* (Oxford University Press, 2000)からは,大きな刺激を得ました。おかげで,後に彼の

ところで在外研究を行うことになりました。私が，私的領域も含めた非制度的な場での熟議を重視するのは，フェミニズムに加えてドライゼクの影響が大きいと思います。

　同じ頃，熟議民主主義論は，日本でも理論面だけでなく実践面でも注目を集めるようになってきました。篠原一先生が『市民の政治学』（岩波新書）を出したのが 2004 年です。この本のなかで，さまざまな熟議民主主義の制度（のちに「ミニ・パブリックス」という呼称が広まります）が詳しく紹介されました。この本を受けて，市民討議会を自治体レベルで実施していこうという動きも出てきました（篠藤明徳先生など）。また，民主党（当時）が「熟議」を掲げるようになりました。このようにして，熟議の実践面が追いついてきたので，自分のやっていることが狭義の学問以外のところにも引っかかるようになってきました。『熟議の理由』が出たのもそういうタイミングだったので，思いがけず，実務や実践の人たちにも読まれたようです。

第Ⅲ部

ファシリテーションを
相対化し，実践と向き合う

07 国策アクティブ・ラーニングの何が問題か

新書『アクティブラーニング』のその後を語る

小針 誠×井上義和

1 はじめに：新書『アクティブラーニング』はどう読まれたか

井上：本日はどうぞよろしくお願いします。つい先日，原清治・山内乾史編『教育社会学』(ミネルヴァ書房，2019 年 12 月 20 日刊) をご恵贈頂き，ありがとうございました。せっかくですので，小針さんが同書で分担執筆された第 14 章「カリキュラム改革の社会学」から話を始めたいと思います。章末の【さらに学びたい人のための図書】のなかで，ご自身の新書『アクティブラーニング──学校教育の理想と現実』(講談社，2018 年) を挙げて，次のように述べています。

> 本書は，教育学者からも，アクティブラーニングの批判書として誤読されている。著者の真意は，歴史上のアクティブラーニング型の実践の「意図せざる結果」を考察し，今次の改革を見直し，検討に向けた一助とすべきだということだったのだが……。

ではまず，この「誤読」問題から語っていただきたいと思います。

小針さんの真意は，「歴史上のアクティブラーニング型の実践の「意図せざる結果」を考察」(前出) する点にあるわけですが，それは教育方法としてのアクティブラーニングの否定を意味しません。どのような教育方法がよいかは現場の教師の判断に委ねるべきである，という小針さんの立場は，その最終節にある次の文章からも明らかです。

> いかなる教科や単元であれ，授業の実践場面では，学級の状況や，アクティブラーニング型の授業の可能性と問題点 (とくに学力や意欲の格差) の双方を教師

> 自身が把握，理解した上で，教師による一方的な指導があってもよいだろう。あるいはアクティブ・ラーニングの視点を採り入れてもよいし，<u>それぞれの教師が各自の裁量で柔軟に対応すべき事柄である</u>。それは教師こそが，授業のあり方とクラス全体の子どもの資質・能力の伸長とその因果関係を想定しながら，教育活動を展開できる専門職にほかならないからである。（小針 2019: 221，傍線引用者）

　新書でも，よく読めば書いてあります（小針 2018: 第五章）。ところが，世間はなかなかそのようには読んでくれない。多くの教育学者から，教育方法としてのアクティブラーニングを批判している，というふうに「誤読」されてしまった，と。

　小針：こちらこそよろしくお願いします。新書『アクティブラーニング』の刊行から 1 年半が経ちました。この間，批判も含めた反響なども多数頂いたので，そのリプライも含めて，新書の第 2 弾として，今日はお話をしたいと思います。

　まず，僕の新書についてですが，アクティブラーニングに関するネガティブな内容を強調しすぎたかなと反省しています。教育方法や授業論の視点から読んだ人には，アクティブラーニングの失敗史を書いた本として読まれる傾向にありました。これは書き手としての筆力不足やその責任を痛感しています。

　何よりも僕が直接批判の対象にしているのは，政策として導入されようとしているアクティブ・ラーニングなのです。政策批判であることをより明確にするために，それ以後，僕は「国策アクティブ（・）ラーニング」と呼んで，個別実践の話と区別して説明するようにしています。

　重要なポイントは，アクティブラーニングにも実践上のさまざまな課題があることを理解しながら，進行・構成・方法も含めた授業のあり方については，教師の裁量に委ねるべきだということです。

　やはり担当クラスの状況を熟知し，授業の視点や方法を適切に判断できるのも教師だと思うのです。これまでも日本の教師は，高い能力を活かして，授業研究を積み重ねながら，教師としての力量を高め合い，現場における「善い実践」を探究し，高い成果を達成してきました。歴史上のアクティブラーニングを含むさまざまな新しい実践もまた，教師たちの同僚性による創意工夫の経験のなかから生まれた成果です。それは高く評価すべき事柄です。

2 国策アクティブ・ラーニングへの警鐘

◉国策アクティブ・ラーニングの何が問題か

　小針：しかし，今般の国策アクティブ・ラーニングは，その教師の裁量を狭めてしまうのではないか。つまり学習指導要領などを通じて「これに従って授業をやりなさい」が「これに従って授業をやらないとまずい」という圧力になり，学校現場や各教師に降りてくる。教師たちは目の前の児童・生徒に向き合う前に，そうした上からの指示や圧力への「対応＝対策」に追われるのではないでしょうか。加えて「本当にそれで授業は大丈夫なのか」「本当に児童・生徒たちに資質・能力が身につくのか」という素朴な疑問を現場の先生方はなかなか口にできません。ゆとりのない現場がますます疲弊する問題も後回しにされかねません。

　こうした構図は，国策アクティブ・ラーニングに限りません。

　今回の2020年教育改革では，いわゆる「学力の三要素」を核にしながら，授業改善だけではなく，大学入試改革，カリキュラム改革などが連動して進められてきました。

　今次の改革は，安倍政権による国家の成長戦略をもとにした教育政策であることに注目する必要があります。官邸，経済産業省，文部科学省やその旗振り役たちが「流動化／グローバル化／多様化する社会で活躍できる人材を育てるために，アクティブラーニングを導入すべきだ」という似たり寄ったりの論理を構成・提言しているのはその証です。

　しかし，これこそ苅谷剛彦氏のいう「エセ演繹型の政策思考」（苅谷 2018: 97）の典型です。苅谷氏でなくても「ある特定の手法・方法・視点を導入すれば，本当に未来社会に対応できる人材が育つのか」という素朴な疑問が湧いてくるでしょう。そこを根拠も含めて十分に考えないと，雰囲気や「空気」に乗せられて，なんとなくその気になってしまう。それをきっかけに量産される「作文」が，根拠もなく，論理の飛躍も含んだ「べき論」になってしまうことは，冷静に考えれば明らかです。

　ローカルには「善い実践」であっても，政策として導入されたときに発生しうる問題を，政策担当者や一部の教育学者は，どれだけ想定してきたでしょうか。一教師が自身の学級で自らの裁量で行うアクティブラーニングと，全国一律に推進される国策アクティブ・ラーニングとでは，問題の水準や次元が違います。合理的な根拠から帰納的に考えて，政策化によって，いかなる問題や弊害が起こりうるかを想定しないのは問題だと思うのです。

　今から思えば，僕はそういうメッセージを発したくて新書も出したし，いまだに

言い続けているわけです。新書という媒体は，専門家以外の多様で幅広い読者に届くので，非常によい機会になったと思っています。

井上：確かに現場の教師が試行錯誤や工夫を繰り返して行なってきた「善い実践」が，マニュアル化され，伝達されるとどうなるか，さらに政策化され，権威づけされ，強制力をもたされるとどうなるか。そうしたプロセスにともなう落とし穴，「意図せざる結果」を考えるのは社会学ではなじみ深い発想ですよね。

教育内容は学習指導要領で明らかにされるにしても，それを目の前の児童・生徒たちに対して，どのように教え学ぶべきかという問題については，現場の教師に委ねられるべきでしょう。これまでは，それぞれ，教師が，学級の具体的な条件にあわせて調整したり，他の教師の取り組みを参考にしながら改良するなど，草の根的に漸進的にやってきた。それは積極的に評価されるべきでしょう。もちろん，そこに問題や課題，限界がなかったとはいえないかもしれません。

ところが，国策アクティブ・ラーニングは，理論的な根拠や経験的なデータの裏づけを欠いたまま，トップダウン式に進められている。「アクティブ・ラーニング」という言葉自体は引っ込めたにしても，「主体的・対話的で深い学び」という形で，中身は小学校から高校に降りてきて，それに「対応＝対策」するための教師向けのマニュアル本もたくさん出回って，もはや後戻りできなくなってしまっているということですね。

小針：たしかに，新しい審議会答申が出たり，学習指導要領が改訂されるたびに，それらを無批判に説明するだけの解説書や，「よい授業」を目指すマニュアルの類いが数多く刊行されます。それは「学力の三要素」や「主体的・対話的で深い学び」がそもそも抽象的な理念だからでしょう。そのためさまざまな論者が「……とは何か」を説明すればするほど，さらに抽象の度合いが増して混乱していくか，特定の方法を提示する具体（化）の方向に流れていく。

学校も教師も，学習指導要領に盛り込まれた抽象的な内容を具体に「翻案」して，日々の教育活動を行なっていかなければならない。政策の問題点を十分に考えることをしないまま，「対応＝対策」ありきのスタンスになっていって，具体例満載のマニュアルに飛びついてしまう。それを「型」として参照すれば，形式化に流れてしまい，授業をはじめ学校教育全体が貧しいものになっていくような気がしてならないのです。

●国策アクティブ・ラーニングの旗振り役

井上：ところで，小針さんはこの論文（「カリキュラム改革の社会学」）のなかで，さらっとではありますが，溝上慎一氏の本を引用されていますね。溝上氏はアクティブ・ラーニング推進派の指導的なポジションにある人です。初読した時に引用文献リストに溝上氏の『大学生白書 2018——いまの大学教育では学生を変えられない』（溝上，2018b）が挙げられているので，どこで出てくるのかを探してみたら，ここでした。

> 試行的にアクティブ・ラーニングを受けてきた現在の大学生の学習意欲は低下傾向にあり，キャリア意識も含めて学生間の意欲や意識の格差が明らかになっている <u>（溝上 2018b）</u>。それにもかかわらず，アクティブ・ラーニングの「徹底」を通じて，その問題を克服しようとする動きや主張も一部でみられる。
> （小針 2019: 215，傍線引用者，なお出典は本章に合わせて変更した）

小針：ここで重要なのは，溝上氏の分析結果と，その解釈にもとづく示唆や提言です。早期のアクティブ・ラーニングやさらなるキャリア教育を学校教育に導入しようとする考え方は溝上氏に限らず，文部科学省や他の推進派，なかでも経済産業省や財界も強く主張していることでもあります。

井上：そうなのですね。担当章では直接に言及してはいませんが，溝上氏は，いわゆる国策アクティブ・ラーニングの旗を堂々と振っている人物です。

溝上氏はご自身の Web サイト（smizok.net）上に小針さんの『アクティブラーニング』の書評を載せています[1]。その一部は『IDE 現代の高等教育』2019 年 1 月号に掲載されていますが，この Web 上の文章のほうが溝上氏の主張を明快に伝えています。

溝上氏が国策アクティブ・ラーニングの「旗振り役」であるというのは，文部科学省の施策に追随している，あるいは代弁しているという意味ではありません。それとは関係なく，自身の学術的・実践的な蓄積からアクティブラーニングの導入・推進は必要不可欠であるという確信に至ったのであり，「もし評者が文科省の役人であったとしても，やはり同じ施策を推進していただろうと思う」と自ら述べています。

この施策自体は正しい，にもかかわらず，おかしな実践が横行しているのだと

1）http://smizok.net/education/subpages/a00032(bookreview%20active%20lerning).html（2018 年 12 月 25 日掲載，2021 年 10 月 13 日閲覧）

すれば，現場や教師のほうに問題がある，というのが溝上氏の捉え方です。つまり「批判的に自身の実践とすりあわせたり落とし込んだりせず，安易に型として受け取り実践しているからである」と。その意味では，自他共に認める，筋金入りの「旗振り役」といえます。

　溝上氏は，アクティブラーニングを国策にすべきだと主張します。すなわち，来るべき「2030 年社会」は「これまでの知識基盤社会や社会の情報化・グローバル化をふまえて，新たに AI（人工知能）や人口減少，さらには人生 100 年時代という大きな問題が加わってきている」のであり，それに向けた「シミュレーションをし尽くした上でのアクティブラーニング論であり，文科省施策であることを，知っているのか」と。先ほどの「エセ演繹型の政策思考」（苅谷）を前面に押し出して，あとは「本気でするかしないか」だと。

　溝上氏の国策アクティブ・ラーニング推進論はきわめて明晰で，文部科学省の政策文書に書かれていない言外のメッセージまでも補足してくれている，という意味でたいへん重要なテキストです。私たちはこれをきちんと受け止めて批判する必要があると思うのです。

３　理念（理想）―実践―政策（施策）の三者関係を解きほぐす

●教育方法学界への違和感

　小針：僕は溝上氏には会ったことも話を聞いたこともないけれど，これまで氏の書いてきた関連の本や論文を読んできました。なるほど，国内外の関連文献を幅広く渉猟し，全国の学校・学級に赴いて授業見学を通して，熱心に調査をし，政策提言にも積極的な「旗振り役」であるとの印象をもっています。学習のプロセスを「内化→外化→内化……」として捉えるあたりは，僕も経験上同感です。

　ところが，やはり今回の国策アクティブ・ラーニングをめぐる問題や課題を提起しているところが少なくないように思います。

　それは教育に関わる理念（理想）―実践―政策（施策）という三者関係をめぐる根の深い問題であり，まずはそのあたりの話から始めようと思います。

　理念と実践と政策（施策）を一緒くた，つまり「"素晴らしい"理念は実現すべきだ，だからその実践は政策化しなければならない」という一方通行ノンストップの論理に陥ると，さまざまな弊害や課題・問題がみえなくなる可能性があります。

　まず，僕は新書を書くために，溝上氏による関連書に加えて，最も専門的に実践

レベルの研究を進めているに違いないと，日本教育方法学会の機関誌や紀要をはじめ，関係の図書・論文をかなり読みました。しかし，僕自身が普段なじんでいる経験科学の世界からすると，かなり趣向が異なる「研究論文」が少なくなかったですね。

　教育社会学や教育心理学のように，経験的な事実を対象にした学問では，テーマや対象（何を明らかにするか）から，質問紙や参与観察などの調査の設計から実施に至るまでの手続き（どのようにデータを得るか）や，そこで得られた量的・質的なデータを分析するための方法（どのように知見を引き出すか）があり，それぞれを洗練・発展させてきた歴史があります。教育社会学は，社会学の理論をベースに，歴史，計量，エスノグラフィーなど，さまざまな方法論がそれぞれに発展してきました。

　ところが，一部の大学・大学院の教育方法学講座や日本教育方法学会などで展開されている狭義の教育方法学（松下 2019）においては，経験科学的な意味での理論や方法論が十分に意識されているようにはみえない。それはその学界や講座の流儀や文化でしょうし，僕のような外部の人間がとやかく言う問題ではないかもしれないけれど，ある問いをめぐって，アプローチの方法，分析結果や結論の妥当性をどのように判断するのか，立場や意見を異にする者同士が議論するときには，何に依拠したらよいのかがわからない。

　もちろん，その点に自覚的な研究者もいるのかもしれませんが，研究上の問い，手続き，分析・考察がわかりにくいものが少なからずありました。

　ですから，狭義の教育方法学の研究成果から，アクティブラーニングについて，経験科学的に確かな知見を参照することは難しいと早々に断念しました。歴史上または海外の教育方法の研究は，経験科学的な歴史研究や比較研究に近いのかもしれませんが，いずれも紹介の域を出るものではありませんでした。あるいは，政策文書などで多用されるポンチ絵を使って図解にしたり，独特な用語の使い方や説明なども散見されて，十分に内容を理解できない論文もありました。教育方法学（界）は社会学や心理学などの実証的な親学問を擁していないからなのか，独自の進化を遂げてきたのかもしれません。

　井上：なるほど。教育社会学のような経験科学であれば，「この対象に関して，何をファクト（事実に関する知見）として確定できるか」や「この問いに対して，そのデータの範囲でどこまで答えられるのか」といったように，問いと答えとの間に検証を挟んだある種の緊張関係があるわけですよね。だから論文の査読では，適切な問いを立て，それを論証できているか，オリジナルな知見は何かということが非常

にきびしく問われます。それに比べると，狭義の教育方法学界は，その辺がわりとフワッとしている。

　小針：きっと「研究論文」の評価基準が別のところにもあって，投稿者も査読者も「善い実践」だと判断した「研究論文」もまた学界で一定の評価を受けるのでしょう。

　それはまた狭義の教育方法学界では，教育実践を価値中立的に記述・分析するだけではなく，一定の規範性を内包して教育実践の改善までを提言する研究が行われるようになっているとの事情（松下 2019: 228）と大きく関連しているのかもしれません。

　ただ，その場合，「研究論文」の投稿者も，査読者も，あるいは学会（学界）全体で「善い実践」についてのフレームを一定程度共有していなければならない。逆に，査読者の「善い実践」認識に合わない論文はどのように評価されるのでしょうか。その論文や書き手の思想傾向や実践上のスタンスが最初に問われ，研究上の問いや実証の手続きよりも，実践的な示唆がどれだけあるか，教育の現場でどれだけ好ましい上に役に立つか，いや，役立ちそうであるかが重視されるのだと思います。

　井上：溝上氏もそうなのですか。

　小針：溝上氏は，企業財団などから研究助成を得て，大学生対象にインターネットによる量的調査を行い，その分析結果をまとめた数多くの著書や論文を発表しています。

　せっかくなので，先ほども話題に上がった溝上氏の『大学生白書 2018』第 1 章のなかで，関連する重要な分析結果を紹介してみましょう。

　高校時代の資質・能力「他者理解力」「計画実行力」「コミュニケーション・リーダーシップ力」「社会文化的探究心」が高い大学生ほど，大学入学後（1 年生時）の「主体的な学習態度」（単位修得に関係なく学習する姿勢）が高く，特に「コミュニケーション・リーダーシップ力」は大学入学後の「アクティブラーニング外化」（根拠をもって意見を言う等）と関連があることなど，興味深い結果を明らかにしています（溝上 2018b: 11）。

　ところが，高校時代の資質・能力→大学入学後の主体的な学習態度の変数間で統計上有意が確認された分析結果から，氏は，大学入学後の学習態度の向上のために，高校教育の授業改善（アクティブ・ラーニングなど）を通して，高校教育あるいはそれ以下の学校段階からその資質・能力を高めるべきだと主張しているわけです。

これには，明らかに論理の飛躍を含む統計解釈上の問題があります。

　まず，そのような主張を行うためには，高校時代の資質・能力が学校教育，しかもアクティブ・ラーニング型の教育活動を通じて高まったことを実証しなければなりませんし，ほかの影響や要因，たとえば，高校時代の資質・能力も大学入学後の学習意欲・態度も，出身階層（家庭環境）を交絡因子（いわゆる"第三の変数"）とした疑似相関の可能性を含めて考える必要があります。なぜなら，出身階層が高いなど，家庭環境に恵まれている生徒や学生ほど，そうした資質・能力や意欲も高い傾向にあるという，出身階層などの属性を媒介としたみせかけの相関の可能性を排除できないからです。

　あるいは，出身階層別の生徒たちの学校生活や授業方法への適応の問題，たとえば学校で高いコミュニケーション能力やリーダーシップを発揮しやすい生徒は，学校教育以前の家庭環境等を媒介（変数）にして，その資質・能力が高い可能性もあります。

　この点については，すでに僕自身がこのテキスト『教育社会学』（☞ 147 頁）のなかでも書いているように，出身階層が高いなどの家庭環境に恵まれ，自己主張が得意な生徒ほどアクティブラーニングへの参加意欲が高い傾向にあります。国策アクティブ・ラーニングの実施を，教育機会や学力の格差の視点から捉えなければならないと僕が主張し続けているのは，学校教育以前の要素（特に家庭的・地域的な出自や背景）が今日の教育問題を考えるうえで，不可欠の視点になっているからです。

　さまざまな要因や解釈の可能性があるにもかかわらず，現状の問題の原因を学校教育の〈不十分〉に帰し，その〈変革〉を通じて，〈改善〉を図ろうとする氏の提言は果たして妥当なのか疑問です。

　さらにいうと，この大学生データは，現役大学生の現在の生活と高校時代の回顧を中心にしたインターネット調査ですが，偏りも含めたサンプルの精度や分析方法の妥当性とともに，同世代人口の約半数を占める大学非進学者も含めた分析や検証がないと，学習指導要領を通じて，高校教育全体に対して，主体的・対話的で深い学び（アクティブ・ラーニング）の視点を採用する根拠としては十分ではありません。

　これは，分析のあら探しや難癖をつけているわけではありません。研究者がエビデンスベースで政策提言をする場合，良質なデータを集め，丁寧かつ正確な分析と，慎重な解釈を通じた因果推論が不可欠だという至極当然のことを言っているまでです。それは，施策のアジェンダ（議題）に対して，研究者が可能な限り確かな合理的根拠を提示しながら，批判的な論評を加えつつ，同時に社会全体が適切な判断を下すための基礎資料にもなるからです。

◉「善い実践」と「良い政策」のあいだ

井上：これまでは理念と実践の間についてお話を頂いたので，これからは実践と政策との間について伺います。教育方法学界では，「私はあるプログラムの授業を参観して，児童・生徒たちの様子を観察しました。たとえば，Xという取り組みをした結果，児童・生徒たちは，Yになりました。素晴らしい実践だと思いました」という個別の実践例の紹介を超えるものは出にくいのではないでしょうか。

小針：かりにXという取り組みあるいは特定の手法によって，Yになる児童・生徒や学級もあると思います。しかし，Yにならないこともある。日常の授業を含めて学校教育とは概してそういうものです。ところが，Xに取り組めない児童・生徒やYにならない学級はあまり視野に入らないのか，どちらかというと教師目線の「善さそうな実践」（授業論）がいつしか「善い実践」として，教育学者や実践者を通じて紹介される。すると「今度はそれを日本で，または他の学校でも……」という参照の連鎖が始まります。

この20年間，ポートフォリオ，パフォーマンス評価，ルーブリック，PBL（Problem-based Learning）などの外来語が日本の教育界に氾濫・横行しているようにみえるのはそのせいではないかと考えています。アクティブラーニングもそうでしょう。お手本となる「善い実践」探しに価値を見出す学問共同体のなかでは，紹介や移入もまた意味のあることですし，「善い実践」を日々探究する教育関係者にとっても有意義な知を提供しているのでしょう。

ただ，そのプログラムや実践に対して，教師がどうするかという方法論は提示されても，そもそも十分な検証にもとづく，実証的な裏づけはほとんど示されません。日本の各教室の文脈における可能性や限界も含めて検証しないまま，多くを欧米より移入し，教育界に一時的な流行をつくりだして，現場に入り込んでいく。そのプログラムや参加者に関して，どのような社会的背景や前提条件があるのか，いかなる技法が使われて，どのようなインタラクションが行われたのか——要するにプログラムそのものではなく，プログラムの置かれた文脈や条件への目配りがとても重要です。とくに教育政策において参照される場合には，こうした情報をどれだけ集めて，考慮できるかが極めて重要な課題だといってもよい。

つまり「善い実践」はそのままでは「良い政策」を保証しない。それどころか，今回の大学入試改革でも問題になった主体性評価のe-ポートフォリオのように，政治に「悪用」され，教育産業や情報産業の食い物にされてしまうこともあるように，

意図せずして，好ましくない施策や事業の片棒を担いでしまうこともありうる。だからこそ，丁寧な検証と慎重な提言が求められるし，政治が悪用すれば，物申す必要もあるのです。

　もちろん「優れたデータ分析」が「善い実践」を保証するものでもありません。優れた分析から帰納的に善い実践のあり方や可能性の推論は可能でも，ほかにあてはまる保障もありませんし，それ以外の着想や視点から改善策を提案することも困難でしょう。

　僕たち教育社会学者は質問紙調査を行なって，得られたデータをもとにファクトを見出してきましたが，その政策的・実践的示唆の提示に及び腰であることは否めません。それに対して，一部の教育学者からは，「質問紙調査のデータからは実践の限られた部分しかわからない」「特定の分析結果ばかりが独り歩きして，実践が画一化してしまう」「技術的合理性への志向性を高めることにしかならない」などという批判を受けることもあります。

　しかし，それらは数値化そのものの問題というよりも，その活用の仕方の問題です。数値化に限らず，別の方法で導いた知見にも，やはり同様に発生しうる問題です。

　ある施策に対するアジェンダに対して，社会的合意に向けて根拠を主張するなら，個別具体的な事例に限らず，抽象的な集合データを対象に，その傾向や構造を検証する作業も不可欠だと考えています。そのために数値化は有力な手段ですが，教育学界では，数値化に対する忌避感情や数値化される以前の問題へのこだわりがいまだに根強いように見受けられます。

　僕は「数値化がすべてだ」と言いたいわけではなく，数値化以前の問題にこだわろうとするなら，少なくとも数値化によって何をどこまでいえるのか／いえないのかに自覚的でなければならないと思っています。

　先に挙げた外来の教育（方法・評価）用語の多くは，個人が自己の学びの過程や成果をどのように評価するか，つまり不確かな個々人の内面に，自己評価の参照基準を求める傾向が見受けられます。そのために，自己や個人の外側にある客観性の高い評価基準──たとえば数値化される到達度との関連を検証しようとする視点はほとんどありませんし，それさえも忌まわしい「テスト学力」として退けられてしまう。

　そうなると，「どの程度達成できたか」という客観的な測定や評価よりも，児童・生徒がどのように作業したか，どの程度満足したかという主観的な自己評価が中心になりがちです。もちろん，結果だけではなく過程を評価しようという考え方や理念は大切ですし，自己評価のすべてが悪いわけではないけれど，それだけでは実践

や政策の根拠としては不十分ですし，説明責任を果たしているとも思えません。それにもかかわらず，個別具体的な実践例が全国の学校や教室に模範として紹介されたり，それが教育施策の根拠として政治的に利用されてしまうこともある。

　もちろん，全国の学校や学級における実現可能性は十分にはわかりません。だからこそ，サンプルを抽出し，対象にした調査・実験を経た合理的根拠の提示が必要になってくるわけです。しかし，そういう検証が行われることがないまま，定着と普及のための具体化として，解説やマニュアルの刊行が開始される。

　「善い実践」の成立条件を吟味し，政策目標の実現の可能性とともに副作用も含めた可否を判断するうえで，優れたデータ分析は前提条件の一つです。もっというと，さまざまな研究者が同様のテーマで調査を行い，その結果，産出されるさまざまな研究結果を相互批評しあうメタ・アナリシスまたはシステマティック・レビューが積極的に行われなければならない。

　ところが，日本の教育政策はどうかというと，エビデンス自体が皆無ということも少なくない。それどころか，どのみちそれぞれの立場によって，都合の良いエビデンスしか提示しないのだからと，その意味さえ認めない研究者までいるほどです。だから複数のエビデンスや方法論をめぐるメタレベルの建設的な議論ではなく，それが善いか悪いか，賛成か反対か，やるかやらないかという個人の主観的な価値判断，あるいは欧米の権威（？）や特定のイデオロギーに依拠した低次の「言い争い」に陥ってしまうのです。その点では，日本の教育学界は「ゆとり教育」論争の20年前から何も変わってないですね。

　「善い実践」をそのままスライドさせて「良い政策」として導入しようとする教育研究者は，必ずしも実践経験のなかから丁寧に知見を積み重ねて改善案を提示しているわけではありません。従来の実践や活動に関して問題点や課題があり，その対案を考えるときに，それまでの特定の実践のあり方（たとえば一斉授業，講義形式，詰め込み教育）をまず仮想敵として想定，否定することで優位性を担保し，それを乗り越えるための対抗的な実践として「21世紀型学力」や「アクティブ・ラーニング」のような新しいモデルを提示することで，さらに優位性を主張する二重の優位性戦略をとるわけです。

　ただし，その戦略や主張に十分な裏づけがあることは稀です。「善い実践」の実現に向けた願望や現場への期待・要望も含めた論調になりやすいのはそのためです。だからこそ，よく見極めて批判的に読まないと，主張の内容，美辞麗句，ポンチ絵の記号や矢印の印象だけで，なんとなくわかったつもりになるナイーブな情動的共

感が誘発されてしまうのです。もちろん，掲載された具体例が授業実践のヒントになることもあるかもしれないけれど，現場の先生方には，この種の教育書との距離の置き方には気をつけてほしいと思います。

また，推進派のように旧新両モデルを対立的にみようとすると，それまでの経験の蓄積はリセットされてしまい，両者を関連づける視点や，それぞれの問題点や弱点を克服するヒントも見出しにくくなってしまうのではないでしょうか。

さらにいうと，その「新しい」とされるモデルにも，じつは旧くから同じような試行錯誤の歴史があります。だからこそ，歴史から帰納的に学ぶことが大切なのだと思っています。歴史的知見は，その経験に関わる問題の構造や改善の手がかりを現在のわたしたちに教えてくれます。同じような発想や実践が繰り返し登場してきた経路依存性も含めて，現在陥っている問題を省みて，さまざまな課題に対する修正や改善のヒントを教えてくれることもあるのです。

これまでのアクティブラーニング的な試みは，近代学校教育がずっと抱えてきたジレンマの一つで，必ずしも「失敗」の歴史だったわけではありません。むしろ各学校や教師たちの授業改善に向けた試行錯誤の歴史というべきです。そもそも学校内の試行錯誤や改善がなければ，大正期の新学校が今日まで続くことはないでしょう。

時代や環境は異なっても，実践の理念や構造は今日に通じるところもあります。「失敗」という言葉だけは決して使わずに，僕がこの新書を書いたあたりについても，読み取ってもらいたかったですね。

4 多様化する子どもと学校

● 「無理にやることの弊害」について

小針：このように，特定の「善い実践」を過度に理想化し，政策目標が掲げられ，日本の学校に無批判に移入・参照しようという発想は，先ほどの「流動化する経済社会で／グローバル社会で／多様化する社会で活躍できる人材を育てるために，新たにXを導入するべきだ」という「エセ演繹型思考」と非常に相性がよいのです。

しかし，その改革案のXの部分も含めて，学校の授業改善（主体的・対話的で深い学び）→大学入試改革→大学の授業改善（アクティブ・ラーニング）→21世紀型人材・スキルの育成→Society5.0や第四次産業革命の達成……と目標と手段が多層的に構成されると，いよいよ「風が吹けば桶屋がもうかる」の論理です。これは偶然に偶然が重なって，いくつかの条件のなかから順序よく，特定の出来事だけが発生

して初めて整合性をもつ机上の論理を指します。その条件を満たすこともあるかもしれないけれど，それは偶発的に発生する可能性の一部に過ぎない。多くの事例や場面にはあてはまらないことのほうが多い。だから，「一か八かやらないよりはマシ」どころか「無理にやることの弊害」のほうが大きくなるわけです。今次の教育改革や施策の拙速ぶりは，今回の大学入試改革における英語民間試験や新共通テストの記述式問題の実施延期をめぐる一連の騒動でも明らかです[2]。

　学校教育は教師や一部の子どものものではありません。ましてや政治家や国のものでもありません。学校にはいろいろな児童・生徒が通っているし，これからは，文化的・社会的背景や家庭環境によって，児童・生徒はますます多様化していくでしょう。多様な児童・生徒を対象にする全国の教室に，一律に国策で特定の視点や方法をさせるというのは，やはり無理があるし，問題ではないかと思うのです。

　もちろん個々の教室における「善い実践」のための選択肢の一つとして，アクティブラーニングのような方法や視点はあってもいいと思っています。それはまた，今回の施策以前から，多くの先生方が取り入れてこられた視点や方法とも重なるところが大きいでしょう。

　しかし，特定の視点や方法をもって授業をせよと言わんばかりの今回の施策は，非常に危険だと思います。アクティブラーニングが国策として上から推進されると，現場ではその抽象論を具体に翻案した結果，児童・生徒に意見を発表させる，お互いに話し合わせるなどの特定の「型」が普及するようになります。これまでも対話型の授業は一部の教室では実践されてきたでしょうが，それが授業中に必ず採り入れなければならない視点や方法として，その中心的な実践や活動になると，どうでしょうか。

●茶番劇化する授業とその問題

　小針：新書を書いていたときには想定していなかったことが，すでに起きています。一つ例を挙げましょう。

　2020 年 4 月より小学校で使用される各社刊行の全教科・全学年の検定教科書を拝見する機会がありました。新学習指導要領の完全実施にあわせて，ほぼすべての教科書に「話し合ってみよう」「考えてみよう」などが多く採り入れられている。と

2）その後，その 2 点に主体性評価を加えた「大学入試改革の三本柱」は初年度より実施延期されることになった。詳しくは小針（2020a）を参照。

ころが，そのなかには「先生はこう尋ねます」「児童はこう答えます」という想定問答集，授業の時間配分案，板書例が教科書に載っているものもありました。従来であれば，その種の内容は教師用指導書という教師しか見ることのできない別冊の「虎の巻」（いわゆるアンチョコ）に限って記載されてきたものです。児童・生徒が日常的に使用し，保護者も手に取る教科書にも，そうした内容が堂々と書かれるようになった。

　教科書の記載通りの「想定問答」を行えば，とりあえずは「対話」をともなうアクティブラーニング風の授業にはなるでしょう。しかし，限られた授業時数のなかで，教師と児童・生徒間であらかじめ共有された筋書きをなぞる授業など，ただの茶番劇でしかない。結局，その筋書きに合わせたり，筋書きを一緒に考えてくれる人が身近にいる子どもが，その成果を授業中に発表し，「思考力・判断力・表現力」あるいは「学びに向かう力」があると評価されやすくなるのではないか。

　それは文部科学省や旗振り役が目指す「主体的・対話的で深い学び」なのでしょうか。むしろ僕が懸念した「他律的・雑談（茶番）的で浅い学び」に陥りそうな気がしてなりません。

　井上：要は寸劇の台本が示されているので，かしこい子どもは，「どういうやり取りによって授業が進んでいくのか」を察知して自らの振る舞い方を調整するのですね。そういう子なら，たとえ台本がなくても，教師の期待する振る舞いを立派にやってのけるでしょう。

　小針：その思考力や判断力は，「忖度力」や「空気を読む力」といった打算的なものになりうる可能性もあるでしょう。そこには教師による評価が介在しているからです。教師の意図，授業の進度，多数派の意見を含めた「空気」を読める生徒は，教室で波風を立てないように振る舞い，教師からも評価される。その反面，異論や「異見」，教科書の記述や既存の見方とは違った視点で，教師の発問や授業の内容を捉えた児童・生徒たちに，沈黙や面従腹背を強いることになりはしないでしょうか。

　もっというと，教室内で模範的とされる応答は，授業を通じて獲得される以上に，日頃の態度や家庭的な背景，たとえば家庭内でその種のコミュニケーションをどれだけ積み重ねてきたかに大きな影響を受けます。つまり家庭環境による格差の問題にも関連する。

　実際に，東京都内の公立中学校生 1,900 名のデータからもその傾向が明らかに

なっています。自己主張が得意で，家庭環境に恵まれた生徒ほど，アクティブラーニング型授業を得意だと答える傾向がみられますが，逆に自己主張が不得手で，アクティブラーニング型授業に積極的に取り組めないのは，不利な家庭環境が影響している（東京大学教育学部総合教育科学科比較教育社会学コース 2018）。

こうした傾向や社会的背景が考慮されずに，それが「口下手」「遠慮がち」「おとなしい」といった個人のパーソナリティの問題として評価され，さらに「コミュニケーション能力は学校や家庭を通じて高められるべきだ」という一連の授業改革論議において，能力の有無やその伸長の度合いが児童・生徒本人の自己責任や家族の教育責任に帰されてしまえば，それを不得手とする児童・生徒を追い詰めることになりはしないでしょうか。

つまり，学習指導要領により国策アクティブ・ラーニングが一律に導入されたことは，個々の教室や教師の自由度が狭められ，各教室のカリキュラムや授業編成に柔軟性を欠き，硬直化する危険をはらんでいます。かりに日本社会を揺るがす大きな災害でも発生したら，盛りだくさんの今回の学習指導要領や主体的・対話的で深い学びは十分に成立しない可能性もあるのではないでしょうか。

また，国策アクティブ・ラーニングへの「対応＝対策」として，アクティブラーニング仕様の検定教科書が教師や児童・生徒の手に渡り，授業を茶番劇にしてしまうこともありうる。そして，その茶番劇では，コミュニケーション能力や家庭環境の格差を増幅してしまうこともあるわけです。

井上：新書を書かれたときは，そこまではっきりとは考えていなかったということですか。

小針：まさか，ですよ。現場の教師に対して，授業実践に資するためとして，「虎の巻」の内容を教科書に載せたのかもしれません。ただ，推進派はこの虎の巻化する検定教科書をどうみているのでしょうかね。「こんなはずではなかった」なのか「それでもいいのだ」なのか「それをそのままやるようではダメ教師だ」なのか。あるいは「だからこそ，講演会講師，学校の指導助言，マニュアルや解説の刊行を買って出ますよ！」でしょうかね（笑）。

井上：いずれにしても，教室の教師や児童・生徒は教科書の「例示」をお手本として受け取りますよね。

小針：いまの学校現場ではそうならざるをえない部分もあると思います。あるいは隠れたカリキュラムとして，それが教室内で慣例化，慣習化することもありうるし，現にそうなっているとも伺っています。

◉問われる教育行政の政策立案能力

以上から，学校教育における国策アクティブ・ラーニングによって「思考力・判断力・表現力が育ち，未曾有の未来社会にも対応できる」だとか「AI に仕事を奪われない人材を育てることができる」といった類いのアクティブラーニング推進論には，シミュレーションや議論がされ尽くされたどころか，杜撰なシミュレーションや論理の飛躍が相当に含まれていることが明らかでしょう。

そのなかでも代表的な「今後 10 〜 20 年で全米の雇用のうち 47% が AI 等によって置き換えられる」と推定したワーキングペーパー「雇用の未来」（Frey & Osborne 2013）は，文部科学省も含めて，国策アクティブ・ラーニング推進派によって引用され，施策の根拠とされてきました。2016 年 12 月の中央教育審議会答申「幼稚園，小学校，中学校，高等学校及び特別支援学校の学習指導要領等の改善及び必要な方策等について」（中央教育審議会 2016）でも，今般の学習指導要領で「主体的・対話的で深い学び」（アクティブ・ラーニング）の視点を採用する根拠として，このペーパーが引用・紹介されています。

ところが，「雇用の未来」で，直接の分析対象はわずか 70 職種に過ぎず，AI（人工知能）などによる代替可能性の判定は，経済や雇用問題の専門家ではなく，専門外の機械学習の研究者の主観的な判断をもとに集計したもので，検証の手続きにも問題があることはよく知られています。そもそも，これはピアレビュー（査読）を経た研究論文ではありません。

したがって，この種のペーパーに依拠して，教育施策を立案しようとした点で，日本の教育行政の政策立案能力が問われて然るべきです。このワーキングペーパーや同答申を引用し，これからは学力の三要素や「新しい能力」を身につけなければ，新たに創出される仕事には就けないと喧伝していた旗振り役までいましたが，さて，どうでしょう（溝上 2018a，特に 85 頁参照）。

2020 年教育改革は，「新しい能力」や国策アクティブ・ラーニング，大学入試改革をはじめ，フェイクの可能性が高い議論が官邸・行政を中心に構築され，さらに旗振り役によって強力なドライブがかけられてしまった結果，ハイリスクな大博打ともいうべき改革が進められてきたと言っても過言ではありません（小針 2020b）。

　その結果，高邁な理想や抽象的な理念が根拠もなく上から掲げられ，それと現場レベルの翻案による「対応＝対策」との間で隔絶や葛藤が生じています。両者をどのように埋めていくかといえば，教師に対する研修，市販のマニュアル，教科書の「虎の巻」あたりです。それでも溝が埋まらない場合，これまでの政府・行政と学校現場の関係力学では，現場の教師に責任が押しつけられることになるでしょう。「教師や現場の本気度が足りない！」という精神論を叫喚するか，マニュアルを通して個別の実践例を提示すれば，それを模範にして右に倣えになってしまい，担当クラスや目の前の子どもたちとの間で齟齬が生じてしまう。いずれもジレンマに陥って，現場では課題の解決や改善どころか，却って混乱を招きかねません。

　施策としてアクティブ・ラーニングを導入しようというのなら，超えるべきハードルや課題がいろいろあったはずです。授業に十分に参加できない児童・生徒がいれば，個別の配慮や対応も大切だし，そのためには，教師が時間を確保しなければならない。クラスサイズを小さくして，きめ細かな対応をしたり，教師の働き方や増員などの環境整備も必要かもしれない。ただ，それをやろうとすれば，多大なコスト（労力や費用）を要する。教師に求められる資質能力や労力・負担は従来以上なのに，肝心な人や予算はつけずに，変形労働時間制の導入ですからね。アクティブ・ラーニングもそうですが，「改革ありき」で進めようとするから，児童・生徒の多様性をはじめとする学校の教育環境や，教師の働き方の視点や問題は欠落し，これまで以上に現場の教師に負担と責任を転嫁する精神論に陥ってしまうのです。

　それでも推進派の多くは，特に一斉授業などとの対比で，アクティブラーニングを「善い実践」として評価する傾向にあります。だからこそ，一歩引いた地点で経験的に検証し，教育の可能性を過大視しない教育社会学の存在意義があるのだと思います。

　もちろん，教育社会学の知見は無敵ではありません。問題点や課題を浮き彫りにして，そのうえで「善い実践」や「良い政策」につなげていくためには，アクセルだけではなくブレーキも不可欠ですし，その両方を制御するクラッチも必要です。そのためにも，教育方法学者と教育社会学者がそれぞれの長所を生かし，弱点を補ったうえで，たとえば教育方法学者は調査や実験の方法論を，教育社会学者はもっと教室に足を運んで実践現場に学ぶことをしていけば，学問分野の壁を超えて，緊張関係をもって，生産的な議論がうまれる可能性もあるかもしれません。

5　学界の内部事情と多様化する学校現場

●学界の内部事情

井上：そうですね。教育方法学も，教師たちの「善い実践」のために専門知を提供し，自己研鑽を支援するという点では，大いに役立ってきたと思うのです。ただそれが，国策に吸い上げられると，お墨付きを与えられた「善い実践」の伝道師として，遅れた教師たちを啓発・指導する役割を期待されるようになる——ということに研究者は自覚的・反省的でなければならないと思います。

小針：国策アクティブ・ラーニング推進派には，特定の大学の学部・研究科，そのなかの特定の講座や研究室単位の「ホットスポット」が複数あります。そこから，中央教育審議会をはじめとする国の審議会やその小委員会の委員が選出される傾向にあります。今回の2020年教育改革では，教育再生実行会議（官邸）から下りてくる改革の方向性に合わせてくれるかどうかが登用の判断材料になったように見受けられます。そして「ホットスポット」に所属する人や出身者が，各種委員として，虎ノ門界隈に足繁く通い，「大学教授」「教育学者」の肩書きを負って，政策にお墨付きを与えて，その推進を支える原動力になっています。それは今回の幼児教育の「幼児期の終わりまでに育ってほしい10の姿」，小学校から高校までの「主体的・対話的で深い学び」，高等教育の「アクティブ・ラーニング」まで一貫・共通しています。

ただ，教育関係者のなかにも「おかしいな」と思っている人たちがいないわけではないのです。ただ，堂々と「おかしい」とは言いにくいらしい。これは僕の推測ですが，アクティブ・ラーニング支持・推進が特定の大学の講座・研究室や学界を強く支配するようになると，そこから逸脱するようなことを表立っては言いにくいのかもしれません。まずは「誰（権威）が何を言っているか」ではなく，「現場やデータが何を物語っているか」をきちんと見極めていくほうが学問研究では重要だと思いますけどね。

井上：学問共同体というのは本来一枚岩ではなく，多様な立場が切磋琢磨することによって発展していくものだと思います。何が「善い実践」「良い政策」なのかをめぐって，異なる立場同士による建設的な議論を成り立たせるような——経験科学的な意味での——共通の土俵がないと，単なる価値をめぐるイデオロギー闘争になってしまいます。

第Ⅰ部

第Ⅱ部

第Ⅲ部

分野や講座によっては，一部の国策アクティブ・ラーニング推進派がヘゲモニーを握ることによって，主張が一枚岩になってきたということでしょうか。それも，悪意のあるボスによる強権支配というよりは，むしろ善意が結集して動いているとすれば，余計にたちが悪いともいえる。「善い実践」がお墨付きを得て「良い政策」に格上げされたからには，これからますます教育が善くなっていくはずだと。それなのに，それを批判するとは「善い教育の足を引っ張るのか」と。

小針：僕自身も，その「善い教育の足を引っ張る」張本人とみなされているのでしょうかね。繰り返し言っているように，僕は，個々の教室におけるアクティブラーニングの実践それ自体を否定するつもりはありません。ただ，それにもさまざまな課題や問題があるので，先生方にはそれを十分に知って頂きたい。政策レベルの話でいえば，十分な根拠を示さず，問題点や課題をみようともせずに，施策として立案され，それらも含めて現場に下りている弊害も含めて，冷静かつ慎重に見つめ直したらどうかと提案しているに過ぎません。

国策アクティブ・ラーニングが「良（善）い」なら「良（善）い」で，みんなが納得できる根拠を示すべきだし，示せないのなら，一旦立ち止まって冷静に考えることが必要でしょう。エビデンスの提示というのは，これから進めようとする政策や施策を社会や市民の間で受け入れてもらうための説明責任でもあるからです。

ですから，国策アクティブ・ラーニングの実施を通じて，「新しい能力」や「学力の三要素」が十分に向上するとか，これまで懸念してきた問題点を克服する授業のあり方などを，客観的な裏づけをもって示してくれれば，僕はいつでも「宗旨替え」するつもりでいるんですけどね（笑）。

●多様化する学校現場

小針：話を元に戻して，先ほど児童・生徒の多様化について話しましたが，学校現場も多様化しています。高校英語でアクティブラーニングを導入する場合，ネイティブ教師のもと，本格的な英語を使ってお互いの意思や意見を交換できる学校から，教科書の英文にカタカナのルビ（振り仮名）をつけたプリントを配布して，それを音読させるだけで精一杯という高校までさまざまです。もちろん，担当教師が生徒の学習効果を高めるために必要だと判断すれば，やればいい。しかし，自分の担当クラスで英会話は必要ない，むしろ文法をしっかり教え込みたいという別のやり方を選択する教師の主体的な判断も同様に尊重されるべきです。

　そのルビ付きの英文プリントを生徒にただ音読させる授業のあり方は，果たして推進派が青写真として描いていた国策アクティブ・ラーニングの理想型なのかどうか。そんな辻褄合わせを現場に強いながらも，やらなくてはならないものなのか。国策アクティブ・ラーニングは，児童・生徒や学校の多様性に対する視点も欠けています。

　井上：小針さんの新書を読んで，「批判ばかりで対案がない」と言っていた教育学者もいましたね。

　小針：新書『アクティブラーニング』に対する批判のポイントはその一点に多く集中していましたね。つまり，「こちらは150年続いてきた日本の学校の一斉授業に代わって，アクティブラーニングを主張している。なのに，小針はただアクティブラーニングを批判しているだけで対案を出していない」と。
　そもそも教師が一方的に話をしているだけの一斉授業ばかりが150年間ずっと続いてきたという歴史の見立てそのものが誤っているうえに，主体的・対話的で深い学びをトップダウンで全国の学校・学級で実施するのに，十分な根拠も示さないまま（あるいは疑わしい根拠を示して）実施されようとしていることに対して，僕は問題提起をしてきたわけです。
　どう教え学ぶのか，何が「善い実践」なのかは，基本的には，教師自身が目の前の児童・生徒を念頭に置いて，試行錯誤と創意工夫を重ねるところから始めるべきだと考えます。これまでにも日本の教師たちが試みてきた草の根レベルの授業改善は，高い成果を収めてきたし，あるべき姿勢だと思います。そこには教師の矜持があるといってもいい。
　そして，それを教師のみの責任として，上からの精神論や根性論を押しつけないためにも，教師には十分な裁量を与える必要があります。そのために，学習指導要領や教科書の中身はむしろ抑制的でなければならないし，教師が授業研究を可能にする物心両方のゆとりが必要です。僕自身も現在，本務校で教員養成に関わっていますが，ただ上から降りてきた施策に対する「対応＝対策」ではなく，目の前の児童・生徒に向き合いながら，「善い実践」に向けて試行錯誤や創意工夫ができる専門職たる教師を育てたいですね。

6 大学教育とアクティブラーニング

●大学の授業風景の変化

小針：今度は僕から井上さんに伺ってみたいと思います。現在のユニバーサル型の大学になると，もはや一方通行的な講義が通用しないから，アクティブラーニングを採り入れていく必要があるのではないかと井上さんご自身も発表されていましたね（井上 2018）。

井上：はい。アクティブラーニング以前，大学教員は，教室で一方的に講義をして，学期末に試験をすればよい時代が長く続いていました。言い換えると，あとは学生が教室の外で適当に補完してくれることを期待できた時代でもあります。教員が「試験をやる」と言えば，学生は授業ノートやプリントをまとめたり，過去問を集めたり，それぞれ試験対策をして臨む。つまり学生は教室の外で勝手にアクティブにやっていたわけです。

小針：僕や井上さんが大学生だった 1990 年代でしたら，確かに教員の管理から離れた場所で，たとえば大学近くの喫茶店などで先ほどの（一方通行の）講義のふりかえりみたいなことを，好き勝手にしゃべったりしていました。

そうした学生同士の語らいが教室のなかで教師にみえるようにやれば，教員は「学生がちゃんとふりかえりをしているな（自分の意図は伝わった）」と安堵するだろうし，学生も「先生が見てくれている（評価されるだろう）」と安心するかもしれないけれど，結局，それは教室内の関係性に閉じた自己満足の世界ですよね。

試験であれば，授業の内容を理解し，自ら思考した内容をどの程度答案が書けたのかという結果がすべてです。勉強している様子を見せても，努力しているアピールをしても，結果とは無関係です。試験で測定されるものは，教室内の関係性の外部にあるからです。

井上：そうですね。アクティブラーニングが「教員が見ているところでの勝負」だとすれば，試験は「教員が見ていないところでの勝負」です。後者の場合は，高い評価を得るための攻略方法はいろいろありますから，自由や多様性はあったと思いますね。

ところが，学生が教室の外で適当に補完してくれるという期待が，だんだん通用

しなくなってきたわけです。とくに教育困難な大学では，学生は，放っておいたらノートもとらないし，教室の外で補うこともしない。だから懇切丁寧な配布資料を用意したり，リアクションペーパーを提出させてコメントを返したり，学生同士のグループで話し合わせたり，課題や宿題（アサインメント）を出したり，とにかく手足を動かし頭を使う機会を増やすなどの工夫をするようになりました。丁寧な指導とアクティブ（活動的）な仕掛けを売りにした授業のあり方が，高偏差値大学にも波及し，標準仕様になってくる。こうして，2000年代以降に，大学の授業風景は大きく変わりました。

　つまり，政策として上から降りてきたり，一部の高等教育研究者や教育方法学者が特定のモデルや手法の旗を振る方向とは別に，現場の大学教員たちが目の前の学生に向き合いながら試行錯誤と創意工夫を重ねてきた歴史があるわけです。良い悪いではなくて，そうせざるをえない事情があったということなのです。

　ただ，国策としてアクティブ・ラーニングが大学教育で導入・推進されるとどうなるか。もともと必要がなかった授業や必然性がない場面で，突然グループワークが始まる。とくにコミュニケーションを求める教育方法は，いろいろな意味でハードルが高い。大学にはいろいろな学生がいます。発表やグループワークがあるとシラバスに書いているだけで「履修をやめます」という学生も一定数出てきます。

　高校までの教室であれば，教員は生徒を個体識別し，普段のやり取りと生活態度の観察から本人の性格もある程度把握しているので，「こう働きかけたら，こう反応するだろう」と期待できるだけの関係性ができています。

　大学が高校までと違うのは，教員は必ずしも学生を個体識別していません。週1回の大講義室で出会うだけの学生について，どんな性格なのかを知ろうとも思いませんし，個人的な事情にもあえて立ち入ることはしません。もちろん，特別な配慮が必要な学生や，指導関係にあるゼミの学生は例外ですが。

　学生との関係性が希薄な教員が，いきなり「とりあえず4人グループを作って，このテーマで話し合ってみて」などと指示を与える。よくあるアクティブラーニングの風景だと思うでしょうか。しかし，学生によっては，それはもう恐怖の時間でしかない。教員の側も，学生の顔色がおかしいかなとか，調子が悪そうだなというのはわからないので，「ほら，もっと積極的に参加して」などと促すわけです。学生の異変に気づいたときにはもう遅かったりする。次回から姿を見かけなくなるのです。

　ですから，やるのなら教員にはファシリテーターの資質が求められるし，きちんと信頼関係を作るなどの環境条件を整えるといった周到な準備が欠かせません。そ

こまでできないのなら，アクティブラーニングはやらないほうがいい。僕はそういう立場です。

●大学の「アカデミック・フリーダム」のゆくえ

　小針：僕が大学の専任教員になった当時（2004 年）の FD（Faculty Development）といえば，それぞれの授業実践や学生の反応を，同僚の先生方とフラットな立場で話をしながら，授業や教材・教具のティップス（tips：秘訣や裏技）を共有・発展させようという草の根レベルの取り組みとして，自主的に行なっていたところが多かったですよね。

　しかし，2008 年に FD が義務化され，外部評価の対象や条件になりました。そうなると，自主的な取り組みでは外部評価の対象にはなりません。高等教育研究者や教育方法学者などの「専門家」を外部講師として招き，オフィシャルに「FD 講習会」を開催し，教員に出席を求めるようになりました。

　ところが，その講演会では，講演先の大学や学生の事情をよく知らない外部の専門家がご高説を垂れるから，現場の実情とピントが合わない一般論や抽象論，最悪なのは上から目線の精神論です。個人的にも FD 講習会が自身の授業改善の参考になったという記憶がまったくといってよいほどありません。その要因は明らかに現場の課題との隔絶です。

　あるいは，「アクティブラーニング型の活動がシラバスに入っていますか」「全 15回の授業回のうち 2 回はグループワークを入れてください」という形式で，改革や改善がきちんと行われていることをみえる形で要求されるようになりました。

　さらに財政的な自律性の弱い一部の国立大学では，ラーニング・コモンズを造ったり，アクティブラーニング型の取り組みを計画・実施すれば，補助金をつけます，増額しますと政策誘導されている。目の前に「ニンジン」をぶら下げられれば，否が応でも「馬」は走らざるをえない。国立大学ならぬ「国策大学」ですよ。

　小学校から高校の教育活動には学習指導要領が国家基準として存在し，現場も比較的従順になってしまったので，国も管理・統制がしやすくなったのかもしれません。しかし，大学教育には学習指導要領はなく，現場の教員は改革に対する抵抗勢力が多数を占めます。だから「選択と集中」という大義名分を掲げ，補助金を大学の目の前にぶら下げて，管理・統制下に置こうとするわけです。でも，補助金をたくさんもらえばもらうほど，今度は国策に依存し，現場は疲弊します。いわゆる「勝ち組」大学ほど，外部から滅びていくというのは笑えない冗談です。

もちろん，大学教員がこれまで「大学の自治」や「学問の自由」に護られ，その上にあぐらをかいてきた側面は否定できません。しかし，教育の自由を含むアカデミック・フリーダムという理念は，やはり大学の教育・研究の根幹を支える大原則だと思うのです。それは大学教授が偉いという意味ではありません。アカデミック・フリーダムというのは，大学人が多様な研究活動を行い，そこに多様な社会的・文化的背景をもつ学生がキャンパスに集い，教室などで出会い，関わり合いが始まるための必要条件だと思うのです。「政府の改革案を実現しようとしない大学には補助はしない」という陰湿な恫喝による政策誘導とはまったくかけ離れたものです。

井上：1990 年代までの大学の教員も，授業の進め方や教え方について，個別には改善の努力をしてきたと思います。しかし，教育改善の問題意識やティップスを共有したり，組織的に取り組んだりする動きは，2000 年代以降です。少しずつツールや技法・手法が認知，活用されるようになってきたこと自体は悪いことではない。ただし，それはあくまでも，それぞれの教員の「善い実践」を目的としたものです。授業の内容や，目の前の学生たちの状態などの条件を加味しながら，どう活用するかは大学教員が主体的に判断すべきです。

小針：同感ですね。大学の教員に対しても，「目の前の学生をきちんと見ていますか」と注意を喚起して「こんなティップスが使えますよ」と提示するに止めるべきでしょう。目の前の学生にきちんと向き合うことは，教員自身が主体的かつ自覚的に考えなければならない教育責任です。それ以上の，どのように授業するかは教員の裁量に委ねるべきです。そして，それを十分にサポートすることこそが FD の肝だと思います。

井上：大学人は，その最終ラインを譲ってはいけませんね。

小針：そうだと思います。しかし，その最終ラインも明け渡しかねない。何をどのように授業を行うか。それを決める主体は官邸でも行政でも旗振り役でもありません。各大学や各教員そして学生です。独断ではなく，社会や学生に向き合いながら，最終的には大学人が責任をもつ。もちろん個々にアクティブラーニングやワークショップがあったっていい。しかし，それでなければならないというのは明らかに違う。それは国が政策誘導することではないし，その弊害は，かつての自由放任

の時代よりも大きいと思います。今回の国策アクティブ・ラーニングの経過を端からみてきた者からすれば、この流れは小中高校だけでなく、大学教育にも何食わぬ顔で入ってきています。政財界が教育を通じて教師や児童・生徒・学生に政策への従属を求めながら、日本の学校や社会が全体主義に陥っていくような、そのような危惧さえも覚えています。

　井上：アクティブ・ラーニングも含めて、これからの大学教育改革との関連でいうと、文部科学省は今まさに「全国学生調査」の試行調査を行なっている最中ですね。今後実施される本調査や国が示す「教学マネジメント指針」などによって、どのような形で大学教育改革が行われていくのでしょうか[3]。

　小針：この「全国学生調査」については、そもそも研究倫理として問題だと思うところもないわけではないのですが、ここではその話は措いておくとして、分析の結果のみならず、その活用の仕方も注視しなければならないと思っています。つまり、大学教育や学生の「問題」ばかりが発見・注目され、それを根拠にして、さらに改善や改革が重ねて求められていくのではないか。問題の要因を、教員や学生の意識の低さや教育の不足に求め、その対案として、教育の強化や徹底を図ることによって、問題を解決すべしなどと安易に提言、改革を推し進めるような、無意味で無茶なやり方です。先にも述べたように、データの解釈やそれに基づく提言は、どうか丁寧かつ慎重に慎重を重ねたうえで公表、活用してもらいたいと思います。公表という点でいえば、それを報道するメディアにも同じことがいえます。
　今日お話ししたように、幻想の教育万能論による場当たり的な教育弥縫策は、長期的にみれば、害のほうがはるかに大きい。僕自身は教育の可能性を信じないわけではありませんが、それは、組織、集団、個人あるいはそれぞれの環境、背景、条件によっても、現われ方が異なります。どれだけ「教育」をしても、すぐにはプラスにはならないし、マイナスの副作用をともなうこともあるし、最も多いのはプラスにもマイナスにもならないことでしょう。あるいは、マイナスと思われたものが時間の経過や社会の変化にともなって、プラスに転じることもあるし、もちろんその逆もあります。そうした教育のもつ蓋然性も含めて、人間形成の重要な過程だか

3）2019 年 11 月〜 12 月に実施された第 1 回試行調査では 11 万人の学生の回答が得られたという。2021 年内にも第 2 回目の試行調査の実施が予定されている。

らこそ，「待つ」「受け止める」ゆとりが学校・教師・親のみならず，広く社会に求められるのではないでしょうか。

　10年や20年の短期的なスパンで，教育の効果や成果を早急かつ過度に求めるあまり，政財界や強者の独善的な論理によって，学校や大学を追い立て責め立てるオラオラ系ネオリベ教育改革を阻止し，そして学校や大学が「教育」の名を借りた修行や鍛錬を行う窮屈な場にならないようにするために，可能な限り根拠を示しながら，多くの方が政策や改革の問題点や課題に気づくきっかけとなるような発言を今後も続けていきたいと思っています。

【付記】日時：2019年11月30日／場所：調布パルコ／構成：井上義和

● 追　　記

　本章の対談は，2020年4月の小学校学習指導要領の全面実施の「前夜」に，国策アクティブ・ラーニングに対する警鐘を鳴らすつもりで応じた内容である。井上氏とわたしは口角泡を飛ばす勢いで熱い議論を交わした。しかし，その後の新型コロナウィルスの感染拡大により，一斉休校は数ヶ月にわたって続き，オンライン授業が急遽導入された。休校明けの学校では，対面の授業が再開されるも，マスク姿の児童や生徒が教師に促されるまま，お互いの距離を取りながら，小声で「対話」する風景が見られた。これがコロナ禍中・後の「主体的・対話的で深い学び」の姿になるのか，それ自体がもはや風前の灯火なのか，今のわたしにはわからない。そして，それと軌を一にして，GIGAスクール構想やEdTechなど，ICTを活用した「（公正で）個別最適化された学び」（中央教育審議会2021）という新たな流行語（バズワード）による「祭り」の到来の予感もある。これまでの改革の流れや議論とは非連続的に，未来の学校や学習のあり方を論評する多量の言説（バズ）の生成と消費をともなう「ポスト・コロナ祭り」の様相を呈している。しかし，現時点で，その是非を論じるには，いささか時期尚早というべきであろう。むしろ，今次の学習指導要領や大学入試改革を批判的に論じてきたものとして，今般の一連の教育改革の検証や総括が（部分的であっても）求められていると考えている。それは，かつて（2015-2016年頃）のアクティブ・ラーニング「祭り」の喧騒を思い返しながら，やや寂寥たる会場に遺されたままの櫓（やぐら）の柱や杭の強度を改めて検証しなおす地味な作業にも通じる。もちろん，櫓の上から，誰が「祭り」を主導し，太鼓持ち（旗振り役）がいかなる形で介在していたのかについてもきびしく問われなければならない。そして，本対談の内容は，これまでとこれからの「祭り」

の検証に向けた「序章」として位置づけられるべきだと考えている。

（2021 年 2 月 4 日　小針　誠）

【引用・参考文献】

井上義和 (2018).「コミュニケーションからファシリテーションへ——アクティブラーニングの社会理論の試み」日本教育社会学会第 70 回大会課題研究Ⅲ「アクティブラーニングの教育社会学」公開研究会 2018 年 11 月 6 日（於・東京大学）発表レジュメ

苅谷剛彦 (2018).「「大学性悪説」による問題構築という〈問題〉——大学改革における言語技法の分析」佐藤郁哉［編］『50 年目の「大学解体」　20 年後の大学再生——高等教育政策をめぐる知の貧困を越えて』京都大学学術出版会, pp.47–104.

小針　誠 (2018).『アクティブラーニング——学校教育の理想と現実』講談社

小針　誠 (2019).「カリキュラム改革の社会学」原　清治・山内乾史［編］『教育社会学』ミネルヴァ書房, pp.210–223.

小針　誠 (2020a).「学習指導要領と大学入試改革」中村高康［編］『大学入試がわかる本——改革を議論するための基礎知識』岩波書店, pp.171–190.

小針　誠 (2020b).「国策アクティブ・ラーニングは大博打——〈胴元〉たちの隠れた意図を問う」『Journalism』*358*, 朝日新聞出版, 50–57.

中央教育審議会 (2016).「幼稚園，小学校，中学校，高等学校及び特別支援学校の学習指導要領等の改善及び必要な方策等について（答申）」（平成 28 年 12 月 21 日）文部科学省〈https://www.mext.go.jp/b_menu/shingi/chukyo/chukyo0/toushin/1380731.htm（最終確認日 2021 年 10 月 12 日）〉

中央教育審議会 (2021).『「令和の日本型学校教育」の構築を目指して——全ての子供たちの可能性を引き出す，個別最適な学びと，協働的な学びの実現（答申）』（令和 3 年 1 月 26 日）　文部科学省〈https://www.mext.go.jp/b_menu/shingi/chukyo/chukyo3/079/sonota/1412985_00002.htm（最終確認日 2021 年 10 月 12 日）〉

東京大学教育学部総合教育科学科比較教育社会学コース (2018).『中学生を探る〜質問紙調査から見る彼らの本音〜』（教育社会学調査実習報告書）

松下佳代 (2019).「教育方法学の拡張と危機——教育心理学との対話の必要性」（安藤寿康ほか「準備委員会企画第 60 回記念シンポジウム　実学（サイヤンス）する教育心理学——隣接する学問との対話」）『教育心理学年報』*58*, 228–230.

溝上慎一 (2018a).『アクティブラーニング型の授業の基本形と生徒の身体性』東信堂

溝上慎一 (2018b).『大学生白書 2018——いまの大学教育では学生を変えられない』東信堂

Frey, C. B., & Osborne, M. A. (2013). The future of employment: How susceptible are jobs to computerisation? 〈https://www.oxfordmartin.ox.ac.uk/downloads/academic/The_Future_of_Employment.pdf（最終確認日：2021 年 6 月 7 日）〉

コラム3：「アクティブラーニング」を理念として捉えなおす

元濱奈穂子

「アクティブラーニング」は理念である ────────────

　「アクティブラーニング」という言葉は近年急速に人口に膾炙しました。しかし第7章の小針誠の指摘から判断するに，我々は「「アクティブラーニング」を社会全体で追求すれば「アクティブラーニング」の本来の意図が実現する」という単純な未来予想図を描くことはできないようです。ここでは「「アクティブラーニング」は理念である」という考え方をベースに，今後我々が「アクティブラーニング」とどのように向き合っていけばよいのかを改めて考えたいと思います。

　そのために，まずは「アクティブラーニング」という言葉のルーツを確認してみます。溝上（2014, 2016）には，1960年代以降，「アクティブラーニング」を積極的に普及させようとした大学教員が多数登場します。これらの教員に共通するのは，「大学は，高等教育の大衆化や労働市場の変化に教育改善を通じて対応しなければならない」という問題意識をもっていたことだといえます。そして「アクティブラーニング」は，こうした教員の問題意識を理念化したものとして誕生しました。

　つまり，もともと「アクティブラーニング」は，何か具体的な実践から帰納的に理論化されたものではありませんでした。「アクティブラーニング」は，「教育とはこうあるべきだ・こうあってほしい」という語り手の願い，そして時に，その背景にある「今の教育はこうだ。そしてそれは悪いものだ」という語り手の認識枠組みを多分に含みこんだ理念だといえるのです。

　「アクティブラーニング」の理念自体を否定することは困難です。なぜならそれは，多くの教育関係者の理想と願いをそのまま反映したものだからです。ビースタ（2016）は，「子どもたちに良い質の教育を提供する」というアイデア自体は誰も否定しないと指摘していますが，それと同様に，「学生が能動的に良く学ぶ」という考え方を否定する人はまずいないでしょう。「アクティブラーニング」がかくも早いスピードで教育界に浸透した背景には，こうした事情もあったのではないかと考えられます。

「アクティブラーニング」が理念であるがゆえの功罪 ────────────

　「アクティブラーニング」という理念は，教育に良い影響もたくさんもたらしました。たとえば，先のコラム（☞本書120–2頁）で中村和彦が体験学習の実践事例を紹介しています。こうした実践は，これまで教育機関や教員が

独自に行なってきたものですが，それが近年，「アクティブラーニング」という枠組みによって再編成され，共有され始めています（小田 2016 など）。この動きは，学生が教育を通して貴重な経験を得る機会を増やしていると思います。

　他方，これからは「アクティブラーニング」の「罪」の部分もみなければならないようにも思います。筆者にとって危険だと思われるのは，「アクティブラーニング」が単なる理念にとどまらずに，学生や教師の行為の善し悪しを判別する外在的な基準になってしまうことです。たとえば，議論やグループワークへの関与が浅い学生を「フリーライダー」と批判的に捉える傾向が生まれつつあります（山田 2018 など）。また，小針（2018）が見出した「アクティブラーニング」のマニュアル化を，溝上（2019）は教師の能力不足に対する批判へと展開しています。「アクティブラーニング」の理念から逸脱する学生や教師が批判にさらされているのです。良い教育・良い学びを目指して出発したはずの「アクティブラーニング」が，当事者を置き去りにした外在的な批判を生み出してしまうのは悲しいことです。

教育の理念は「アクティブラーニング」だけではない ───────

　また，実際の教育実践の善し悪しは「アクティブラーニングかどうか」という一つの基準で判別できるほど単純ではありません。大学教育のフィールドワーカーである筆者は，「アクティブラーニング」について非常によく理解している教員が，教室のなかで半ば強引に学生の答を修正するような場面に遭遇することがあります。ですが，後で教員に尋ねてみると，そうした行為が教員の葛藤の末に生まれていることに気づきます。教育には，さまざまな学生が存在する教室の秩序と雰囲気を保つ，学生一人ひとりと向き合う，社会に向けて教育の質をわかりやすく示すといった多様な理念が存在し，「アクティブラーニング」はこれらのうちの一つでしかありません。他の理念との葛藤のなかで，「アクティブラーニング」の理念の優先順位が一時的に下げられることもあるのです[1]。

　「アクティブラーニング」という理念と同時に我々は，教育が追求すべきそれ以外の理念にも自覚的であり続けなければなりません。そのためには，教

---

1) 元濱（2021）は，特定の評価基準への偏重が，日々葛藤に直面する教員の自己否定につながる危険性や，現存の基準では評価できないものの，教育的価値が認められる教育実践の実存可能性について，具体的な授業実践の事例を取り上げながら論じている。

員や学生の生の声に耳を傾け，「アクティブラーニング」が実際にどのように行われているのか，それが他の理念とどのような葛藤を生むのかを理解していくことが重要になってくると思います。

【引用・参考文献】
小田隆治［編］（2016）．『大学におけるアクティブ・ラーニングの現在──学生主体型授業実践集』ナカニシヤ出版
小針　誠（2018）．『アクティブラーニング──学校教育の理想と現実』講談社
ビースタ, G.／藤井啓之・玉木博章［訳］（2016）．『よい教育とはなにか──倫理・政治・民主主義』白澤社（Biesta, G.（2010）. *Good education in an age of measurement: Ethics, politics, democracy*. Paradigm.）
溝上慎一（2014）．『アクティブラーニングと教授学習パラダイムの転換』東信堂
溝上慎一（2016）．「教育関係者は施策の「社会が変わった」という説明を繋げて理解していない」溝上慎一の教育論〈http://smizok.net/education/subpages/a00004（shakai）.html（最終確認日：2020年3月31日）〉．
溝上慎一（2019）．「（書評）小針誠著『アクティブラーニング 学校教育の理想と現実』」『IDE現代の高等教育』*607*, 70–71.
元濱奈穂子（2021）．「大学教育における「他者としての教員」の実存可能性──ゼミ場面のフィールドワークに基づく実証」『東京大学大学院教育学研究科紀要』*60*, 683–691.
山田邦雅（2018）．「課題研究シンポジウム グループ学習におけるフリーライダーの弁別と他者への影響」『大学教育学会誌』*40*(1), 38–41.

第Ⅰ部

第Ⅱ部

第Ⅲ部

08 反省性を統治する

ワークショップ／ファシリテーションの社会学的考察

牧野智和

1 社会的現象としてのワークショップをいかに捉えられるか

●展開の多様性をめぐる困難

　教育学者の真壁宏幹は，社会の各所でワークショップが行われている状況に対してそれを原理的に捉えようとする研究が少ないと述べ，その理由を次のように示している。

> それは，ワークショップがまずは実践活動であり，しかも，その実践が従来の理論先行型，トップダウン型ではない理論 – 実践関係を模索しているからだろうし，現在進行の事態だからともいえるかもしれない。だが，なによりも展開されている領域の多様さが見通しを妨げていると思わざるをえない。(真壁 2008: 112)

　中野民夫がかつて示したように，ワークショップの展開領域は実に多岐にわたっている（図 8-1）。それぞれの領域にはワークショップが導入される固有の文脈と目的があり，活動のあり方や力点の置き方にもバリエーションがあるため，ワークショップ一般に通じる原理を論じることは容易ではない。たとえば学校教育の分野では，2000 年代初頭からワークショップや，そこから派生した側面（第 4 章を参照）があるファシリテーションの技法の活用を推奨する人びとが現れるようになっている。彼らの著作ではワークショップ等は体験的学習を促す一技法として位置づけられているが，それが「体験のしっぱなし」にならないようにゲーム的要素によって「体験をコントロール」し，「体験の組織化」を行うのがよいと語られることがある（上条 2001: 12-4, 145 など）。教育学者の子安潤（1999: 160）は，ワークショップが「体

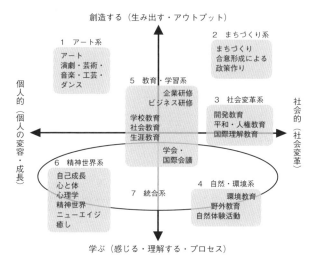

図8-1　ワークショップの分類 (中野 2001: 19)

験マニュアルに堕してしまうと，世界の捉え直しさえも型にはまったものになってしまう」と指摘していたが，学校教育におけるワークショップの展開についてはそのような批判を行うことができるかもしれない。また，彼らの著作においてワークショップ等の技法は「総合的な学習の時間」や「特別の教科　道徳」で活用できる，基礎学力や「確かな学力」を習得させることに役立つ，「言語活動の充実」や「活用を図る学習活動」，そして「アクティブ・ラーニング」の推進に有用なものだといった正当化の前置きがほぼ置かれているが，これらについても何らかの批判を行うことができるかもしれない。

　しかし，こうした展開を批判したとしてもそれはその文脈での話だとしてワークショップやファシリテーション全体にはさして届かない，皮相的・部分的な批評にとどまってしまう可能性が高い[1]。ワークショップやファシリテーションについて原理的に捉えようとするならば，こうした特定領域における応用に注目するよりも，どの領域での活用においても共通する，ワークショップやファシリテーションにおける本質的な要素を正面から考察していく必要があるように思われる。

◉**ルーツの多様性をめぐる困難と本章におけるアプローチ**

　このような本質的要素へのアプローチとしては，ワークショップのルーツを探求していくというスタイルがありえるかもしれない。だが，図8-1で示したように

ワークショップがさまざまな領域で固有の文脈をもって展開してきたということ
は，そのルーツが多岐にわたっているということでもある。ざっと挙げるだけでも
クルト・レヴィンらのグループ・ダイナミクスにおけるラボラトリー・トレーニン
グ（やがてＴグループ，感受性訓練などと呼ばれていく），ヤコブ・モレノのサイコド
ラマ，カール・ロジャーズらによるエンカウンター・グループ・アプローチ，アメ
リカにおける住民参加運動の展開，パウロ・フレイレの（識字ないしは開発）教育
論，それを取り入れた演劇ワークショップの展開，美術教育における手作業の工夫，
ジョン・デューイに影響を受けた教師教育の展開，子どもの人権や主体的な学びを
重視する社会教育や人権教育の展開，川喜田二郎の KJ 法と移動大学など実にさま
ざまである（高田 2001: 69; 木下 2007: 168–213; 森 2015: 15–30 など）。ワークショップか
ら派生した側面があるファシリテーションの場合はさらに，レヴィン，ロジャーズ，
モレノなどのルーツを共有しつつ，エドガー・シャインのプロセス・コンサルテー
ション論，ピーター・センゲのラーニング・オーガニゼーション論，ビジネスにお
ける先駆例としてのゼネラル・エレクトリック社（ジャック・ウェルチ時代）におけ
る「ワークアウト」の実践などがさらに関係している（本山 2014: 74-6 など）。

　こうしたルーツのいずれかを選び，その源流まで遡っていくことの意義はもち
ろんあるのだが，それではワークショップやファシリテーション全体に通貫するよ
うな要素を捉え損ねてしまう可能性がある。かといって，すべてのルーツを遡って
いくことは筆者個人では難しい[2]。また，別様の観点から中野もワークショップの
ルーツ探しは難しいと述べていた。それは実践者それぞれにおいて，ワークショッ

---

1) 1990 年代の人権教育における「参加型学習」に関して教育学者の山崎雄介（1999）は，
　参加型学習の意味するところが曖昧である，従来的とされる「知識・理解」を中心とし
　た学びと二項対立的に対比される（そのような対比が正しいかどうかも問題である）参
　加型学習がより明確な効果をもつかどうかがきちんと比較されていない，ゲームを取り
　入れた学習形態は人権に関する実際の問題を矮小化してしまいかねないといった批判
　を行なっている。だがこの文脈においてこうした批判が有効であっても，それ以外の分
　野においてゲームを取り入れた参加の手法は実際的な一定の成果や好評を得ており，そ
　の意味でもワークショップに関連する実践の全体に通貫するような批評を行うのは容
　易ではないと思われる。
2) 2008 年に慶応義塾大学アート・センターが編んだ『ワークショップのいま――近代性の
　組み替えにむけて』では巻末に「ワークショップ主要研究資料」が紹介されているが
　（中島 2008），ワークショップ論，芸術，心理学・精神医学・心理療法，教育，まちづく
　りという 5 分野に絞ってまとめられた「主要」なものだけでもリストは 49 ページにの
　ぼっていた。

プ以外の経験も含めたさまざまなことがらが「再編集」されて実践に移されるためだという（西村 2011: 181, 6）。

このように，ワークショップやファシリテーションについて考察するのは一筋縄ではいかないのだが，今述べた「再編集」という側面に注目すると，次のようにみていくことができるのではないかと筆者は考える。ワークショップやファシリテーションは，述べてきたようにさまざまな領域で，さまざまな実践者によって諸ルーツが組み合わされながら多様に展開されている。そして実践者一人ひとりのルーツ，実践の進め方や力点の置き方もそれぞれ多様である。だが，ワークショップやファシリテーションがなぜ必要なのか，その最も重要なポイントは何なのか，その実践者（ファシリテーター）は何に気をつけねばならないのか，参加者にはどうあってほしいのかといった，いわばワークショップやファシリテーションをめぐって「よく聞かれること」への応答の仕方には一定の定型性がみられるように思われる。つまり「誰が語っても，似たような語り」になり，その語りの「同型性や秩序」が観察できるような対象＝「言説」としてワークショップやファシリテーションをめぐる語りのある部分を捉えることができるように思われるのである（赤川 2006: 37, 111-2）。さまざまなルーツの再編集をそれぞれが独自に行いながらも，実践においてよくある経験やその反省，実際に現場で聞かれたこと，先行するワークショップ論の参照，それらを踏まえたさらなる実践と反省の積み重ねのなかでこうした定型性は形づくられていると思われるが，本章ではそのようなワークショップをめぐる言説の分析から，こうした営み全体に通貫するような本質的要素を汲み取り，考察をしていきたい。

2 リフレクションという要点

◉織り込まれている批判

本章の冒頭でワークショップ批評の難しさについて述べたが，それは展開領域やルーツの多様性のみによるものではない。第4章で紹介した国内初のワークショップ特集がすでにそうであったように，ワークショップ論には無数の実践から浮かび上がってきた自省や戒めがつねに議論のなかに織り込まれていることにもよる（中野 2001: 166-76; 木下 2007: 157-67 なども参照）。

これはファシリテーション論についても同様で，たとえば中野は2003年の『ファシリテーション革命』において，ワークショップ論から引き継がれたいくつかの注

意事項について述べている。まず，巧みなファシリテーションはかえって人の主体性を弱くしてしまうのではないかと中野は述べる。ファシリテーターが場を作り，出会いや学びが自然に促進される状況に慣れてしまうと，実社会のなかで出合う困難を自ら切り拓くことが逆にできなくなってしまうのではないかというのである。また，ファシリテーションは上下関係を極力排し，対等な関係のなかで共に学ぼうとする営みだが，そのなかでも場を設定し，プログラムを用意し，さまざまな指示を与えながらそれらを進めていくファシリテーターには「大きな特権や力」があり，ファシリテーターはそのことに十分自覚的でなければならない（中野 2003: 182-6）。このように，支援や促進といった言葉を用いながらもファシリテーションは結局何らかの操作をしているのではないか，不均等な関係性（権力関係）がそこには存在するのではないかという，さしあたって思いつきそうな批判はすでにファシリテーションが論じられる初発段階で織り込まれている。

　ファシリテーションに関する戒めとして最も多くみられるのは，その営みを単純化し，形骸化させてしまうことについてのものである。関連書籍の多くは，「ファシリテーションは単に「会議をうまく仕切る」ことと思われがち」（中西 2006: 14），「ファシリテーションについては，最近，会議効率化のノウハウとして日本でも紹介されるようになってきたが，皮相な理解だと思う」（森 2004: ii）というように，ファシリテーション／ファシリテーターの可能性を単純化してしまうことが戒められ，それに対してより広い「本来の姿」（森 2018: 1）の考慮が訴えられている。これは第4章で紹介した1990年代のワークショップ特集以来のものだといえる。つまり，活動を行うことが単純な手段と化してしまったり，その活動が形だけのものになってしまうことをその唱道者たちは強く戒め続けているのである。

　さらに，やはり第4章で示したようにファシリテーションに関する書籍は今日かなりの数にのぼるが，そうした書籍が提示する「方法」への依存も問題視されている。これは，マニュアル依存が「文献にある方法をマニュアル的に実施するだけでは，グループへのファシリテーションは成功しないことが多い」（中村 2003: 113）として戒められることもあるが，より根本的に「多くのファシリテーション・アプローチは，基礎となる理論的な枠組みを欠き，たんなるテクニックと方法の寄せ集めでできている」（シュワーツ 2005: 8）というように，ファシリテーションそのものへの批判として展開されることもある。もちろん，各種の手法が全否定されているわけではない。それらにある程度通じている必要はあるが，それに依存しすぎてはいけないということである。アクティブ・ラーニングに関しては，それがマニュア

ル依存になってしまう可能性が懸念されていたが（小針 2018: 218-21），そのような可能性もまた織り込まれながらファシリテーションは論じられているのである。

　ファシリテーションは実は巧妙な操作の一形態なのではないか。それはときに形骸化し，マニュアルに依存したものになってしまうのではないか。ファシリテーションに関する批評はこのように，ある程度すでに織り込まれている。もちろん，これら以外の批評の可能性はありうる。だが，たとえば筆者は以前，学校におけるアクティブ・ラーニングが生徒間の人間関係に左右されてしまう可能性について指摘したことがあるのだが（牧野 2018: 129），このような現場で起こることに関する批評はおおむねクリティカルなものにはなりえず，むしろファシリテーターが行うべき対等で発言しやすい雰囲気や関係性の構築，活動目標に向けた情報レベルのすり合わせといった実践課題に接続・吸収されてしまうだろう。吸収されてしまう，という表現は意地悪かもしれない。こうした織り込みは，各著者が現場で多くの経験を重ね，その場での問題に数多く直面し，それに向き合おうとした真摯な実践の結晶としてあるためだ。

　いずれにせよ，冒頭に述べたことに加え，このような意味でもワークショップやファシリテーションの批評は容易ではない。だが，こうした「織り込まれた批判」には，結局のところある一つの言葉に集約される「解決策」が対置されているようにみえる。それが筆者の考えるところの「本質的要素」である。

●ファシリテーターの自己論

　2010 年代になると，ワークショップやファシリテーションの営み自体を深く考察しようとする著述がいくつか刊行されることになるのだが，それらが今述べた「解決策」を最も端的に示していると思われる。中野とも多く関わりながらファシリテーションの研鑽を積んできた三田地真実は 2013 年の『ファシリテーター行動指南書』のなかで，ファシリテーターは常に「自らの行動の意味を考え」「自ら，何がその場で起きているのかを感じ取り」，そして「さらに良い場にするためにはどのように振舞えばよいのかを考えて行動する」ことができねばならないと述べ，そのなかでも特に「常に「自らの行動の意味」も考えること」が重要だとする（三田地 2013: 1）。

　もう少し具体的に解説すると，ファシリテーターの「心得」の一つには「常に「Why？（なぜ）」と問いかけること」があるという。なぜ私はこのように振舞っているのか，なぜあの人はこのように振舞っているのか，この場は何のためにあるのか，今なぜこの問いかけをするのか，今この場で起きていることはどのようなこと

で，だから私は次にどのような動きをしなければならないか，といったことを常に
自らに問いかけつつ動く必要があるという（三田地 2013: 18-9）。そのためにはファ
シリテーションの「プロセス」をよく観察する必要があるが，その際には「内なる
プロセス」と「外のプロセス」の双方を見る必要がある。このときまず前者，つま
り相互行為のプロセスのなかで自らにどのような感情が起きているのかをありのま
まに「モニタリング」することが重要で，それができなければ自らの感情にのまれ
て場のプロセスを観察すること（メタ・モニタリング）がおろそかになり，また場に
も悪い影響を与えてしまうことになる（三田地 2013: 20-5, 121）。ファシリテーター
の心得はこれらにとどまるものではないが，このような自己モニタリングのまなざ
しを「常にくるくるとまわしていること」（三田地 2013: 33）がファシリテーターの
あるべき姿だと三田地は述べる。

　コンサルタントのラリー・ドレスラーも『プロフェッショナル・ファシリテー
ター』（ドレスラー 2014）のなかで，やはり自己モニタリングの重要性について力説
している。ドレスラーの主張はシンプルである。さまざまな手法でファシリテー
ションの「道具箱」が一杯になったとしても，不安を消し去ることはできない。こ
うした不安を克服することができるのは「自分のあり方」によるのだ，と（ドレス
ラー 2014: viii-x）。具体的にはこうである。会議ファシリテーションにおいて何ら
かのトラブルが発生したとき，自己防衛や判断停止に向かうのではなく，「「この瞬
間，自分はどんな人間でいたいのか？」と自分自身に問いかけてみる」ことでそう
した反応を抑え，意識的な行動選択の余地が生まれる。自分自身の思い込み，とら
われ，考え方の癖，感情のスイッチをよく知ることで，自らの感情にのまれて適切
な判断ができない可能性を減少させていく。そのためにドレスラーが提示するの
が「リフレクティブ・プロセッシング」という手法である。これは，「「これは唯一
の正しい見方だろうか」「この信念や感情は，私の人生に何をもたらすだろう」な
どを問うことで，自分の信念や思い込みに光をあて，検証すること」（ドレスラー
2014: 68）を意味する手続きである。「自分への問いかけ」を自分自身の感情，こだ
わり，思い込み，考え方，欲望，動機，そして自らの行動が及ぼすグループの活動
への効果などについて常に行い，それが十全にできればファシリテーターは「リ
ソースフル」な状態になるという。つまり，自らをありのままに把握することで他
者や周囲もありのままに自覚できるようになり，その結果「臨機応変にいろいろな
引き出しから最適なアイデアを取り出して」，グループの活動を適切にリードして
いくことができるという状態である（ドレスラー 2014: 71-2）。

　早くからレヴィン以来の人間関係トレーニングを取り入れ，2004 年に大学院人間文化研究科教育ファシリテーション専攻を開設した南山大学の研究者たちも，2013 年の『実践　人間関係づくりファシリテーション』のなかでこうしたプロセスについて詳細に論じている。同書は「場をつくる」「観る」「気づく」「ふりかえる」といったファシリテーションの諸局面を各執筆者が論じたものだが，三田地らに通じる言及を「観る」「気づく」「働きかける」といった局面に関してみることができる。つまり，「観る」ということは目や耳で直接わかること（内容）だけでなく，その水面下で起こっている「プロセス」をみることでもあるが，後者については直接みえないものであるから「自分の“枠組み”」を通してみているということに「気づく」必要があり，ある枠組みからみている自分自身のなかで何が起こっているかを合わせてみる必要がある。こうした姿勢が他者，グループをありのままにみることにつながり，漠然とではなく根拠と責任をもって自らの働きかけを行うことができることにもつながる，というように（林 2013; 山岸 2013; 鈴木 2013）。

　こうした自己と他者の絶え間ないモニタリングが，先に述べたようにファシリテーションをめぐる諸問題への処方箋になっているといえる。ファシリテーション自体が操作であること自体はまぬがれえないが，自らのあり方と状況を，自らの偏りを自覚しつつありのままにモニタリングすることで，権力の濫用を抑制しつつ，目的に向けて適切な支援を行うことができる。また，ファシリテーションの目的や一つひとつの局面で起こることを常にふりかえり，自ら確かめていくことで，ただ司会をすればよいといった単純化や何か活動さえすればよいという形骸化を避けることができる。そして手法をマニュアル的に適用するのではなく，状況を適切にモニタリングし，適切な働きかけのあり方を根拠をもって選択していくことで，マニュアル化の危険も回避することができる。

　第 4 章で紹介したファシリテーター論においてもこうした志向はすでにみることができたが，2010 年代において進んだのはモニタリング，問いかける，気づくといったキーワードを通した諸志向のより自覚的な検討であったといえる。そしてこれらのキーワードはさらに，ある一つの言葉に置き直すことができるように思われる。それはドレスラーの言及にも重なるものだが「リフレクション」という言葉である。つまり紹介してきたようなファシリテーターへのまなざしは，自らを「反省」的に捉える，自らのあり方を「ふりかえる」，「省察」するといった表現に言い直して集約できると思われるのだが（高尾 2012: 29 も参照），ファシリテーションよりも学術的な蓄積が多くなされてきたワークショップ研究におけるキーワードの一つも

また「リフレクション」であった（安斎 2013: 94-6 など）[3]。

●ワークショップの学習理論とリフレクション

　ただ，ワークショップ研究におけるリフレクション論の重心はファシリテーターよりも参加者の側にあり，その議論は参加者の「学習」に特に注目してなされてきた。教育学者を中心とした検討のなかでさまざまな学習に関する理論があてはめられてきたが，ここでは最も主要なものとしてジョン・デューイ，グレゴリー・ベイトソン，ドナルド・ショーンの議論をかいつまんで紹介し[4]，それが近年のワークショップのリフレクション論にどう結実しているのかをみていきたい。

　リフレクション論の出発点になっているのはデューイだとおそらくいってよい[5]。『民主主義と教育』（デューイ 1975）の第 11 章「経験と思考」ではまず，「行動によって引き起こされた変化が跳ね返ってわれわれの中に変化を引き起こし」，「単なる流転にすぎなかったものに意味が詰め込まれる」ことが「学習」であるとして議論が始められている。このような「われわれがなすことと，生ずる結果との間の，特定の関連を発見して，両者が連続的になるようにする意図的な努力」が「思考」，特にその関係性を試験的に解釈し，調査分析を行い，仮説を精密化し，実際の行動によって仮説を検証していく営みが「熟慮（reflection）（的経験）」とされる。目の前で流転しているもの，原因と結果が「どのように関連しているかを知らない」ものについて意図的に分け入り，「経験の中の理知的要素を明白にしていく」プロセスとしてのリフレクションをめぐる議論が，ワークショップ学習理論の出発点の一つになっているといえる。

　ベイトソンは『精神の生態学』（ベイトソン 2000）における「学習とコミュニケーションの階型論」において，学習の諸段階を表 8-1 のように整理している。

　古典的条件づけに代表されるような学習 I においては，刺激と反応は特定のコンテクストのなかで生じているが，別のコンテクストにおいても同様の刺激と反応の結びつきが観察できるような状況を学習 II は示している。ベイトソンは「行為と経験の流れが区切られ，独立した経験として括り取られる，その括られ方の変化」「学

3）というより，その影響が紹介してきたような語用につながっているともいえる。
4）より詳細には山内（2013）などを参照。
5）デューイのリフレクション論は『思考の方法』（デューイ 1955），特にその第 7 章「反省的思考作用の分析」に詳しいが，少し後の『民主主義と教育』（1975）においてより簡潔明快な解説が行われているので，今回は後者を参照したい。

表8-1　ベイトソンの学習段階（ベイトソン 2000: 399-400）

ゼロ学習	反応が一つに定まっており，その特定された反応は動かすことができない。
学習Ⅰ	反応が一つに定まる定まり方が変化する。つまりはじめの反応に代わる反応が，所定の選択肢群のなかから選びとられる変化である。
学習Ⅱ	学習Ⅰの進行プロセス上の変化で，選択肢群そのものが修正される変化や，経験の連続体が区切られる，その区切り方の変化である。
学習Ⅲ	学習Ⅱの進行プロセス上の変化で，代替可能な選択肢群がなすシステムそのものが修正されるたぐいの変化である。このレベルの変化は個体にときとして病的症状をもたらす。
学習Ⅳ	学習Ⅲに生じる変化で，個体発生上の変化を変化させる系統発生上の変化などを意味し，地球上に生きる有機体がこのレベルの変化に行き着くことはないとされる。

習のしかたの学習」「問題Ａの学習成果が問題Ｂの場へ持ち込まれる」といった表現をしているが，よりわかりやすい例でいえば「性格」の形容——勝ち気，お調子者，気難しい等——はそれぞれ，特定のコンテクストをこえてみられる学習Ⅱ水準のパターンを示しているとされる（ベイトソン 2000: 399-409）。学習Ⅲは人間でも「なかなか到達できないレベル」とされるが，「学習Ⅱのカテゴリーに入る習慣形成を，よりスムーズに進行させる"能力"や"構え"の獲得」，「学習Ⅱで獲得した習慣を自分で変える術の習得」，「学習Ⅱの発生を抑えたり，その方向を自分で操ったりする術の習得」，「自分が無意識的に学習Ⅱをなしえる，そして実際行なっているという理解の獲得」といった例が挙げられている。それぞれが「習慣の束縛」から解放されることを意味しており，このような自己のメタ化が個体レベルで行いうる学習の到達点とされている[6]。

　ショーンの「行為の中の省察」（reflection in action）についての指摘（ショーン 2001: 77-121）は，リフレクションをより動態的なものとし，学習者・参加者およびファシリテーターの双方に適用できる知見を提供している。ショーンは，私たちは日々

6）ユーリア・エンゲストローム（1999）は，ベイトソンの学習論（特に学習Ⅱ・Ⅲについての議論）とレフ・ヴィゴツキーの最近接発達領域論などを組み合わせ，集団的・社会的な学習形態を拡張的学習として論じた。これは状況的学習論などと合わせ，ワークショップ研究において学習の協同性を意義づける理論的基盤の一つになっているのだが（茂木 2014c: 11），本章では紙幅の関係上，リフレクション論の中核にのみ絞って紹介を行なっているため，ここで触れるのみにとどめたい。

の活動において「適切な基準を言葉では述べることができない質の判断を無数に行い，ルールや手順として述べることのできない技能を実演している」と述べる。このような「行為の中の知」について私たちは，その行為の最中で眼前の問題状況に対応するために，あるいはよりうまいやり方を見つけるために，考えながら行為を続けている。また，やはりその行為の最中や一連の行為が終わったあとで，そこで起こっている（いた）ことは何なのか，自分は何を感じ，考え，行動している（した）のか，その一連の流れはどのようなもの（だったの）か，また妥当な振る舞いといえる（いえた）のかどうか等をふり返ることもある。このような「行為の中の省察」を行うとき，その人は「実践の文脈における研究者」となる。つまり，自ら眼前の状況について省察し，行為のあり方やその判断基準についての理解を組み直し，それを踏まえて妥当だと判断された次の一手をその状況に試し，さらにその影響をみて次の省察のサイクルに進んでいくのである。

　リフレクションに関する理論的源泉はパウロ・フレイレなど他にもあるが，おおむね三者に示されたような方向性と異なるものではない。つまり振れ幅はあるにせよ，自らの振る舞いとそれがもたらす結果についてふり返り，自らの振る舞い，状況認識のあり方，次になすべきことについての認識を組み直していくこと（そのような組み直しに開かれていること）が，リフレクションをめぐる議論の基調になっているといえる。これはファシリテーター自身に適用されれば「反省的実践家」としてのファシリテーター論になり（間宮 2013: 134），ワークショップの参加者にとってみれば，活動に対する自分なりの意味づけや活動成果の共有を行う「ふり返り」を行うことが学びや自己成長の要点になるという話になる（中原 2012: 49; 上田 2014: 48; 平田ほか 2016: 203-4）。これは何らかの実践を「浅い」ふり返りにすぎないとする批判の根拠になる場合もあり，またワークショップやファシリテーションのデザイン論としては協同的活動のなかでいかに「行為の中の省察」をもたらしていくのか（上田 2014: 45），ふり返りをいかに活動のなかに組み込んでいくか（宮田 2014: 40），ダイナミックな関係性のなかでいかに「学習観自体の再考を迫るという，再帰性を帯びた学習活動」に近づくことができるか（長岡 2014: 29），といった実践的課題の基盤にもなる。

　このようなリフレクションという視点が，ファシリテーションやワークショップをめぐる理論・実践の最も本質的な部分をなすもの，その実践の全体に通貫するような要素ではないかと筆者は考える。もちろん，多義的な言葉ではある。しかしどのような領域に適用されるにしても，どのような課題に向き合うにしても，ファシ

リテーターであっても参加者であっても，その活動の編成と改善の指針をオールマイティに包み込むことのできる言葉は管見の限りでは他に見当たらない。ここにたどり着くまでに紙幅を費やしてしまったが，本章の残りの部分では，このリフレクションをめぐる考察を行なっていくことにしたい。

3 反省性をめぐる非対称性とそのデザイン

◉ 現代社会学における反省性をめぐる議論

　自らの振る舞いや認識についてふり返り，組み直していくことをリフレクション論の要点とすると，これに近しいことは現代社会学においても議論されてきた。ただ，そのポイントはこれまでの議論とは少し異なっている。アンソニー・ギデンズは，人間は一般的に自らの行為を反省的にモニタリング（reflexive monitoring）していると述べるが（ギデンズ 1989: 61），前近代の文明においてその反省的モニタリングが結びついているのは伝統的な慣習であり，個々の活動や経験はモニタリングを経て，再び共同体の慣習のなかへと埋め込まれていくものだったとする（ギデンズ 1993: 54）。しかし近代以後の社会では，それぞれの共同体が情報的にも空間的にも開かれ，その結果として行為の反省的モニタリングはより広い文脈のなかで吟味されることになる。近代社会はこのような吟味が生活のあらゆる側面に及び，また見境なく働いていくことを特徴とし，現代はそのような近代社会の特徴が徹底化した「ハイ・モダニティ／後期近代」であるとギデンズは表現している（ギデンズ 1993: 55–56, 70; 2005: 4）。ギデンズとは異なる「ポスト・モダニスト」ではあるが，ケネス・ガーゲンも現代社会はあらゆる価値観が疑われ，相対化された「自己反省的／自己言及的なめまい」（self-reflexive doubt）や「反省性のエコー」（reflexivity echo）に覆われた社会だとしている（Gergen 1991: 134–5）。

　つまり今日の社会では，自らのあり方をふり返り，吟味していくことが気づくと生じるような状況になっているということなのだが，社会学や心理学などの専門科学はそのような状況に加担し，人びとの認識や振る舞いを新たにしていく「リフレクションの形式化された形態」を提供しているとギデンズは述べる（ギデンズ 1993: 57–61）。このような状況において，自己は自らによって構成され続ける「反省的プロジェクト」になっていくともギデンズは述べるが，特に個々人の人生を「体系的な反省」に巻き込んでそのようなプロジェクト化を促進し，より焦点化された「自己観察の技術」を提供しているものとして自助マニュアル──いわゆる自己啓発書

——が紹介されている（ギデンズ 2005: 5, 77-88）。そこで紹介されている自己観察の技法は，「今何が起こっているか？　私は何を考えているのか？　私は何をやっているのか？　私は何を感じているのか？」等を自らに問いかけ，自らを理解する物語を自らの「内的に準拠」する——つまり感覚，感情，認識といったものを手がかりにする——かたちで編み上げようとするものであった。

　さて，こうみてくるとき，ワークショップやファシリテーションはギデンズの議論のうちにかなりの程度位置づけられるのではないかと思われる。つまり，ファシリテーター論における自己のあり方はまさに現代社会における「リフレクションの形式化された形態」といえるもので，自らのあり方を気紛れではない「体系的な反省」へ，そして終わることのない「プロジェクト」へと誘う「自己観察の技術」としてある。その具体的な様態としても，ファシリテーター論においては自らをありのままに見つめ，受け入れることが望ましく，またそのことによってファシリテーションの場において適切にプロセスを観察することができるとされ，ギデンズの分析と非常に近いものがある。さらにファシリテーション論では適切な自己開示はファシリテーションをより効果的なものにするといったこともしばしば語られるが，ギデンズは後期近代においてはまさに「信実性」（authenticity）をもつこと——おのれを知っており，その知識を言葉で，また行動で他者に明かすことができること——が対人関係における信頼の最も強い支えになると述べていた（ギデンズ 2005: 211-2）。このように，ファシリテーターの資質論はギデンズの指摘にかなりあてはまりがよく，その意味でワークショップやファシリテーションは，人びとの反省的モニタリングを「脱埋め込み」し，また新たに「再習熟」させることでモダニティの加速に貢献している実践・知識の端的なまとまりとして位置づけることができるように思われる（ギデンズ 2005: 8, 19-20）。

●反省的モニタリングをめぐる非対称性とその操作

　ただ，ワークショップやファシリテーションにおけるもう一方のアクター，つまり参加者の学びについての議論は，自らのあり方をふり返り，吟味していくことをやはり促進しようとしてはいるのだが，ファシリテーター論のように体系的な自己反省が促されているようにはみえない。もちろんそれは，活動の時間が限られていること，さまざまな参加者がいることなどを考えれば当然ともいえることなのだが，いずれにせよここには一種の非対称性があるということになる。端的にいえば，ワークショップやファシリテーションにおける本質的要素といえる反省のあり

方，つまり反省性（reflexivity）をめぐる非対称性があるということだ。ファシリテーターはこの反省性を体系的に感得し，自らと状況をつねに反省的にモニタリングしつつ，またさまざまな選択肢を行為のなかで反省しつつ選び，参加者をファシリテートしていく。これに対して参加者にはそのような意味でのフレキシブルな反省性をその場で十全に発揮することはおそらく期待されておらず，活動目的に応じてある種の反省性の促進が企図され，一方でそれを阻害するような反省的モニタリングの可能性は縮減されている。逆にいえば，ファシリテーターと参加者に同じ程度の反省的モニタリングを許容し，また同じように体系的な自己反省を促した場合，ファシリテーションやワークショップはうまくいかない，進まない可能性があるのではないかということだ。

　では反省性をめぐる非対称性とはどのようなものなのか。ワークショップやファシリテーションが一種の操作であるということは，中野の例を挙げたように論者自身も自覚していることが多いが，そうした操作をめぐる具体的な言及から考えてみよう。コンサルタントの中西真人（2006: 4-5）はファシリテーターを「牧羊犬」に例えている。つまり，ファシリテーターは多くの場合組織における意思決定権をもってはいない。そのような「牧人」の役割を担うのは組織のリーダーであり，ファシリテーターは定められた目標に向けて，あるいは当の目標の明確化を含んだプロセスを支援する役割を担い，「いろいろな方向に行きたがる羊たちを柵の中に追い込んでいく」のだという。上述の三田地（2013: 7-11）も，「線路型」「放牧型」「ガードレール型」という教育方法における三つのタイプを示し，ファシリテーションは「上手に“ガードレール”を建てる技」だと述べている。定められた目標に向けて敷かれたレールを一直線に，同一速度で進ませる線路型，学習者の自由な活動に委ねる放牧型に対して，ガードレール型はある程度の自由な活動を許容しつつも，進むべきゴールが明確に示されたものである。提示される問いかけや作業によってガードレールの幅が異なり，その匙加減をうまく調整することがファシリテーションにおいては重要なのだと三田地は述べる。

　中西も三田地も，放牧の比喩を用いながらも，完全な野放しではなく，ファシリテーターの活動によってその自由度を調整する営みがファシリテーションだと述べているといえる[7]。その自由度の調整のあり方については，モデルを用いた包括的な整理が行われている。ワークショップデザインを専門とする北野清晃（2016: 106-32）は，そうした調整が生ずるパターンを「ワークショップ組織の罠」として示している。北野は後述するF2LOモデルを参照して，ワークショップの参加者をファ

シリテーター（Facilitator），参加者（Participant），ワークショップにおいて示される作業課題，取り組むべき対象（Object）という F，P，O の三要素で示し，その関係性の失敗パターンを表 8-2 のように示した。

　興味深いのは，同じ関係性であっても，その「過剰」と「過少」がそれぞれ問題になるということである。北野（2016: 40-6）はファシリテーターの役割を「リーダー」「司会進行者」「管理者」「コーチ」「教育者」「調整者」「観察者」の七つとし，参加者の役割を「学習者」「創作者」「思考者」「実践者」「協力者」の五つとしているが，表 8-2 に示されているのはこうした役割からの逸脱ないしは役割の放棄だといえる。ワークショップやファシリテーションにおける自由度の調整は，特定の問いかけや活動を行うという水準のみならず，このような異なった役割群をそれぞれが守る，ないしは演じるという水準でも行われているように思われる。またこれらの役割については，ファシリテーターが状況に応じて振れ幅のある諸役割をフレキシブルに変更していく（べきだとされる）のに対し，参加者の役割の振れ幅は小さく，

表 8-2　ワークショップにおける関係性の「罠」（北野 2016: 107）

名称	内容	関係性
F の関係性過剰	説明のしすぎによる参加者の活動の抑制，介入のしすぎによる参加者間の関係形成の妨害	F - P
F の参加者化	対象への直接介入による参加者の活動の妨害	F - O
F の関係性放棄	調整者役割の放棄，行うべき介入の未実施	F - P
P の関係性過剰	参加者のファシリテーターへの疑念による活動停滞，参加者が日常の属性・立場を場に持ち込むことによる活動停滞，参加者同士が関わりすぎることによる集団思考化，参加者が自身の成果を強調しすぎることによる協同性の阻害	P - F，P - P
P の協力関係放棄	参加者間のコミュニケーションの停滞	P - P
P の役割放棄	参加者の活動への不参加，ファシリテーターの説明の無視	P - O，P - F

7）述べたように，こうした言及は劇的に新しいものではなく，同様の言及はそれ以前からみられる。たとえば学校教育現場でのワークショップの導入を牽引してきた上条晴夫ら（2004: 8）は，「活動範囲を指定する枠の範囲内で，できるだけ自由に考えられるようにする」ことがワークショップ型授業のポイントであると指摘していた。三田地ら2010 年代における言及は，こうした言及の積み重ねを経て，それを理論的に位置づけ直し，包括的に述べ直しているものだとみるのがよいだろう。

その反省的モニタリングの幅もファシリテーターのそれに比べるとおそらく狭いといえる。「ファシリテーター的参加者」（青木 2012: 249 など）という言い方もあるのだが，参加者は基本的にはワークショップ全体に対する反省的モニタリングに自らのアンテナを向けるのではなく，示された活動や他の参加者とのコミュニケーションにその感覚を集中させるようなモニタリングのあり方を期待されており，それは日常的な属性・立場を持ち込まず，批判などをしないようにするといった「安心」で「安全」な場としてワークショップの場が運営されることがあらかじめ伝えられることなどによって下支えされている（中野 2003: 45 など）。それに対してファシリテーターは，自分自身，参加者，場全体への反省的モニタリングをつねに行い，また基本的にはそのモニタリングの自在性やメタ的な観察への言及可能性を，ファシリテーターと参加者間で非対称的なものとして置くことで場の運営を可能にしているといえないだろうか。

◉リフレクションを喚起する学習のデザイン

　参加者にとってのリフレクション，つまり学習のあり方についても細かく考えてみよう。2010 年代におけるワークショップ研究の代表的成果といえる『ワークショップと学び』シリーズでは，そのキーワードとして「まなびほぐし」（unlearn）が掲げられている。この言葉はもともと思想家の鶴見俊輔のインタビューにヒントを得てピックアップされたものだが，シリーズ編者の苅宿俊文らはこの言葉を次のように用いている。つまり，私たちは多くのことを学んできたが，たとえば知識は与えられるもの，勉強と遊びは対立するものといったように，学びに関して多くのことを「思いこまされて」きたのではないか。その多くの部分は，学習が学校という制度の枠のなかで行われていることに由来するものだが，そのような「学んできてしまっていること」をふり返り，それを「まなびほぐす」必要があるのではないか，そのことが「ほんとうの「まなび」」につながるのではないか（苅宿ほか 2012: i–ii）。

　このシリーズでは，ベイトソンの学習Ⅲを思わせるような（当然考慮はされているだろう）「まなびほぐし」の可能性を秘めた活動としてワークショップが注目され，さまざまな側面から検討がなされている。ここではそうした諸検討を包含する，また第 2 節（187 頁以降）で述べた学習理論を踏まえた苅宿のワークショップデザイン論についてみていきたい。

　苅宿（2012: 41–8）は，ワークショップの活動を「位置づく」「見立てる」「味わ

う」という三つの局面に整理している。まず「位置づく」とは，「新しい課題・対象の発見または提示の場面」において，それぞれの参加者が「ワークショップでのふるまいや態度などを人や活動との関係性を測りながら，どのようにしていくかを決め，その場になじんでいく自分自身を意識していく」ことを意味している。つまりそれぞれの参加者は「人」と「活動」それぞれへの位置づけを模索していくことになる。次の「見立てる」は，上述したリフレクションとしての学びに深く関わる場面で，さまざまな協同的活動のなかで「新しい課題・対象と従来の「型」の不一致の発見，多様な可能性の探索を通した従来の「型」の組み替え」を行うことである。参加者それぞれが自分自身の発言や行動を通して，課題・対象に対するアプローチ（見立て）を示し，それに他の参加者がときに追随したり，補完したり，別案を示したりしながら，学習者間の関係形成と協同的活動の文脈共有，いわば学習の「コミュニティ」形成を行なっていく。このようなコミュニティ形成は，最後の「味わう」というプロセスにも関わっている。それぞれの見立てを課題の達成に向けて交換・共有し，作り上げていくなかで，他者の見立てから学び，また参加者同士との関係性自体を楽しめるような状況に進んでいく。

　こうしたプロセスについて苅宿は，「F2LO」というモデルから総合的な解釈を行なっている。ここでいうFはファシリテーター，Oは対象を示すものだが，Lは学習者（Learner）を表し，ワークショップは最低2人以上の参加者を必要とするのでその最低要件として2Lとなっている。高木光太郎（2012: 15-22）と苅宿は，ファシリテーターの行う活動をこのF2LO関係の調整として包括的に位置づけ直している。

　まず「位置づく」の段階では，F2LOの関係構造がまだ成立していないため，作業の説明やアイスブレーキングを行いながら，対象や学習者間の関係形成をサポートする。次に「見立てる」の段階では，学習者が慣れ親しんだ「型」にしたがった活動が展開された場合「まなびほぐし」が生じないため，ファシリテーターは関わる者の「多様な行為を産出することのできる対象の特性」としての「変形可能性」を活動の対象に付与することが求められる。こうしてLとOの関係性において，何らかの疑問，戸惑い，ストレスなどが生じ，さまざまな見立て（変形可能性）の提示が行われるようになると，ある参加者の見立てに他の参加者が乗ったり，あるいはそれに触発されて別の見立てを示したりといった相互的な触発が行われるようになり，L同士の，あるいはLとOの関係性の組み直しのサイクルが発生していくことになる。これが「位置づく」の場面におけるもう一つのキーワードとなる「接触

可能性」である。ファシリテーターはこの場面において，対象の設定と学習者間の
コミュニケーションを調整することで変形可能性と接触可能性を喚起し，学習者の
「型」の解体と組み換えを生じさせていく。そして「味わう」の段階では，学習者同
士が話し合うプロセスを離脱のベクトルを基本としながら見守り，支える。

　苅宿（2012: 73–89）はこうしたプロセスにおいて，参加者間の関係性が固定化する
ことを懸念している。多様な関係性が生まれなくなることで，「他者理解と合意形
成のエクササイズ」としてのワークショップの機能が弱まってしまうと考えるため
である。だからこそ，メンバーや活動を入れ換えていくことで，「不安定だがさまざ
まな関係性の変化が生まれる環境を整えていく」ようなデザインが必要であるとい
う。しかし，「あまりにも関係性が不安定だと，協働的な関係性が維持できない状況
になる」ことは留意すべきだとも述べている。同様の観点から，活動のなかに即興
性が生じるようなデザインも必要だとする。相互行為状況における即興性が「行為
の中の省察」を促し，それが活動の「型」の安定化や関係性の固定化を回避させる
ことにつながるためだが，やはり「過度な即興性は参加者の充実感を損ない，ワー
クショップそのものを壊してしまう」とも述べている。いずれにせよ，L‒L 関係
と L‒O 関係の固定化と過剰流動化をともに避けながら協同的な学びの成果が得ら
れるように，また変形可能性と接触可能性がつねに担保できるようにワークショッ
プのデザインと運営を行う必要があるということだ[8]。中野（2003: 45）は『ファシ
リテーション革命』のなかでファシリテーションの要点を「場をホールドする」こ
とだと表現していたが，それはおそらくここまでみてきた，役割レベルでの反省的
モニタリングの配分・統制と，学習活動レベルでのリフレクションの促進・調整と
いう，より具体的な局面では複雑に絡み合って「行為の中」で展開していく二種の
反省性の導きとして捉え直すことができるのではないだろうか。

4 反省性を統治する

　冒頭で紹介した真壁（2008: 113–4）は各領域で展開しているワークショップについ
て，専門家主導，中央集権的なトップダウン型意思決定や知識・理性偏重の計画的
な学習・活動を，創造性やコミュニケーションなどを重視して書き換えようとする

---

8) 関係の可変性，流動性を重視したワークショップのデザインについては，『ワークショ
　ップと学び』シリーズの他の論考も参照（植村 2012; 茂木 2012 など）。

「「近代」を乗り越えようとする「近代」」の営みであると述べていた。芸術教育を専門とする茂木一司（2014a: 4-5; 2014b: 25）はこの言及を受けて，「反学び的学び」「反規範的な学び」としてワークショップはあると述べている。「「近代」を乗り越えようとする「近代」」とはまさにギデンズが述べるハイ・モダニティの基本的志向を意味しているといえるが，これは人びとの日常的な生活の水準でつねに進行しているものであると同時に，デューイやフレイレから状況的学習論，社会構成主義へと連なっていく学問的潮流によって促進されているものでもある。こうした意味で，すでに 20 年以上注目が集まり続けていることからしてそうだが，ワークショップは一過性のブームではなく，今後も継続的に取り組まれ続けていくものである可能性が高い。

　ビジネス・ファシリテーションの文脈においても，従来的な組織の活動，ないしはリーダーのあり方を乗り越えるものとしてファシリテーションを対置することがしばしば行われる。つまりかつての組織であれば，上司のトップダウン的な意思決定というアプローチも有効だっただろうが，仕事の高度化・細分化が進んで上司よりも専門的な能力が高いメンバーが組織内に複数存在する状況，また組織形態が流動化するなかでメンバーが必ずしも同じ文化的土壌をもつわけではない状況においては，トップダウン型の意思決定は独善的なものに映る可能性が高くなる。組織がかつてのように「ピラミッド型」ではなく，「フラット型」「ネットワーク型」になっている今日的な状況においては，多様なメンバーの能力がそれぞれ最大限に発揮できる環境，また彼（女）らが密接に協力し合って相乗効果が創発的に生まれてくるような環境を整えることが，仕事の成果を左右することになる。今日のリーダーにはそのような環境形成を行う役割が求められており，それが新しいタイプのリーダー像，「ファシリテーション型リーダー」なのである，というように（リース 2002: 30-1; 渡辺 2001: 206-8; 堀 2003: 16-7）。

　リュック・ボルタンスキーとエヴ・シャペロ（2013: 112-58）は『資本主義の新たな精神』のなかで，1960 年代と 1990 年代のマネジメント言説は次のように対比できると述べていた。ヒエラルキーからネットワークへ，計画性や安定性から「可動化」（mobilization）へ，管理者からコーディネーター／コーチへ，権威からコミュニケーションへ，というように。こうした変化に合わせて創造性，フレキシビリティー，プロジェクトといった言葉もまた好んで用いられるようになっているとされるが，こうした指摘は上述したようなファシリテーションの今日性をめぐる枕詞にほぼそのままあてはまるものであり，その意味でファシリテーションを促進する

文脈はグローバルな規模で拡がっているとみることができる。また，このような「可動化」をてこにした改革の正当化は日本国内をみても半世紀近くなされ続けてきたことを考えると（中原 2012: 110-2 など），可動化を促進する営みとしてのファシリテーションが支持される文脈は今後も保持される可能性は高いように思われる。

　ワークショップやファシリテーションがこうしたさまざまな下支えを得て社会のなかに根づくなかで，それらに巻き込まれたり，あるいは自ら進んで取り組んでいくことはかなりありえることといえるだろう。このとき私たちは，「よい実践」のためにわき目もふらず進んでいくべきだろうか。「よい実践」を追求することの意義自体は否定できないが，そこに向かっていくことだけがこうした潮流への向き合い方なのだろうか。おそらくそうでない向き合い方もありうるはずである。つまり，こうした潮流が押し寄せるなかで，私たちの内面や眼前の状況のみをモニタリングするのではなく，そのような実践が推進ないしは支持される社会的条件は何か，実践の場では何が「賭金」となり，また何が「資本」として効果を発揮することになるのか，というような別様のリフレクションもありうるのではないだろうか。

　それが本章で論じてきたことなのだが，そのような反省的視点を改めて言語化することで本章を終わりにしたい。かつて筆者は自助マニュアルの分析を通して，それらはその読者の反省性をただ加速させるだけではなく，特定のルールと技法によってその「打ち止まり地点」を提供しているのではないかと指摘したことがある（牧野 2012: 182）。この観点を押し広げるならば，ワークショップやファシリテーションもまた，無際限にリフレクションを促すのではなく特定のルールや技法を通して，その望ましい反省のあり方を提供しているということがおそらくできるのではないだろうか。しかし自助マニュアルに，そのようなルールと技法に習熟し，望ましい心性を体得しているとされるある種の「倫理的前衛」（ブルデュー 1990: 176-7），つまり著者とそれに対する読者という非対称性があったように（牧野 2015: 15-21），ワークショップやファシリテーションにも反省性をめぐる非対称性は観察できたように思われる。

　また，自助マニュアルは今日における，人びとの振る舞いを構造化していく導き，つまりミシェル・フーコーが述べるところの「統治」（フーコー 1996: 301）の一形態をなしていると筆者はみているが，3節で示したようにワークショップやファシリテーションの場合はより直接的に，人びとの振る舞いをまさに構造化していく導きとしてあるといえるはずだ。そしてその最も重要な操作のポイント，賭金になっているものが反省性であるならば，ワークショップやファシリテーションは「反省性

の統治」に関わる技法だということができるだろう。述べてきたように，さまざまな行為の諸条件を反省的吟味に付していく志向を根底に有している現代社会においては，没反省的に思考停止するのでもなく，「反省性のエコー」のなかで立ちすくむのでもなく，適切な反省性を行使することが人びとの生活やアイデンティティにおける要点になっている。このような今日的状況において，反省性の「形式化された形態」を体得し，また協同の場でそれを司ることのできる専門家が，最も有力な象徴的位置を占めているといえるのではないだろうか。このような象徴的ヒエラルキーから身を引き剥がすことは簡単ではないだろう。この本の読者の多くは何らかの意味で教育に携わっている方ではないかと考えられるが，そのような場合，このような象徴的ヒエラルキーのなかにむしろ自ら飛び込んでいくことが生じるかもしれない。そのときもし，「よい実践」への流れにただ飲み込まれない位置取りを何か探そうとするならば，その一つは本章で示したような「よい実践」の内的論理に向き合いつつ，そうではない論理（本章でいえば社会学的な研究蓄積）にも現象を紐づけられるような「通り道」のようなものを作っていくことなのではないだろうか。

【引用・参考文献】

青木将幸（2012）．『市民の会議術──ミーティング・ファシリテーション入門』ハンズオン！埼玉出版部

赤川　学（2006）．『構築主義を再構築する』勁草書房

安斎勇樹（2013）．「ワークショップを企画する」山内祐平・森　玲奈・安斎勇樹『ワークショップデザイン論──創ることで学ぶ』慶応義塾大学出版会, pp.41–99.

上田信行（2014）．「ワークショップの活動（つくって，かたって，ふりかえる）について教えてください」茂木一司［編集代表］／上田信行・苅宿俊文・佐藤優香・宮田義郎［編］『協同と表現のワークショップ──学びのための環境のデザイン（第2版）』東信堂, pp.44–48.

植村朋弘（2012）．「地縁型ネットワークと居場所づくり──地域コーディネーターによるコミュニティの再生」苅宿俊文・佐伯　胖・高木光太郎［編］『ワークショップと学び2　場づくりとしてのまなび』東京大学出版会, pp.11–35.

エンゲストローム, Y.／山住勝広ほか［訳］（1999）．『拡張による学習──活動理論からのアプローチ』新曜社（Engeström, Y. (1987). *Learning by expanding: An activity-theoretical approach to developmental research.* Oricnta-Konsultit.）

加藤文俊（2018）．『ワークショップをとらえなおす』ひつじ書房

上條晴夫（2001）．『ワークショップ型総合学習の授業事例集──ゲストティーチャーとつくる体験共有の授業』学事出版

上條晴夫［編著］（2004）．『ワークショップ型授業で国語が変わる・小学校編　夢中で学

べる楽しい授業プラン15』図書文化社

苅宿俊文 (2012).「ワークショップをつくる」苅宿俊文・佐伯　胖・高木光太郎［編］『ワークショップと学び3　まなびほぐしのデザイン』東京大学出版会, pp.31-91.

苅宿俊文・佐伯　胖・高木光太郎［編］(2012).『ワークショップと学び1　まなびを学ぶ』東京大学出版会

北野清晃／宇野伸宏・久保田善明［監修］(2016).『組織論から考えるワークショップデザイン』三省堂

ギデンズ, A.／友枝敏雄・今田高俊・森　重雄［訳］(1989).『社会理論の最前線』ハーベスト社 (Giddens, A. (1979). *Central problems in social theory: Action, structure, and contradiction in social analysis.* Macmillan Education.)

ギデンズ, A.／松尾精文・小幡正敏［訳］(1993).『近代とはいかなる時代か？──モダニティの帰結』而立書房 (Giddens, A. (1990). *The consequences of modernity.* Polity Press in association with Basil Blackwell.)

ギデンズ, A.／秋吉美都・安藤太郎・筒井淳也［訳］(2005).『モダニティと自己アイデンティティ──後期近代における自己と社会』ハーベスト社 (Giddens, A. (1991). *Modernity and self-identity: Self and society in the late modern age.* Stanford University Press.)

木下　勇 (2007).『ワークショップ──住民主体のまちづくりへの方法論』学芸出版社

小針　誠 (2018).『アクティブラーニング──学校教育の理想と現実』講談社

子安　潤 (1999).『「学び」の学校──自由と公共性を保障する学校・授業づくり』ミネルヴァ書房

シュワーツ, R. M.／寺村真美・松浦良高［訳］(2005).『ファシリテーター完全教本──最強のプロが教える理論・技術・実践のすべて』日本経済新聞社 (Schwarz, R. M. (2002). *The skilled facilitator: A comprehensive resource for consultants, facilitators, managers, trainers, and coaches.* Jossey-Bass.)

ショーン, D.／佐藤　学・秋田喜代美［訳］(2001).『専門家の知恵──反省的実践家は行為しながら考える』ゆみる出版 (Schön, D. (1983). *The reflective practitioner: How professionals think in action.* Basic Books.)

鈴木由子 (2013).「働きかける──プロセスに働きかける」津村俊充・星野欣生［編］『実践　人間関係づくりファシリテーション』金子書房, pp.101-117.

センゲ, P. M.／守部信之［訳］(1995).『最強組織の法則──新時代のチームワークとは何か』徳間書店 (Senge, P. M. (1990). *The fifth discipline: The art and practice of the learning organization.* Doubleday/Currency.)

高尾　隆 (2012).「からだを動かし，日常をゆさぶるパフォーマティブ・ラーニング」高尾　隆・中原　淳『インプロする組織──予定調和を超え，日常をゆさぶる』三省堂, pp.11-44.

高木光太郎 (2012).「イントロダクション──ワークショップのF2LOモデル「まなびほぐし」のデザイン原理」苅宿俊文・佐伯　胖・高木光太郎［編］『ワークショップと学び3　まなびほぐしのデザイン』東京大学出版会, pp.1-27.

高田　研 (2001).「ワークショップの歴史と技法」部落解放・人権研究所［編］『人権の

学びを創る──参加型学習の思想』部落解放・人種研究所, pp.65–92.

デューイ, J.／植田清次［訳］(1955).『思考の方法──いかにわれわれは思考するか』春秋社 (Dewey, J. (1910). *How we think: A restatement of the relation of reflective thinking to the educative process.* D.C. Heath & Co.)

デューイ, J.／松野安男［訳］(1975).『民主主義と教育（上）』岩波書店 (Dewey, J. (1916). *Democracy and education: An introduction to the philosophy of education.* Macmillan.)

ドレスラー, L.／森　時彦［監訳］／佐々木薫［訳］(2014).『プロフェッショナル・ファシリテーター──どんな修羅場も切り抜ける6つの流儀』ダイヤモンド社 (Dressler, L. (2010). *Standing in the fire: Leading high-heat meetings with clarity, calm, and courage.* Berrett-Koehler Publishers.)

長岡　健 (2014).「ワークショップの学習は社会構成主義や状況的学習論でどのように説明できますか」茂木一司［編集代表］／上田信行・苅宿俊文・佐藤優香・宮田義郎［編］『協同と表現のワークショップ──学びのための環境のデザイン（第2版）』東信堂, pp.26–29.

中島　恵［編］(2008).「ワークショップ主要研究資料」慶応義塾大学アート・センター［編］『ワークショップのいま──近代性の組み替えにむけて』慶応義塾大学アート・センター, pp.130–178.

中西真人 (2006).『実務で役立つプロジェクトファシリテーション──本音を引き出し納得を生みだす会議の進め方』翔泳社

中野民夫 (2001).『ワークショップ──新しい学びと創造の場』岩波書店

中野民夫 (2003).『ファシリテーション革命──参加型の場づくりの技法』岩波書店

中原　淳 (2012).「企業とワークショップ」苅宿俊文・佐伯　胖・高木光太郎［編］『ワークショップと学び2　場づくりとしてのまなび』東京大学出版会, pp.95–117.

中村和彦 (2003).「グループ・ファシリテーターの働き」津村俊充・石田裕久［編］『ファシリテーター・トレーニング──自己実現を促す教育ファシリテーションへのアプローチ』ナカニシヤ出版, pp.111–115.

西村佳哲 (2011).『かかわり方のまなび方』筑摩書房

林　芳孝 (2013).「観る──今ここのプロセスをありのままにみる」津村俊充・星野欣生［編］『実践　人間関係づくりファシリテーション』金子書房, pp.42–53.

平田オリザ・苅宿俊文・蓮行 (2016).「鼎談　ワークショップ的学びによるコミュニケーション教育」蓮行・平田オリザ［編著］『演劇コミュニケーション学』日本文教出版, pp.171–206.

フーコー, M.／山田徹郎［訳］(1996).「主体と権力」ドレイファス, H. L.・ラビノウ, P.／山形頼洋ほか［訳］『ミシェル・フーコー──構造主義と解釈学を超えて』筑摩書房 (Foucault, M. (1982). The subject and power. In: H. L. Dreyfus, & P. Rabinow (eds.), *Michel Foucault: Beyond structuralism and hermeneutics.* University of Chicago Press.)

ブルデュー, P.／石井洋二郎［訳］(1990).『ディスタンクシオン──社会的判断力批判 I』藤原書店 (Bourdieu, P. (1979). *La distinction: Critique sociale du jugement.*

Éditions de Minuit.）

ベイトソン, G.／佐藤良明［訳］（2000）.『精神の生態学』新思索社（Bateson, G. (1972). *Steps to an ecology of mind: Collected essays in anthropology, psychiatry, evolution, and epistemology*. Ballantine Book.）

ボルタンスキー, L.・シャペロ, È.／三浦直希ほか［訳］（2013）.『資本主義の新たな精神（上）』ナカニシヤ出版（Boltanski, L., & Chiapello, È. (1999). *Le nouvel esprit du capitalisme*. Gallimard.）

堀　公俊（2003）.『問題解決ファシリテーター──「ファシリテーション能力」養成講座』東洋経済新報社

真壁宏幹（2008）.「古典的近代の組み替えとしてのワークショップ──あるいは「教育の零度」」慶応義塾大学アート・センター［編］『ワークショップのいま──近代性の組み替えにむけて』慶応義塾大学アート・センター, pp.112-128.

牧野智和（2012）.『自己啓発の時代──「自己」の文化社会学的探究』勁草書房

牧野智和（2015）.『日常に侵入する自己啓発──生き方・手帳術・片づけ』勁草書房

牧野智和（2018）.「学校という空間と社会」飯田浩之・岡本智周［編］『教育社会学』ミネルヴァ書房, pp.119-131.

間宮基文（2013）.「ふりかえる──体験をふりかえることで学びになる」津村俊充・星野欣生［編］『実践　人間関係づくりファシリテーション』金子書房, pp.118-135.

三田地真実／中野民夫［監修］（2013）.『ファシリテーター行動指南書──意味ある場づくりのために』ナカニシヤ出版

宮田義郎（2014）.「ワークショップの学習環境はどのように考えてデザインするのですか？」茂木一司［編集代表］／上田信行・苅宿俊文・佐藤優香・宮田義郎［編］『協同と表現のワークショップ──学びのための環境のデザイン（第2版）』東信堂, pp.36-43.

茂木一司（2012）.「アートが学校や地域を変える──「芸術家と子どもたち」のASIASの活動などを中心に」苅宿俊文・佐伯　胖・高木光太郎［編］『ワークショップと学び2　場づくりとしてのまなび』東京大学出版会, pp.37-71.

茂木一司（2014a）.「はじめに　総合的な学びとしてのワークショップ──自由への教育のために」茂木一司［編集代表］／上田信行・苅宿俊文・佐藤優香・宮田義郎［編］『協同と表現のワークショップ──学びのための環境のデザイン（第2版）』東信堂, pp.3-7.

茂木一司（2014b）.「なぜワークショップの学びでは表現と協同性が大事なんですか？ワークショップの問題点はどこですか？（問題点）」茂木一司［編集代表］／上田信行・苅宿俊文・佐藤優香・宮田義郎［編］『協同と表現のワークショップ──学びのための環境のデザイン（第2版）』東信堂, pp.22-25.

茂木一司（2014c）.「ワークショップとはどのようなものですか？（定義・分類など）」茂木一司［編集代表］／上田信行・苅宿俊文・佐藤優香・宮田義郎［編］『協同と表現のワークショップ──学びのための環境のデザイン（第2版）』東信堂, pp.10-16.

本山雅英（2014）.『大学生のためのコーチングとファシリテーションの心理学』北大路書房

森　時彦（2004）.『ザ・ファシリテーター——人を伸ばし，組織を変える』ダイヤモンド社

森　時彦（2018）.『ストーリーでわかるファシリテーター入門——輝く現場をつくろう！』ダイヤモンド社

森　玲奈（2015）.『ワークショップデザインにおける熟達と実践者の育成』ひつじ書房

山内祐平（2013）.「ワークショップと学習」山内祐平・森　玲奈・安斎勇樹『ワークショップデザイン論——創ることで学ぶ』慶応義塾大学出版会, pp.1–39.

山岸　裕（2013）.「気づく——気づきより新しい私に出会う」津村俊充・星野欣生［編］『実践　人間関係づくりファシリテーション』金子書房, pp.54–69.

山崎雄介（1999）.「「参加型学習」の批判的検討——何への「参加」か, 何が「学習」されているのか」八木英二・梅田　修［編］『いま人権教育を問う』大月書店, pp.121–146.

リース, F. ／黒田由貴子・Ｐ・Ｙインターナショナル［訳］（2002）.『ファシリテーター型リーダーの時代』プレジデント社（Rees, F. (1998). *The facilitator excellence handbook: Helping people work creatively and productively together.* Jossey-Bass/Pfeiffer.)

渡辺パコ／プライスウォーターハウスクーパースコンサルタント株式会社［編］（2001）.『手にとるようにIT経営がわかる本——経営戦略を速く効率的に実現する！』かんき出版

Gergen, K. J. (1991). *The saturated self: Dilemmas of identity in contemporary life.* Basic Books.

第Ⅰ部

第Ⅱ部

第Ⅲ部

おわりに

　本書の編者2人の専門は教育社会学である。なぜ社会学者がファシリテーションに関する本を？と思われる方もいるかもしれないので，本書がつくられるに至る経緯を少し書きたいと思う。

　この企画の直接的なきっかけは，編者の2人が日本教育社会学会の研究委員に同時期になったことにある。この学会の研究委員は，年に一度の学会大会で「課題研究」というテーマセッションを企画することが主な仕事なのだが，その企画会議で私（牧野）が何となくの気持ちで「アクティブラーニングの教育社会学」という企画を出したところ，それがあれよあれよという間に採用されてしまったことがそもそもの発端であった。この企画の1年目は私がコーディネーターとなり，高等教育におけるアクティブラーニングをテーマとしてセッションを組んだのだが（課題研究は台風21号によって学会大会が中止となり，2018年11月6日に公開研究会というかたちで開催された），翌年にその続編として井上さんがコーディネーター兼司会となって組まれたセッションが，本書のもとになっている「ファシリテーションの時代？──コミュ力頼みの限界を超えて」であった（2019年9月13日，第71回日本教育社会学会大会）。この課題研究では報告者として中村さん，田村さん，牧野が登壇し，その報告内容をもとに本書にそれぞれ寄稿している。コメンテーターとして登壇した中野さん，小針さんには，セッションの前後にそれぞれインタビューを行い，それをもとにした章が本書に収録されている。その後，セッション登壇は日程の都合でかなわなかったが，以前から話を聞いてみたかったお一人として中原さんに後日インタビューを行い，それをもとにした章が本書に収録されている。元濱さんはセッションの後で，私たちの試みに共鳴して連絡を取ってこられ，コラムで参加してもらうことになった。

　この2年目のセッションの意図は，「はじめに」で井上さんが語られている本書の

目的とかなり重なるものなのでそちらをみていただきたいが，その前奏になっている1年目のセッションの「企画趣旨」について以下に紹介することにしたい。第8章の結論部とやや重なるところがあるが，これが社会学者がなぜファシリテーションの本を，という疑問への私なりの応答になると思われるためである。

大学教育に「アクティブラーニング」の波が押し寄せている。1990年代から大学授業の改善は議論され始めていたが，「学士力」を培う双方向的授業や学生の能動的な参加機会を促す授業の導入とそのための環境整備が提言され（中教審2008「学士力」答申），まもなく「アクティブラーニング」（学修者の能動的な参加を取り入れた教授・学習法の総称，中教審2012「質的転換」答申）が大学教育の目指すべき一つの旗印となり，それらはたとえば「大学教育再生加速プログラム」（2014–）のようなかたちで大学の教育現場に実質的な影響を及ぼし始めつつある。

このようなトップダウン式の大学改革の批判的な検討を試みること，が本課題研究の目的ではない。もちろん，そのような改革の潮流を無批判に受け入れるべきではないだろうが，双方向型の授業や学生の参加性を高める授業を，眼前の必要性などから教員自ら促進することはかなりありうることで，それによって教員自身が得ているものも小さくない。大学・学部によってばらつきはあると考えられるものの，少なくない大学教員がアクティブラーニング（的なもの）へ巻き込まれ，あるいは自ら飛び込んでいく状況は容易に回避できるものではないように思える。

だとすれば，「よい実践」のために私たちはわき目もふらず進んでいくべきだろうか。それも本課題研究の目的ではない。「よい実践」を追求することはそれ自体大事だが，そこに向かっていくことだけがアクティブラーニングへの向き合い方だろうか。方法論的な反省の学としての（教育）社会学にはそうでない向き合い方がありうるはずである。つまり，アクティブラーニングの潮流が押し寄せるなかで，私たちの教育・研究環境において一体何が起こっているのかを考えることが，教育社会学には特にできるはずである。たとえば，その潮流のなかで形成され，あるいは強固になる意味世界は一体何なのか。そこにはどのような資本が持ち込まれ，効果を発揮し，その価値を高めることになるのか。「よい実践」からあえて距離をとり，理論的および経験的な観点からアクティブラーニングの隆盛という現象について考え，それを理解するための共通

> 　言語を作る，あるいはその手がかりを得ること。これが本課題研究の狙いである。(日本教育社会学会会報『Bulletin』*168*，2018 年)

　私が考えているワークショップやファシリテーションへのスタンス，本書の意義はほぼ上記と同じものである。能動的な参加をともなう教育・組織などのあり方はそれ自体魅力的であるし，また特に教育機関に勤める者であれば上からの要求，あるいは眼前への対応のためにそのようなあり方を採用せざるをえなくなっているなかで批判的に距離をとることはなかなか難しい。だとしたら，そもそも今起こっていることはどういうことなのかについて考えてみよう，というものである。

　ただ，「よい実践」からあえて距離をとると述べたものの，具体的にどうすることができるのかはとても悩んだところであった。それに意味がないわけではないのだが，実践の場やそこでの感覚から距離をとって大上段から論じるばかりでは，日々実践に携わっている方たちにその言葉は通じにくいだろうし，何か批判めいたことを言ってもやはり通じずに敵対視されて終わってしまうかもしれない。かといって当然，私たちはワークショップやファシリテーションのエキスパートでもない。社会学の立場から，このテーマに関して何か意味のあることが，また実践に携わっている方にも何かしら伝わるような話がどうできるのか。

　この本では，そのような両義的な，良くも悪くもかもしれないが「どっちつかず」のアプローチを 3 種類試みている。一つは，中野さんや中原さんという参加をめぐる実践・研究のトップランナーへのインタビューのなかで，ワークショップやファシリテーションというものが各人のライフヒストリーのなかでどう立ち現れ，またどう意味づけられているのかが浮き彫りになるような，インタビュアーとしての関わりである。お二人が驚くべき活力と創意，そして人格的魅力を有していることはもちろんだが，そうした活力や創意が活かされ，適合する社会的状況もまたあったのだということを本書からくみ取っていただければと思う。

　もう一つは，私自身が書いた第 8 章が特にそうなのだが，「よい実践」の内実にできる限り迫りつつも，それだけにとどまらず，その性質を違う分野における議論と接続し，「よい実践」の内外に風通しをもたらすというアプローチである。反省(reflection)という言葉は実践の場においても社会学においても教育学においても多義的な，しかし各分野において重要なキーワードといえるが，その多義性を入口にして，大上段から批判をするのではなく，実践されていること自体に違った角度から言葉を与え，また実践を各学問領域の蓄積から理解可能なものとする共通言語を

示していくこと。そのためにこの章は，説明を丁寧にしようとするあまりややくどくなっているところがあるかもしれないが，ワークショップやファシリテーションにおけるキーワードとしてのリフレクションが，社会学における反省性をめぐる議論に接続されていくところを理解していただけたならば，筆者の試みはひとまず成功である。

　最後の一つは，ここまで述べてきたようなインタビュー，社会学的な考察の章に加えて，これまでの豊富な実践経験を踏まえた中村さんのファシリテーションに関する概念・歴史・現状を整理した章，田村さんの熟議民主主義とファシリテーションの関係をみっちり検討した章，小針さんの「アクティブラーニング」について明確に批判的検討を行なった章など，専門領域や実践に対する姿勢の傾斜がそれぞれ異なる議論を「ごちゃまぜ」にするということである。実践に関する本はそれのみに，考察に関するものもそれのみにとどまる傾向が多いなかで，一つの本のなかでそれを混在させて提示すること。この本の読者にはさまざまな立場の方がおられると思われるが，実践志向の方であってもそうした実践がさまざまな意味で社会的な状況とつながっていることを，実践から距離が離れている人であっても「よい実践」における創意とそれに関わる方々の真摯さと情熱を，それぞれ感じてもらえると編者としては嬉しい。

　上述したように，初発的な企画を提案したのは私ではあったものの，それを強力にプッシュしていただき，また本書のもとになった2年目のセッションを企画し，豪華な執筆陣が並んだ本書に結実させた井上さんの尽力は素晴らしいものだったと思う。そもそも私は井上さんが『反「大学改革」論──若手からの問題提起』（2017，ナカニシヤ出版）に寄稿した「参加型パラダイムは民主化の夢を代替しうるか？──ポスト代表制の学生自治」という論文に着想を得て1年目のセッションを提案したところもあったので，その意味でも本書の起点となっているのは井上さんである。また，中野さん，中村さん，田村さん，中原さんの四氏は，まったく縁のないところからの突然の依頼にもかかわらず，専門外の私たちの問題関心をくみ取っていただき，素人質問や無茶ぶりにも丁寧に粘り強く付き合っていただいた。小針さんには編者らの同業者として，セッションではきついことをいう「悪役」を引き受けていただき，懐疑的な慎重派の立場から耳の痛い問題点を指摘していただいた。元濱さんには，私たちのふわっとした問題意識がセッションの聴衆に伝わるかどうか悩んでいたところにお声がけいただき，参加までしてもらうことで，本書の議論の幅が広がると同時に編者に勇気を与えてくれた。そして最後に，ナカニシヤ出版の米

谷龍幸さんには，京都から何度も足を運んで私たちの話をおもしろがって聞いてくださり，散漫な思い付きから具体的なアイデアを生み出す産婆役になっていただいた。本書にご協力いただいたみなさんには心から感謝を申し上げたい。

　ところで，2020 年初頭からのコロナウイルス禍は，参加をめぐる物理的な状況，つまりまさに人びとが対面で集まって何かをするという状況を劇的に書き換えてしまったが，すでに 2020 年の後半にはこうした状況に対応して，オンラインでのワークショップ・ファシリテーションに関する書籍も出始めている。だが，2021 年夏の感染第五波が過ぎた後になると，人びとが対面で集まる機会は，手探りでありながらも少しずつ回復傾向に転じてきたようにみえる。ワークショップやファシリテーションのあり方が，感染状況の変化に応じて，またコロナ禍の経験と試行錯誤を経て今後どう展開していくのか，その見通しについてまだ確かなことは言い難い。だが，それがどうあるにせよ，ここまでの状況を記した里程標のようなものに本書がなれば幸いである。

2021 年 11 月
牧野智和

事項索引

人名索引

執筆者紹介（執筆順 * は編者）

井上義和（いのうえ よしかず）*
帝京大学共通教育センター教授
はじめに，第7章

中野民夫（なかの たみお）
東京工業大学リベラルアーツ研究教育院教授 / ワークショップ企画プロデューサー
第1章，第2章

中原 淳（なかはら じゅん）
立教大学経営学部 教授・大学院経営学研究科 リーダーシップ開発コース主査
第3章

牧野智和（まきの ともかず）*
大妻女子大学人間関係学部人間関係学科准教授
第4章，第8章，おわりに

中村和彦（なかむら かずひこ）
南山大学人文学部心理人間学科教授・南山大学人間関係研究センターセンター長
第5章，コラム1

田村哲樹（たむら てつき）
名古屋大学大学院法学研究科教授
第6章，コラム2

小針 誠（こばり まこと）
青山学院大学教育人間科学部教育学科教授
第7章

元濱奈穂子（もとはま なおこ）
東京大学大学院 教育学研究科 総合教育科学専攻 比較教育社会学コース 博士課程
コラム3

ファシリテーションとは何か

コミュニケーション幻想を超えて

| 2021 年 12 月 20 日 | 初版第 1 刷発行 |
| 2022 年 11 月 10 日 | 初版第 3 刷発行 |

編　者　井上義和・牧野智和

著　者　中野民夫・中原　淳・中村和彦・
　　　　田村哲樹・小針　誠・元濱奈穂子

発行者　中西　良

発行所　株式会社ナカニシヤ出版

〒606-8161　京都市左京区一乗寺木ノ本町 15 番地

Telephone　075-723-0111
Facsimile　075-723-0095
Website　http://www.nakanishiya.co.jp/
Email　iihon-ippai@nakanishiya.co.jp
郵便振替　01030-0-13128

印刷・製本＝ファインワークス／装幀＝白沢　正
Copyright © 2021 by Y. Inoue, & T. Makino
Printed in Japan.
ISBN978-4-7795-1615-3